国家社会科学基金一般项目（16BTY072）

农村老年公共体育服务的需求与供给研究

卢文云◎著

人民体育出版社

图书在版编目（CIP）数据

农村老年公共体育服务的需求与供给研究 / 卢文云著. — 北京：人民体育出版社，2024（2024.6 重印）
　ISBN 978-7-5009-6277-9

Ⅰ. ①农… Ⅱ. ①卢… Ⅲ. ①农村-群众体育-公共服务-研究-中国 Ⅳ. ①G812.42

中国国家版本馆 CIP 数据核字(2023)第 033931 号

＊

人 民 体 育 出 版 社 出 版 发 行
北京中献拓方科技发展有限公司印刷
新 华 书 店 经 销

＊

710×1000　16 开本　11.75 印张　205 千字
2024 年 3 月第 1 版　2024 年 6 月第 2 次印刷

＊

ISBN 978-7-5009-6277-9
定价：80.00 元

社址：北京市东城区体育馆路 8 号（天坛公园东门）
电话：67151482（发行部）　　邮编：100061
传真：67151483　　　　　　　邮购：67118491
网址：www.psphpress.com

（购买本社图书，如遇有缺损页可与邮购部联系）

前　言
PREFACE

随着我国人口老龄化趋势的不断加剧，老年人的健康问题日益受到社会的广泛关注。与城镇相比，农村地区的人口老龄化程度更高，老年人的健康状况更差，老年人渴望保持健康状态但缺乏健康知识和不懂健身方法的问题普遍存在。这些问题对农村的社会治理而言是巨大的挑战。解决这些问题的根本思路是充分发挥体育在人口老龄化过程中的积极作用，通过了解农村老年人对公共体育服务的需求，提升公共体育服务的供给水平与质量，以此对农村老年人的体育参与进行科学、有效的干预。因此，全面、系统、深入地研究农村老年人的公共体育服务需求与供给问题，是实现农村健康老龄化亟待解决的现实问题，也是实施积极应对人口老龄化国家战略的内在要求。

本书立足于落实健康中国行动任务与推进体育强国建设的双重需要，运用问卷调查法、访谈调查法、数理统计法等，对农村老年公共体育服务的需求与供给的理论与实践问题进行系统、深入的研究。第一，对国内外研究现状进行系统梳理，特别是运用知识图谱法对国外老年体育研究的科学合作网络、关键点文献、研究热点、研究前沿进行分析，提出了未来的研究方向。第二，界定核心概念，将公共体育服务需求分为主观需求与客观需求，提出在探测农村老年人的公共体育服务需求时，单纯以老年人主观表达的方式进行需求测量有失偏颇，要把主观需求和基于老年人健康状况的客观需求结合起来综合考虑。第三，调查分析农村老年人的人口学特征、生活方式、健康状况及其对日常体力活动参与情况及睡眠质量的影响，以及农村老年人的体育锻炼认知度、体育锻炼项目选择、参与体育锻炼的影响因素等，结果显示：农村老年人大多未形成良好的健康行为习惯，老年人的日常生活方式暴露出体力活动不足、久坐行为过多等重大健康隐患问题；农村老年人参与体育锻炼的积极性并不高，多数农村老年人无锻炼行为；在体育锻炼的认知方面，农村老年人对体育锻炼的作用缺少相关认知；在体育锻炼的项目选择方面，走路、登山或跑步是多数农村老年人的选择；影响农村老年人参与体育锻炼排名前三的因素为有体育锻炼的组织、有适合的运动项目或朋友的支持、参与体育锻炼的方便性。第四，对农村老年公共体育服务需求的基本现状、具体需求内容及需求程度、农村老年人对现有公共体育服务的满意度等进行分析，并得出结论：应加强农村老年公共体育服务需求的主体意识；注重需求内容的相关性、重要性、影响性，刻画农村老年人的主观需求图景；重视公共体育服务的使用率、满意度差异，提升农村老年公共体育服务水平。第五，关于农村老年公共体育服务的供给部分，主要从领导重视程度和供给内容方面进行分析，结果显示：基层体育工作者对老年公共体育服务的认知水平与重视程度存在问题；农村老年公共体育服务供给不充分、不平衡问题突出。第六，关于农村老年公共体育服务的供需匹配部分，从具体指标匹配程度、程度差异、相关因素关联方面进行分析，结果显示：我国农村老年公共体育服务供需匹配程度较低，其主要原因在于农村老年公共体育服务的人、财、物资源供给乏力，老年公共体育服务发展模式不健全。第七，从战略层面、规划层面、主体层面、内容层面、机制层面、技术层面提出策略。第八，以白云桥村"坝坝宴"为个案，分析农村基层老年公共体育服务的供给机制。第九，以秭归县为个案，分析县域农村老年公共体育服务的需求与供给问题。

　　本书是在上海体育大学卢文云教授主持完成的国家社会科学基金项目"农村老年公共体育服务的需求与供给研究"（项目批准号：16BTY072）结题成果的基础上修改而成的。课题组成员有王志华、吴彬、卢文洲、夏传坤、陈珍怀、郑爱林、陈娟、罗炯、吴涵、韩梦姣、张文浩、冯霞、孙瑞敏、陈建平。项目在完成的过程中，得到了西华师范大学、广汉市文化体育广播电视和旅游局的大力支持，特别是项目调研地的领导和调研对象的支持与配合，在此一并表示衷心的感谢。由于笔者水平有限，书中难免存在不足之处，恳请广大读者批评指正。

卢文云
2022 年 6 月

目录 CONTENTS

总报告 农村老年公共体育服务的需求与供给研究

1 绪论 ·· 3
   1.1 选题依据 ·· 3
   1.2 研究目的与研究意义 ··· 6
   1.3 国内外老年体育研究 ··· 7
   1.4 研究对象与研究方法 ··· 35

2 核心概念的界定 ··· 43
   2.1 农村老年公共体育服务 ·· 43
   2.2 农村老年公共体育服务需求 ··· 45
   2.3 农村老年公共体育服务供给 ··· 45

3 农村老年人的人口学特征、生活方式、健康状况及体育锻炼
   参与情况等分析 ·· 46
   3.1 农村老年人的人口学特征、生活方式及健康状况分析 ················ 46
   3.2 农村老年人的人口学特征、生活方式、健康状况对其日常体力
       活动参与情况及睡眠质量的影响分析 ·· 50
   3.3 农村老年人的体育锻炼参与情况分析 ······································· 55
   3.4 小结 ·· 74

4 农村老年公共体育服务的需求分析 ·· 77

4.1 农村老年公共体育服务需求的基本现状分析 ···················· 77
4.2 农村老年公共体育服务的具体需求内容及需求程度分析 ······ 81
4.3 影响农村老年公共体育服务需求具体内容的因素分析 ········· 83
4.4 农村老年人对现有公共体育服务的满意度分析 ·················· 90
4.5 小结 ·· 94

5 农村老年公共体育服务的供给分析 ·· 100

5.1 调查样本的基本情况 ··· 100
5.2 农村老年公共体育服务的领导重视程度分析 ·················· 100
5.3 农村老年公共体育服务的供给内容分析 ························ 105
5.4 小结 ··· 116

6 农村老年公共体育服务的供需匹配分析 ·································· 118

6.1 农村老年公共体育服务供需具体指标匹配程度分析 ·········· 118
6.2 农村老年公共体育服务供需匹配程度差异分析 ················ 119
6.3 农村老年公共体育服务的供需匹配与相关因素关联分析 ···· 129
6.4 小结 ··· 143

7 农村老年公共体育服务有效供给的策略 ·································· 144

7.1 战略层面：坚持目标导向，统一发展思路 ····················· 144
7.2 规划层面：加强顶层设计，统筹农村老年公共体育服务供给 ··· 146
7.3 主体层面：加快政府职能转变，引导社会参与 ··············· 147
7.4 内容层面：坚持需求导向，合理安排服务内容 ··············· 149
7.5 机制层面：完善供给机制，提高供给效率 ····················· 151
7.6 技术层面：建立服务平台，提升服务能力 ····················· 153

8 结论 …………………………………………………………… 156

参考文献 ………………………………………………………… 159

附录 ……………………………………………………………… 167

  附录1 农村老年公共体育服务需求问卷 ………………… 167
  附录2 农村老年公共体育服务现状调查问卷 …………… 173

分报告1 农村基层老年公共体育服务的供给研究——基于白云桥村"坝坝宴"的个案分析

分报告2 县域农村老年公共体育服务的需求与供给研究——以秭归县为个案

总报告

农村老年公共体育服务的需求与供给研究

1 绪　　论

1.1　选 题 依 据

1.1.1　理论依据：运动促进健康老龄化的科学证明

西方国家进入人口老龄化的时间较早，早在 20 世纪 50 年代，美国就从流行病学的角度研究了身体活动对心血管疾病的影响。1979 年，美国外科医生的报告《为健康而应采取的行动》中详细地介绍了体育锻炼和体适能对健康的促进作用，使体力活动与健康促进成为研究热点[1]。大量的研究表明，体力活动有助于老年人增进健康、提升身体功能、降低患慢病的风险。例如，在中老年人中，有规律参与体育活动者的高密度脂蛋白胆固醇水平要高于非体育参与者，而高密度脂蛋白胆固醇被喻为好胆固醇，有助于降低心血管疾病风险[2]；力量训练和平衡力练习有助于老年人保持和提升平衡能力，降低跌倒和骨折的风险；有规律地参与体验锻炼能降低早逝及患高血压、糖尿病、直肠癌的风险，减轻焦虑和抑郁，控制体重、保持骨骼和肌肉的健康，促进心理健康[3]。此外，一些研究表明，体育锻炼能提高心血管机能和肌肉力量，提升关节灵活度[4]。表 1-1-1 为美国运动医学学会通过整理大量的循证研究，总结出的有规律的体育锻炼对老年健康的促进效应。

---

[1] 董如豹. Healthy People 2020 身体活动内容的演变对我国全民健身规划的启示[J]. 体育科学, 2014, 34 (5): 66-74.

[2] BENTLEY P G, BURTON E J. Consensus statement from the U.S. National Institutes of Health (NIH)[J]. International journal of technology assessment in health care, 1995, 11(4): 799-800.

[3] U.S. Department of Health and Human Services. Physical activity and health: A report of the surgeon general[R]. Atlanta, GA: U.S. Department of Health and Human Services, Centers for Disease Control and Prevention, National Center for Chronic Disease Prevention and Health Promotion, 1996.

[4] CHRISTMAS C, ANDERSEN R A. Exercise and older patients: Guidelines for the clinician, [J]. Journal of the American geriatrics society, 2000, 48(3): 318-324.

在体力活动促进老年人健康的经济效益方面，Pratt 等比较了 45 岁以上运动妇女和不运动妇女的年医疗支出情况（图 1-1-1），结果显示：不运动妇女的医疗支出要远高于运动的妇女，并且随着年龄的增加，差异越明显[①]。可见，体育锻炼在促进老年人健康，以及老年疾病预防和治疗方面的作用得到了明确的科学证明，通过运动促进健康老龄化已经成为国际社会应对人口老龄化问题的重要手段。

表 1-1-1　有规律的体育锻炼对老年健康的促进效应

老年健康问题	促进效应
心血管健康	提高心肌功能，增加舒张期峰值流速，增强心肌收缩性 减轻室性期前收缩，改善血脂，提高有氧能力，降低收缩压 改善舒张压，提高耐力
肥胖	减少腹部脂肪，增加肌肉量，减少体内脂肪的比例
脂蛋白/葡萄糖不耐症	减少低密度脂蛋白，降低胆固醇/极低密度脂蛋白 降低甘油三酸酯，增加高密度脂蛋白，提升葡萄糖耐量
骨质疏松症	延缓骨密度下降趋势，增加骨密度
心理健康	提高感知幸福和快乐的能力 提高儿茶酚胺/去甲肾上腺素/5-羟色胺水平
肌无力与功能性能力	减少骨骼肌失能风险，提高力量和柔韧性 减少骨折风险，通过增加力量减少跌倒风险 提高反应时和股四头肌的力量，维持脑灌注和认知

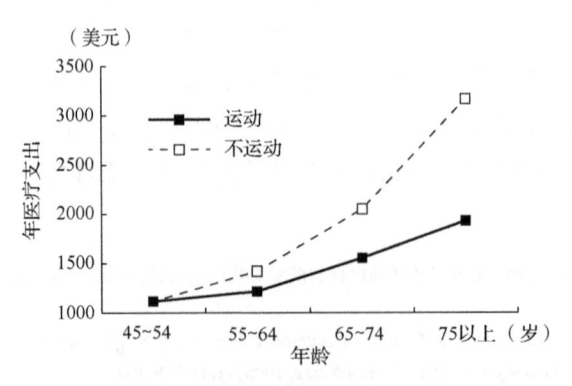

图 1-1-1　45 岁以上运动妇女和不运动妇女的年医疗支出情况

---

① PRATT M, MACERA C A, WANG G. Higher direct medical costs associated with physical inactivity[J]. Physician sportsmed, 2000, 28(10): 63-70.

1.1.2 政策依据：落实健康中国行动任务与推进体育强国建设的双重需要

健康是每个人的愿望和追求，关系着国家和民族的长远发展。党的十八大以来，以习近平同志为核心的党中央坚持以人民为中心，把人民健康放在优先发展的战略地位，形成了以"健康中国战略"为顶层设计，以《"健康中国2030"规划纲要》为行动纲领，以"健康中国行动"为推进抓手的国民健康促进体系。落实健康中国行动任务，要求实施老年健康促进行动，面向老年人普及膳食营养、体育锻炼、定期体检、健康管理、心理健康及合理用药等知识，降低老年人失能发生率，使老年期痴呆患病率增速下降，实现健康老龄化[①]。此外，加快推进体育强国建设是新时代中国共产党的历史使命在体育上的具体体现，是党进行伟大斗争、开创伟大事业、实现伟大梦想对体育发展提出的新要求。加快推进体育强国建设，要求体育发展补短板、强弱项。从与世界体育强国的比较看，目前我国参与体育锻炼的人口不足是建设体育强国的最大短板；从参与体育锻炼的人口结构看，我国的体育锻炼呈现出随着年龄的增大，参加体育锻炼的人数百分比降低的特点，70岁及以上人群参加体育锻炼的人数百分比最低[②]。因此，提升老年人的体育参与水平和质量，实现健康老龄化，补足体育强国建设短板，是落实健康中国行动任务与推进体育强国建设的双重需要。

1.1.3 现实依据：农村人口老龄化的现实困境

目前，我国人口老龄化正呈加速加深之势。2017年，我国60周岁及以上人口达到24090万；预计到2025年，60周岁以上人口将达到3亿，我国将成为超老年型国家。老年人慢病患病率高、失能率高，照料护理问题严重，医疗开支和社会负担日益加大，对我国的经济增长和社会发展带来的影响巨大，我国正面临未富先老、未备先老和孤独终老的巨大挑战，而这种情况在农村更为突出[③]。与城镇相比，我国农村人口老龄化的程度更高、高龄化的程度更高，农村老年人的健

[①] 国务院. 国务院关于实施健康中国行动的意见[EB/OL].（2019-07-15）[2021-06-15]. http://www.gov.cn/zhengce/content/2019-07/15/content_5409492.htm.
[②] 佚名.《2014年全民健身活动状况调查公报》发布[EB/OL].（2015-11-17）[2021-07-15]. http://www.sport.gov.cn/n315/n9041/n9042/n9068/n9078/c572099/content.html.
[③] 穆光宗, 张团. 我国人口老龄化的发展趋势及其战略应对[J]. 华中师范大学学报（人文社会科学版），2011, 50（5）：29-36.

康状况更差[①]；由于村庄的空心化、家庭的空巢化，农村老年人在心理上还存在孤独感强、对前景不抱希望、老年抑郁等问题[②]。这些问题的存在对农村的社会治理而言是巨大的挑战。我们在针对农村老年人的健康和体育参与问题的调研中也发现，农村50周岁以上老年人患高血压、糖尿病等慢病的情况呈蔓延之势，农村老年人渴望保持健康状态但缺乏健康知识和不懂健身方法的情况普遍存在。解决这些问题的根本思路是借鉴国外的做法，充分发挥体育在人口老龄化过程中的积极作用，通过了解农村老年人对公共体育服务的主客观需求，结合现有农村老年公共体育服务的供需匹配情况进行有针对性的供给，以此对农村老年人的体育参与进行科学、有效的干预，最终实现农村的健康老龄化。

1.2　研究目的与研究意义

1.2.1　研究目的

本书针对农村人口老龄化的困境，以落实健康中国行动任务和推动体育强国建设为政策依据，通过吸收、借鉴国内外有关老年体育和公共体育服务领域的最新研究成果，在厘清关键概念的基础上，获取农村老年人身体健康、体育活动参与、公共体育服务需求与供给及供需匹配等基本数据，提出切实可行的农村老年公共体育服务有效供给的对策，为国家老年体育或公共体育服务相关政策的制定建言献策。

1.2.2　研究意义

（1）对农村老年公共体育服务需求和供给问题进行系统研究，对丰富和完善老年体育学、公共管理学等相关学科的理论知识有重要作用。

（2）选择农村老年人作为研究对象，可以弥补现有老年体育研究对特殊群体关注不够的缺陷，顺应了国际老年体育研究的趋势。

[①] 蔡茜，向华丽. 我国农村老龄化现状和发展趋势分析——基于第六次人口普查数据分析[J]. 湖北职业技术学院学报，2013，16（1）：99-104.

[②] 段修云. 我国农村老年人心理问题探析[J]. 市场论坛，2013（1）：48-50.

（3）研究农村老年公共体育服务有效供给的对策，是贯彻落实国家体育总局、发展和改革委员会等 12 部门于 2015 年 9 月 30 日联合发布的《关于进一步加强新形势下老年人体育工作的意见》的需要，对解决农村老龄化进程中的老年人身心健康问题乃至农村的社会治理都有重要价值。

（4）针对农村老年人体育锻炼的阶段性特征，提出相应的行为干预策略，全面提升农村老年人的体育参与水平和质量，对落实健康中国行动任务和推动体育强国建设都有积极的意义。

1.3 国内外老年体育研究

1.3.1 国外老年体育研究的知识图谱分析

1.3.1.1 研究工具

知识图谱通过可视化的手段来呈现科学知识的结构、规律和分布情况，具有"图"和"谱"的双重性质与特征，它既是可视化的知识图形，又是序列化的知识谱系，显示了知识单元或知识群之间的网络、结构、互动、交叉、演化或衍生等诸多复杂的关系，使用 CiteSpace 软件生成知识图谱后，主要对高频节点、聚类知识群、高中介中心的节点等进行解释[①]。本书使用 CiteSpace（5.0.R2.SE.11.3.2016 版本）绘制国外老年体育知识图谱，分析研究国外老年体育的知识结构和发展演进情况；使用科研合作网络共被引功能分析国外老年体育有关国家和地区、科研机构的分布发展情况；使用文献共被引功能探查关键点文献；使用关键词共现分析及关键词突发性检测分析研究热点、研究前沿及趋势。

1.3.1.2 数据来源

本书的数据来源是 Web of Science 核心合集数据库，检索表达式为（physical activity OR exercise OR sport）and（older adults OR the elderly），用标题进行检索，时间跨度为 2010—2018 年，共检索出 3806 条记录。为了保证知识图谱分析结果

---

① 陈超美，陈悦，候剑华，等. CiteSpace Ⅱ：科学文献中新趋势与新动态的识别与可视化[J]. 情报学报，2009，28（3）：401-421.

的合理性，分析时间选择 2010—2018 年，切片时间为 1 年。

1.3.1.3　科学合作网络分析

使用 CiteSpace 软件分别对科学合作网络中的宏观的国家和地区、中观的科研机构合作网络进行可视化分析，节点数值越大，表示国家和地区、科研机构发表论文数量越多；节点之间的连线越多，表示合作关系越密切。

在国家和地区科研分布图谱（图 1-1-2）中，节点数为 169，连线数为 451，密度为 0.0318。发文量排名第一的国家是美国，其发文量为 1338 篇，远高于其他国家，占总数的 35.8%左右，中介中心性达 0.45，可见美国的老年体育研究处于世界领先地位。发文量排名第二的国家是日本，发文量为 323 篇，中介中心性为 0.03。发文量排名第三的国家是加拿大，发文量为 253 篇，中介中心性为 0.07。接下来的排名从高到低依次是巴西、澳大利亚、英国、韩国；我国排在第十二位，发文量为 123 篇，中介中心性为 0.02。

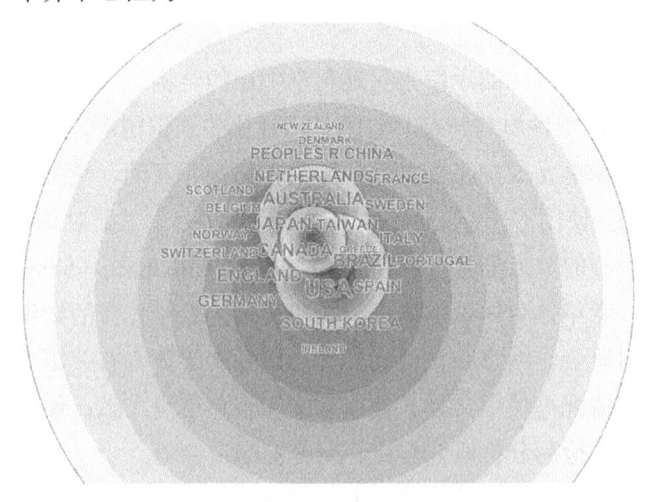

图 1-1-2　国家和地区科研分布图谱

在科研机构合作网络图谱（图 1-1-3）中，节点数为 301，连线数为 862，密度为 0.0191。排名第一的科研机构是美国的伊利诺伊大学，发文量为 117 篇，中介中心性为 0.09。排名第二的科研机构是美国的维克森林大学，发文量为 77 篇，中介中心性为 0.04。接下来的排名从高到低依次是匹兹堡大学、不列颠哥伦比亚大学、斯坦福大学、佛罗里达大学、圣保罗大学、华盛顿大学。值得注意的是，很多排名靠前的大学具备突发性检测结果，如排名第六的佛罗里达大学（突现

Burst=6.54)、排名第十三的西北大学（突现 Burst=4.82）等，共有 42 个科研机构具备突发性检测结果。可见在老年体育科研机构中，大学占据绝大多数，老年体育研究是突发性研究产生显著的领域，有很多大学后来居上。

图 1-1-3　科研机构合作网络图谱

1.3.1.4　国外老年体育研究关键点文献分析

如果两篇文献共同出现在第三篇文献的参考文献中，则这两篇文献形成共被引关系，对一个文献空间数据集进行文献共被引的过程就是共被引分析，通过共被引分析能够得到一个知识领域演进过程中的关键点文献。关键点文献一般是提出重要新理论或具有重大理论创新的经典文献，也是最有可能形成科学研究前沿和热点的文献[①]。使用 CiteSpace 软件进行文献共被引分析得到国外老年体育研究演进过程中的关键点文献，Selection Criteria 设置为 Top 40，在得到的知识图谱中，节点数为 372，连线数为 1245，密度为 0.018，模块度为 0.6383（图 1-1-4）。

[①] 罗晓梅，黄鲁成，王凯. 基于 CiteSpace 的战略性新兴产业研究[J]. 统计与决策，2015（6）：142-145.

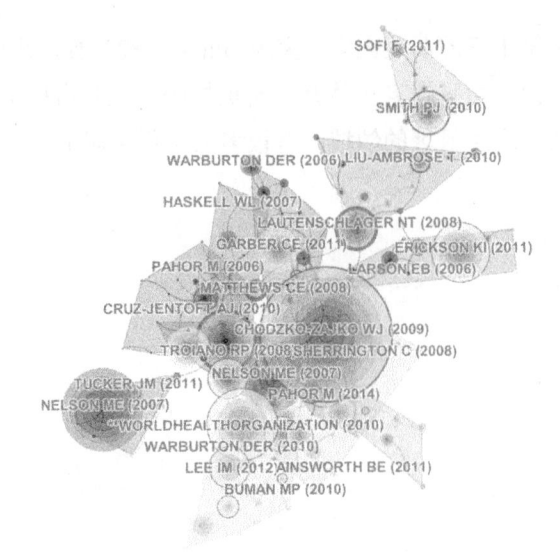

图 1-1-4　文献共被引知识图谱

被引频次排名第一的文献是 Chodzko-Zajko 等的 *American College of Sports Medicine position stand: Exercise and physical activity for older adults*，被引用 189 次，该文献旨在论述体育运动对于老年群体的重要性，综述了体育运动或体力活动如何影响老龄进程、长期和短期的体育运动或体力活动对健康状况和身体功能造成的影响，并对老年人运动处方等方面的内容进行了论述[1]。被引频次排名第二的文献是 Nelson 等的 *Physical activity and public health in older adults: Recommendation from the American College of Sports Medicine and the American Heart Association*，被引用 119 次，该文献对建议老年人参加的体育活动类型及其运动量进行了研究，采用面板数据进行分析，提出重视中等强度的有氧运动和力量练习，减少久坐行为和患病风险，需要进行计划从而达到推荐运动量[2]。被引频次排名第三的文献是 Kowal 等的 *Ageing and adult health status in eight lower-income countries: The INDEPTH WHO-SAGE collaboration*，被引用 105 次，该文献对 8 个低收入国家的老龄化状况进行了调查研究，描述了调查对象的人口特征和健康状况，研究结果

---

[1] CHODZKO-ZAJKO W J, PROCTOR D N, FIATARONE SINGH M A, et al. American College of Sports Medicine position stand: Exercise and physical activity for older adults [J]. Medicine and science in sports and exercise, 2009, 41(7):1510-1530.

[2] NELSON M E, REJESKI W J, BLAIR S N, et al. Physical activity and public health in older adults: Recommendation from the American College of Sports Medicine and the American Heart Association [J]. Medicine and science in sports and exercise, 2007, 39(8):1435-1445.

为政策规划提供了可能性[①]。

在 CiteSpace 中，中介中心性超过 0.1 的节点称为关键节点。按照中介中心性排序，排名第一的文献是 Troiano 等的 *Physical activity in the United States measured by accelerometer*，中介中心性为 0.23，该文献描述了美国各个年龄段人口的体育活动水平，数据来自加速计测量获得的客观数据[②]。排名第二的文献是 Nelson 等的 *Physical activity and public health in older adults*: *Recommendation from the American College of Sports Medicine and the American Heart Association*，中介中心性为 0.18，该文献就改善和保持老年人健康所需的体育活动的类型和数量提出建议[③]。排名第三的文献是 Physical Activity Guidelines Advisory Committee（体育活动指南咨询委员会）于 2008 年发布的 *Physical activity guidelines advisory committee report*，中介中心性为 0.17，该文献分析了美国老年人的体育活动指南的发展步骤，对美国老年人的体育活动指南的主要内容进行了总结，提出了提高美国老年人的体育活动水平的各种方法[④]。

通过对这些关键点文献进行总结归纳，发现国外老年体育研究主要围绕体育活动对健康的促进作用展开，研究目标旨在改善老年人健康及应对社会老龄化；研究方法主要以干预实验研究为主，采用随机对照试验的方法；在研究对象方面，注重关注女性及各类细分人群；主要研究内容有老年人体育活动参与的价值研究、老年人体育活动参与的现状调查研究、老年人体育活动参与干预方案的实验研究等。

1.3.1.5 国外老年体育研究热点分析

共词分析方法可以用来分析学科的热点内容、主题分布及学科结构，关键词共现分析就是对数据集中提供的关键词进行分析。使用 CiteSpace 软件进行关键词共现分析，将 Node Types 设置为 Keyword，将 Selection Criteria 设置为 Top 50，得到关键词共现知识图谱（图 1-1-5），节点数为 83，连线数为 551，密度为 0.1619，

---

① KOWAL P, KAHIV K, NAWI N, et al. Ageing and adult health status in eight lower-income countries: The INDEPTH WHO-SAGE collaboration [J]. Global health action, 2010, 3(2): 11-22.

② TROIANO R P, BERRIGAN D, DODD K W, et al. Physical activity in the United States measured by accelerometer[J]. Medicine and science in sports and exercise, 2008, 40(1):181-188.

③ NELSON M E, REJESKI W J, BLAIR S N, et al. Physical activity and public health in older adults: Recommendation from the American College of Sports Medicine and the American Heart Association[J]. Medicine and science in sports and exercise, 2007, 39(8):1435-1445.

④ Physical Activity Guidelines Advisory Committee. Physical activity guidelines advisory committee report[R]. Washington, DC: U.S.Department of Health and Human Services, 2008.

模块度为 0.2934。频次排名前十的高频关键词如表 1-1-2 所示。自动聚类标签是在默认视图的基础上，通过谱聚类算法生成知识聚类，然后从引用聚类的相关施引文献中通过算法提取标签词，以此来表征对应一定知识基础的研究热点[①]。对得到的关键词图谱进行聚类分析，得到 7 个自然聚类，各个聚类情况及按照 3 种算法（TFIDF、LLR、MI）得到的聚类标签如表 1-1-3 所示。

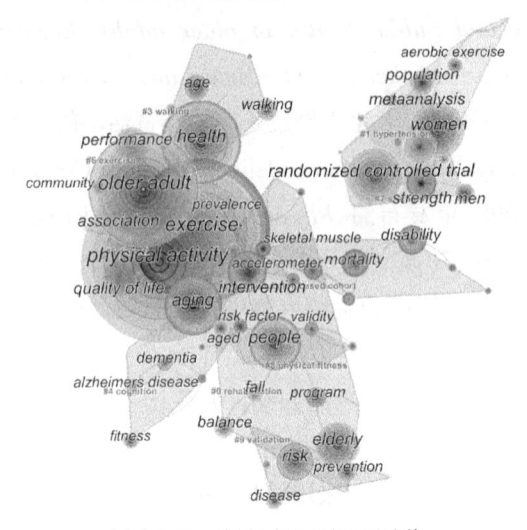

图 1-1-5　关键词共现知识图谱

表 1-1-2　频次排名前十的高频关键词

排名	被引频次	中介中心性	关键词
1	956	0.22	Physical Activity（体力活动）
2	813	0.26	Exercise（锻炼）
3	680	0.11	Older Adult（老年人）
4	502	0.11	Health（健康）
5	374	0.06	Aging（老龄化）
6	370	0.08	Randomized Controlled Trial（随机对照实验）
7	359	0.07	Women（女性）
8	336	0.04	People（人群）
9	298	0.09	Elderly（老年人）
10	246	0.06	Risk（风险）

---

① 王岑岚，尤建新. 大数据文献评述：基于软件 Citespace 的可视化研究[J]. 科技管理研究，2017，37（21）：180-189.

表 1-1-3 关键词聚类及聚类标签

编号	大小	平均年份	标签（TFIDF）	标签（LLR）	标签（MI）
0	23	2011	Physical Education（体育）、Functional Independence Measure（功能独立性评定）	Accelerometer（加速计）、Questionnaire（问卷）、Sedentary Behavior（久坐行为）	Design（设计）
1	17	2011	General Practitioner（全科医生）	Randomized Controlled Trial（随机对照实验）、Balance（平衡）、Community（社区）	Weight（权重）
2	15	2010	Physical Education（体育）、Preemptive Analgesia（超前镇痛）	Maintenance（维持）、Exercise（运动）、Intervention（干预）	Education（教育）
3	14	2011	Activity Promotion Program（活动促进计划）、Activity Participation（活动参与度）	Dementia（痴呆）、Alzheimers（老年痴呆症）、Disease（疾病）、Executive Function（执行功能）	Go（走）
4	11	2010	Physical Education（体育）、Cockcroft Gault Formula（肾小球滤过率计算公式）	Aging（老龄化）、Skeletal Muscle（骨骼肌）、Skeletal Muscle Mas（骨骼肌肥大）	Free Radical（自由基）
5	1	2012	Disease Prevention（疾病预防）、Public Health Organization（公共卫生组织）	Health Promotion（健康促进）、Cohort Profile（队列概况）、Physical Inactivity（体力活动不足）	Social Support（社会支持）
6	1	2015	Association（协会）、Exercise Intensity（运动强度）	Intensity（强度）、Ventilatory（通气）、Threshold Perceived Exertion（感知力阈值）	Social Support（社会支持）

通过基本聚类划分及其聚类名称可以从一定程度上看出老年体育研究的基本结构和热点研究内容。在形成的聚类结果中，前 5 个聚类较大，0 号聚类的聚类名称有"加速计""问卷""功能性独立评定""设计"等，其中"加速计"是硬件测试手段，用于客观测量老年体育活动参与，"问卷"是主观测评手段，"功能性独立评定"是对老年人身体功能的测评内容，该聚类主要是老年体育测评工具研

究。1号聚类的聚类名称有"随机对照实验""社区""平衡""权重"等，其中"社区"指社区范围老年人，"平衡"是身体机能的指标，"体重"是身体健康状况指标，该聚类主要研究各类随机对照试验，包括社区等区域性试验和平衡等健康功能性试验，该聚类通过实验研究运动对老年人健康的促进效果。2号聚类的聚类名称有"干预""教育""运动"等，其中"干预"是为促进老年人体育参与进行的干预研究，"教育"是重要干预手段，该聚类是老年体育行为干预方式研究。3号聚类的聚类名称有"活动促进计划""执行功能"等，该聚类研究通过体育活动促进项目提高老年体育参与水平，从而提高健康状况，可与2号聚类合并。4号聚类的聚类名称有"老龄化""自由基"等，该聚类主要研究体育与老龄化。可见国外老年体育热点研究内容有四大类：老年体育测评工具聚类、老年体育健康促进效果聚类、老年体育干预方式聚类、体育与老龄化聚类。在各聚类中，可结合高频关键词进一步总结出国外老年体育研究热点。

1）老年体育测评工具聚类

可靠的测评工具是保证高质量研究结果的基础，测评工具主要用于调查老年体育现状或实验研究。国外对测评工具的研究较为重视，老年体育测评工具聚类中的研究热点有加速计和问卷。关于加速计的典型研究有以下几点。Garatachea 等认为加速计可以客观测量体育活动的移动情况，与其他定量测量能量消耗的方法相比具有显著优势[1]。加速计目前主要用于调查研究，但是被应用于临床和健身实践的可能性不断增加。Khan 等研制了一项长时间监控老年人体育活动移动性的加速计位置识别系统，可以简单方便地使用，其平均识别准确率为94%，为老年人连续进行长期活动监测提供了一种实用的解决方案[2]。Berkemeyer 等认为目前缺少客观测量描述老年人体育活动参与的研究，他们用加速计测量比较了英国和美国的老年人的体育活动参与情况，结果显示英国大多数老年人没有达到当前的体育活动指导方针要求，总体来说英国老年人比美国老年人更加活跃但也更喜欢久坐[3]。

---

[1] GARATACHEA N, LUQUE G T, GALLEGO J G. Physical activity and energy expenditure measurements using accelerometers in older adults[J]. Nutricion hospitalaria, 2010, 25(2):224-230.

[2] KHAN A M, LEE YOUNG-KOO, LEE S, et al. Accelerometer's position independent physical activity recognition system for long-term activity monitoring in the elderly[J]. Medical & biological engineering & computing, 2010, 48(12):1271-1279.

[3] BERKEMEYER K, WIJNDAELE K, WHITE T, et al. The descriptive epidemiology of accelerometer-measured physical activity in older adults[J]. The international journal of behavioral nutrition and physical activity, 2016, 13(1): 2-11.

1 绪　论

　　有关问卷的典型研究有以下几种。Cancela 等通过实验研究了目前调查西班牙老年妇女体育活动参与水平问卷的有效性，结果表明闲暇时间体育活动、居家和工作体育活动组合版本似乎是测量西班牙老年妇女体育活动的有效工具，需要进一步考虑其内容的文化适应性及个体感知到的体育活动强度与实际体育活动强度的区别以提高测评有效性[①]。Hurtig-Wennlof 等对短版本成年人国际体育活动问卷（International Physical Activity Questionnaire，IPAQ）进行修改，形成适用于老年人的体育活动调查问卷（IPAQ-E），并对其信度和效度进行了验证，结果显示改良版的问卷尽管存在系统性误差但能提供可接受的体育活动评估值，可与其他问卷很好地结合[②]。Van 和 De 评估了国际长版本体育活动问卷（IPAQ-L）对比利时社区老年人（65 岁及以上）的适用性，并对其标准效度和重测信度进行了检验，结果表明 IPAQ-L 的重测信度是中等到良好的，可加入一些光照体育项目测试以提高内容结构效度[③]。Forsen 等的研究结果显示国际体育活动问卷中文版（IPAQ-C）评价老年人体育活动参与的信度检验为正，组内相关系数（ICC）大于或等于 0.81[④]。

　　通过文献梳理发现，使用加速计来客观测量老年体育活动受到越来越多的重视，研究者关注研制使用方便、功能完善的加速计系统。使用加速计进行实验或使用加速计测量数据测评老年人的体育参与情况则是研究热点。问卷研究主要用于老年人自我评估体育活动参与情况的测评，国际体育活动问卷是目前被人们广泛关注并使用的研究手段，其短版本适用于老年群体体育活动监测，长版本适用于更加细致的研究，各国研究者对其测评本国老年体育活动的适应性进行了研究，对其信度和效度进行了检验，可结合具体的调查对象和目的对问卷内容进行改良并与其他调查问卷合并。此外，还有研究者用体育活动测评问卷评估健康促进计划的有效性。

[①] CANCELA J M, VARLA S, ALVAREZ M J, et al. Validity of a combined fibromyalgia (FM) questionnaires to asses physical activity levels in spanish elderly women: An experimental approach[J]. Archives of gerontology and geriatrics, 2011, 52(1): 56-59.

[②] HURTIG-WENNLOF A, HAGSTROMER M, OLSSON L A, et al. The international physical activity questionnaire modified for the elderly: Aspects of validity and feasibility[J]. Public health nutrition, 2010, 13(11): 1847-1854.

[③] VAN H V, DE B I. Assessment of physical activity in older Belgian adults: Validity and reliability of an adapted interview version of the long international physical activity questionnaire (IPAQ-L)[J]. BMC public health, 2015, 15(1): 433-446.

[④] FORSEN L, LOLAND N W, VUILLEMIN A, et al. Self-administered physical activity questionnaires for the elderly: A systematic review of measurement properties[J]. Sports medicine, 2010, 40(7):601-623.

2）老年体育健康促进效果聚类

对健康的促进作用是体育的本质功能，老年人的身体机能和运动能力会随着年龄的增长而降低，老年体育健康促进效果聚类通过随机对照实验定量研究老年人参加体育活动后的健康促进效果。该聚类中对社区老年人的健康促进作用研究，特别是防止跌倒的平衡性功能改善等是研究热点。其中比较典型的有以下几种研究。Ullmann等采用随机对照实验研究了体育运动对社区老年人平衡功能、移动能力等方面的作用效果，实验组老年人参加了一个为期5周的Feldenkrais项目，每周3次，每次60分钟，项目结束后老年人的平衡性（$P=0.030$）和移动能力（$P=0.042$）有所增加，对跌倒的恐惧（$P=0.042$）显著降低，结果表明体育活动有助于抵消与年龄相关的移动能力的降低，减少社区老年人跌倒的风险，他们认为老年人的平衡和步态是导致老年人跌倒的两个强烈的危险因素[①]。Jung-Suk等的实验表明，通过运动训练能够减轻非优势腿与优势腿之间的步态不对称，从而减少跌倒的可能性[②]。Palvanen等的实验结果表明，多因素跌倒预防方案对预防老年人跌倒是有效的，能够降低跌倒率和相关伤害近30%[③]。Nishiguchi等通过实验探讨了体育运动对社区老年人认知功能和大脑激活程度的影响，进行了12周的身体和认知训练后的实验组老年人，其记忆能力和执行功能的提高明显高于对照组（$P<0.05$），这说明体育运动能够改善老年人的认知功能和中枢神经系统[④]。

以跌倒和跌倒相关的伤害为例，与老龄化有关的健康问题是重要的公共卫生问题，对医疗保障提供者来说是巨大的挑战。相关研究通过实验定量证明了体育运动对老年人身体机能等健康状况有促进作用，能够降低社会老年人健康风险的发生率，并发现其作用机理和影响因素，从而充分证明了老年体育的价值，为老年体育的其他研究奠定了基础。

3）老年体育干预方式聚类

体育干预方式研究旨在减少老年人的久坐行为，提升其体育活动参与水平，

---

① ULLMANN G,WILLIAMS H G, HUSSEY J, et al. Effects of feldenkrais exercises on balance, mobility, balance confidence, and gait performance in community-dwelling adults age 65 and older[J]. Journal of alternative and complementary medicine, 2010, 16(1): 97-105.

② JUNG-SUK S, KIM S. Prevention of potential falls of elderly healthy women: Gait asymmetry[J]. Educational gerontology,2014, 40(2): 123-137.

③ PALVANEN M, KANNUS P, PIIRTOLA M, et al. Effectiveness of the chaos falls clinic in preventing falls and injuries of home-dwelling older adults: A randomised controlled trial[J]. Injury, 2014, 45(1): 265-271.

④ NISHIGUCHI S, YAMADA M, TANIGAWA T, et al. A 12-week physical and cognitive exercise program can improve cognitive function and neural efficiency in community-dwelling older adults: A randomized controlled trial[J]. Journal of the American geriatrics society, 2015, 63(7): 1355-1363.

从而改善其健康状况。干预方式有很多类别，只有根据不同老年群体采用不同的有效的干预方式才能达到促进效果。针对各类干预方式的有效性研究是老年体育干预方式聚类中的研究热点，具有影响力的研究有以下几种。Kahn等的研究结果表明，信息类干预手段用于激发群众锻炼动机及提供必要的锻炼信息，其中具体干预手段，如针对性提示、社区范围干预等证明其有效性；行为和社会类干预手段用于提高人们健康运动行为的技能及为行为改变提供支持，证明有效的具体手段有基于学校的健康及体育教育、社区设施的社会支持、个人适应性健康行为改变项目等；环境和政策干预手段用于为公众参与体育活动提供机会和支持，研究表明公众体育活动参与受环境和设备等的影响，加强城市规划建设、基础设施等干预手段对于改善各类人群的体育活动参与具有显著性影响[1]。Geraedts等认为远程干预手段包括经常性的远程接触方式、不经常性的远程接触方式和直接的远程干预方式3种；直接的远程干预方式是直接监督干预方式的良好替代；综合运用不同程度的3种方式的干预效果和直接监督式的干预效果相近，比通常的干预效果好[2]。Zubala等通过元分析发现目前社区老年体育的干预措施主要有生活方式咨询、健康教育，在形式上有面对面的小组或个人咨询及远程形式；干预的理论基础使用最多的有社会认知理论和跨理论模型；干预的活动形式最多的是走路、舞蹈、园艺等生活方式的干预，以及太极、家庭活动、水中运动、瑜伽等强度较低的项目[3]。总体来看，国外老年体育干预研究通过有效的手段，达到改变老年人体育活动认知和行为的效果，大多采用实验探究干预手段的有效性。

4）体育与老龄化聚类

人口老龄化是全球性的社会问题，为应对老龄化问题形成了一系列理论。在体育与老龄化聚类中，成功老龄化（Successful Aging）理论是研究热点。具有影响力的研究有以下几种。Rowe和Kahn首先提出成功老龄化的概念，将成功老龄化定义为避免生理功能随年龄的增长而下降[4]；后来又更明确地将此概念定义为避

---

[1] KAHN E B, RAMSEY L T, BROWNSON R C, et al. The effectiveness of interventions to increase physical activity: A systematic review[J]. American journal of preventive medicine, 2002, 22(4):73-107.

[2] GERAEDTS H, ZIJLSTRA A, BULSTRA S, et al. Effects of remote feedback in home-based physical activity interventions for older adults: A systematic review[J]. Patient education & counseling, 2013, 91(1):14-24.

[3] ZUBALA A, MACGILLIVRAY S, FROST H, et al. Promotion of physical activity interventions for community dwelling older adults: A systematic review of reviews[J]. Plos one, 2017, 12(7):1-36.

[4] ROWE J W, KAHN R L. Human aging: Usual and successful [J]. Science, 1987, 237(4811):143-149.

免疫病和残疾，保持好的身体和认知功能，持续参与社会和生产活动[1]。Pruchno 等认为成功老龄化的定义应包括主观、客观两个方面，既可被客观测量，又可被主观价值判断，并建立了相应的成功老龄化模型[2]。Pruchno 等对影响成功老龄化的主观因素、客观因素进行了验证，结果表明因先前早期生活造成的影响可以被目前的生活习惯和社会支持修正，教育与监禁的影响突出，婚姻、工作和志愿者状况，以及适量饮酒对成功老龄化指标作用明显[3]。关于成功老龄化与体育活动的关系研究，比较典型的研究有以下几种。Kanning 和 Schlichi 提出体育活动是成功老龄化的关键变量，构建了结合主观幸福感的生物、心理、社会 3 个维度的成功老龄化模型，并探讨了体育锻炼影响成功老龄化的机制与途径[4]。Gopinath 等研究了身体活动与成功老龄化之间的时间关联，结果显示从事高水平体力活动的老年人比从事低水平体力活动的老年人在 10 年后成功老龄化的可能性更大[5]。

体育与成功老龄化研究主要回答什么是成功老龄化，如何测量评估成功老龄化，成功老龄化的影响因素和作用机制有哪些，以及体育活动如何影响成功老龄化等问题。体育活动与成功老龄化理论的对接使老年体育在理论上得到支持的同时也丰富了老龄化理论，这启示我们老年体育不能局限于体育领域，而应融入更广阔的研究领域中。

1.3.1.6　国外老年体育研究前沿分析

研究前沿被定义为一组突现的动态概念和潜在的研究问题[6]。突现词指在较短时间内出现较多或使用频率较高的词，根据突现词的词频变化可以判断研究领域的前沿与趋势[7]。使用 CiteSpace 对关键词进行突发性检测，得到 13 个突现词（图 1-1-6）。另外，在关键词聚类图的基础上，得到关键词随时间演变的时区图（图 1-1-7），从

---

[1] ROWE J W, KAHN R L. Successful Aging[J]. Aging, 1998, 10(2):142-144.

[2] PRUCHNO R A, WILSON-GENDERSON M, CARTWRIGHT F. A two-factor model of successful aging[J]. Journals of gerontology series B: Psychological sciences & social sciences, 2010, 65(6): 671-679.

[3] PRUCHNO R A, WILSON-GENDERSON M, ROSE M, et al. Successful aging: Early influences and contemporary characteristics[J]. Gerontologist, 2010, 50(6):821-833.

[4] KANNING M, SCHLICHI W. A bio-psycho-social model of successful aging as shown through the variable "physical activity"[J]. European reviews of aging & physical activity, 2008, 5(2):79-87.

[5] GOPINATH B, KIFLEY A, FLOOD V M, et al. Physical activity as a determinant of successful aging over ten years[J].Scientific reports, 2018, 8(1): 1-5.

[6] 刘则渊，陈悦，侯海燕，等．科学知识图谱：方法与应用[M]．北京：人民出版社，2008．

[7] 王娟，陈世超，王林丽，等．基于 CiteSpace 的教育大数据研究热点与趋势分析[J]．现代教育技术，2016，26（2）：5-13．

1 绪 论

中可以看出，不同时间段的前沿性研究主题有所演进，2010—2012 年，国外老年体育研究迅速起步，以实验研究为主，探究体育活动的促进效果；2012—2014 年，国外老年体育研究开始突破之前的研究范畴，得到进一步发展，问卷研究方法得到广泛使用，研究前沿开始转向健康促进方向；2015—2018 年，国外老年体育研究再次重视实验研究，研究内容得到深入和细化，在理论上也得到提升，科学健身内容成为研究前沿。

Keywords	Year	Strength	Begin	End	2010—2018年
rehabilitation	2010	4.4891	2010	2013	
controlled trial	2010	9.1362	2010	2012	
depression	2010	6.4037	2010	2012	
maintenance	2010	8.3494	2010	2011	
questionnaire	2010	13.2397	2011	2013	
primary care	2010	9.8002	2011	2012	
public health	2010	4.7991	2011	2013	
adult	2010	7.9813	2012	2016	
self efficacy	2010	5.0556	2013	2014	
resistance exercise	2010	7.9522	2014	2018	
behavior	2010	3.7484	2014	2016	
cognition	2010	8.0190	2015	2018	
sarcopenia	2010	7.4682	2016	2018	

图 1-1-6 关键词突发性检测结果

图 1-1-7 关键词聚类时区图

1）以"疾病治疗"为主要研究方向的起始阶段

2010—2012 年，突现词有"康复""控制实验""抑郁"等，说明这一时期国外老年体育研究以体育运动对老年疾病的治疗康复作用为主要研究内容,大多采用控制实验方法进行研究,如对老年抑郁的研究是研究前沿。关于体育运动对老年抑郁的研究显示,抑郁症是降低老年人生活质量的重要因素,也会增加心脏病等疾病的患病率,抑郁症在老年人群体中的患病率达到1%~42%[1]。研究表明,抑郁症与体育活之间是一种双向关系,久坐人群更容易患抑郁症,抑郁症患者也更少参加体育活动[2]。随机对照试验结果表明,参加体育活动能够减少被诊断为抑郁症患者、健康人群等各类老年人群体的抑郁症状,一项英国的实验结果显示参加体育活动的实验组与对照组相比减少了30%的抑郁症状[3]。相关元分析结果同样显示,体育活动对老年人具有明显的抗抑郁作用[4]。与药物或心理等其他形式的干预措施相比,体育活动对抑郁症具有等同的干预效果[5]。这一时期的研究充分证明了老年人参与体育活动的作用和价值。

2) 以"疾病预防"为主要研究方向的发展阶段

2012—2014年,突现词有"初级护理""问卷""公共健康"等,说明国外老年体育研究前沿开始转向公共健康促进方向,通过健康促进项目提高老年体育参与水平,从而改善老年人的健康状况,达到预防疾病的效果和"未病先治"的目的。在此阶段,问卷研究方法得到广泛使用,在健康促进计划中以初级卫生保健系统为代表的公共健康领域成为研究前沿。这一时期健康促进计划的重要研究有以下几种。Figueira等对政府体育促进项目对老年人生活质量影响的有效性进行研究,结果显示政府体育促进项目对老年人知觉功能、社会参与、生活行为等方面有显著性影响[6]。Lucie等研究了影响老年疾病预防和健康促进项目整合的影响因素,对两个社会组织开展的项目进行案例分析,结果显示资源及与学术界的伙伴

---

[1] DJERMES I K. Prevalence and predictors of depression in populations of elderly: A review[J]. Acta psychiatrica scandinavica, 2006, 113(5): 372-387.

[2] GALPER D I, TRIVEDI M H, BARLOW C E, et al. Inverse association between physical inactivity and men-tal health in men and women[J]. Medicine and science in sports and exercise, 2006,38 (1): 173-178.

[3] MATHER A S, RODRIGUEZ C, GUTHRIE M F, et al. Effects of exercise on depressive symptoms in older adults with poorly responsive depressive disorder: Randomized controlled trial[J]. British journal of psychiatry, 2002, 180(5):411-415.

[4] BLUMENTHAL J A, BABYAK M A, MOORE K A, et al. Effects of exercise training on older patients with major depression[J].Archives of internal medicine, 1999, 159(19): 2349-2356.

[5] PINQUART M, DUBERSTEIN P R, LYNESS J M. Effects of psychotherapy and other behavioral interventions on clinically depressed older adults: A meta-analysis[J]. Aging ment health,2007,11 (6): 645-657.

[6] FIGUEIRA H A, FIGUEIRA A A, CADER S A, et al. Effects of a physical activity governmental health programme on the quality of life of elderly people[J]. Scandinavian journal of public health, 2012, 40(5):418-422.

关系等是核心因素,对初级卫生保健系统的老年人进行体育活动促进干预,改变其久坐行为,对于提高老年人的健康水平具有重要作用[①]。有研究表明,短期的干预措施能够提高老年人的体育活动水平,但还没有足够的证据表明会有长期的改变,具体的干预手段有探望、咨询、语言类等;应当对老年人进行整体评估后量身定做运动处方,并进一步确定最有效的干预手段,体育活动辅导还可以成为收费服务[②]。还有研究表明,初级卫生保健系统的老年体育活动干预能够改善老年人失落等心理状况,提高其心理健康水平[③]。如何促进老年人参与体育活动逐渐成为影响公共健康水平的公众议题,从公共健康视角促进老年体育参与水平的提升是这一时期的研究前沿。

3)以"健身方法"为主要研究方向的深化阶段

2015—2018年,突现词有"抗阻训练""认知""肌肉减少"等,说明这一时期主要关注科学健身的内容和方法,其中抗阻训练是前沿,主要研究什么样的运动强度或阈值能对认知功能、肌肉功能产生最好的促进效果。关于抗阻训练的重要研究有以下几种。Geirsdottir等认为已有的研究很好地证明了参加抗阻训练对老年人的益处,但是如何维持抗阻运动的益处还需要进一步研究。他们调查了老年人参加12周在监督下进行的抗阻力训练后其肌肉力量和身体机能下降的情况,认为在闲暇时间参加体力活动和在无监督下进行抗阻力训练能使老年人在一定程度上保持运动效果[④]。Watanabe等比较研究了进行慢速与常速自身体重抗阻力训练的锻炼效果,干预结果显示在上下肢力量等方面两组均无显著差异[⑤]。关于认知功能的研究结果显示,认知功能是个体的基础功能,不能直接观测而需要通过行为来推断;前瞻性队列研究结果表明,体育活动即使不能阻止由于年龄增长而产生的认

---

① LUCIE R, LISE G, FRANCINE D, et al. Integrating the ecological approach in disease prevention and health promotion programs for older adults: An exercise in navigating the headwinds[J]. Journal of applied gerontology, 2012, 31(1):101-125.

② NEIDRICK T, FICK D, LOEB S. Physical activity promotion in primary care targeting the older adult[J]. Journal of the american academy of nurse practitioners, 2012,24(7):405-416.

③ PATEL A, KEOGH J, KOLT G, et al. The long-term effects of a primary care physical activity intervention on mental health in low-active, community-dwelling older adults[J]. Aging & mental health, 2013, 17(6):766-772.

④ GEIRSDOTTIR O G, ARNARSON A, RAMEL A, et al. Muscular strength and physical function in elderly adults 6-18 months after a 12-week resistance exercise program[J]. Scandinavian journal of public health, 2015,43(1):76-82.

⑤ WATANABE Y, TANIMOTO M, OBA N, et al. Effect of resistance training using bodyweight in the elderly: Comparison of resistance exercise movement between slow and normal speed movement[J].Geriatrics & gerontology international, 2015,15(12): 1270-1277.

知功能障碍的发生,也能够减少其发病率,从而提高认知功能[1]。一项随机实验元分析结果显示,体育锻炼能够提高各项认知功能测试水平,其效应量为0.48,最高的为 0.68[2]。不论是早期体育活动、中期体育活动还是正在进行的体育活动都可以减轻认知功能的下降[3],即使是低强度的体育活动也是有效的[4]。可见在这一时期,如何帮助老年人进行科学运动健身成为研究前沿,包括具体运动选择、制订合适的身体活动计划等。未来,研究前沿需要在基础健身方法进一步完善后,转向科学健身方法的普及和推广,因此如何将实验证明有效的科学健身方法上升为体育健康促进项目是未来的研究前沿。

1.3.1.7 研究总结与启示

国外老年体育研究主要围绕体育活动对健康的促进作用展开,研究目标旨在改善老年人健康及应对社会老龄化。美国在相关研究方面的发文量占比大且远高于其他国家,老年体育科研机构以各个大学为主。研究热点内容有四大类:老年体育测评工具聚类、老年体育健康促进效果聚类、老年体育干预方式聚类、体育与老龄化聚类。从研究前沿性主题的演进看,2010—2012 年以"疾病治疗"为主要研究方向,2012—2014 年以"疾病预防"为主要研究方向,2015—2018 年以"健身方法"为主要研究方向。总体来看,国外老年体育研究的对象较为具体,对于各类群体的划分较为详细,有的研究按照年龄对各个年龄层的老年人进行划分,有的研究按照社会群体对社区、居家等不同群体的老年人进行划分,有的研究按照性别对男性老年人和女性老年人进行划分。在研究方法上,国外老年体育研究以定量研究为主,大量采用随机对照实验,研究数据提倡来自以加速计为工具获得的客观测量数据,用于评估的问卷和量表均用实验进行了信度和效度检验,对国际通用问卷和量表测评本国老年体育活动的适应性进行了研究,并结合实际情况和研究目的做了改良,因此其研究结果有较好的保证。在研究内容上,国外老年体育研究经历了从关注微观的运动有效性实验到中观的健康促进效果研究,再到微观科

---

[1] HASKELL W L. Cardiovascular complications during exercise training of cardiac patients[J]. Circulation, 1978, 57(5): 920-924.

[2] BARNARD R J, GARDNER G W, DIACO N V, et al. Cardiovascular responses to sudden strenuous exercise--heart rate, blood pressure, and ECG[J].Journal of applied physiology, 1973, 34(6):833-837.

[3] THACKER S B, GILCHRIST J, STROUP D F, et al. The impact of stretching on sports injury risk: A systematic review of the literature[J]. Medicine and science in sports and exercise, 2004, 36(3):371-378.

[4] YAFFE K, BARNES D, NEVITT M, et al. A prospective study of physical activity and cognitive decline in elderly women: Women who walk[J]. Archives of internal medicine, 2001, 161(14):1703-1708.

学健身方法的转变。

国外老年体育研究对我国的老年体育研究有以下启示。一是要细化研究对象，只有把研究对象具体化，才能将老年体育研究做实、做丰富，并且在我国城乡差距巨大的情况下，需要更加关注农村地区老年群体。二是在研究方法上要加强实验研究，对研究工具的信度和效度进行深入研究和检验，进而保证研究结果的准确性和可靠程度。三是研究内容要结合国际热点前沿，加强老年科学健身基础及应用研究，包括特色运动处方及推广等；针对老年体育参与人口偏少的问题，要特别重视老年体育行为干预研究，我国老年人口基数庞大，很多老年人群体处于偏远地区，需要在投入一定的情况下尽可能多地覆盖受益人群，干预项目要根据干预目的和干预群体的特点，综合借鉴采用各类具有有效性的干预手段，选择更加适合我国老年人的、具有地方特色的体育活动作为干预内容，其中远程干预手段不仅能够减少人员、资金等方面的干预投入，还能够不受地域限制地增加干预范围和人数，对于我国现实情况而言可能更加适用，可做进一步研究应用；研究老年公共体育服务，从国家政策层面规划推动老年人的体育活动参与。

1.3.2 国内老年体育研究现状

在中国知网（China National Knowledge Infrastructure，CNKI）以题名"老年（人）体育"或"老年（人）公共体育服务（体育公共服务）"进行文献检索，文献来源选择 SCI（Science Citation Index，科学引文索引）来源期刊、EI（The Engineering Index，工程索引）来源期刊、核心期刊、CSSCI（Chinese Social Sciences Citation Index，中文社会科学引文索引）期刊，时间到2020年1月1日，共检索到300多篇文献。与国外几千篇的文献相比，我国的相关文献在数量上明显不足。从整个文献发表的时间上看，2000年以后发表的文献数量明显增加，这与2000年我国开始迈入老龄社会的时间比较吻合。从硕博论文的情况看，通过查询"中国优秀博士、硕士学位论文数据库"，共检索到429篇论文，时间跨度从2003—2019年，特别是2010年后，老年（人）体育的选题开始得到硕士研究生和博士研究生的青睐与重视，每年都有20篇以上的论文出现。从国内研究的议题看，主要集中在以下几个方面。

1）老年体育的基本理论研究

国内老年体育的基本理论研究主要涉及老年体育的意义、老年体育的社会价值、老年体育锻炼的心理价值、体育锻炼对老年人生活质量的影响等。关于老年体育的意义，不同学者从不同角度进行了分析。有学者认为，老年体育的价值是指体育活动对老年人个体的价值。例如，马青录和张富平认为老年体育的价值是增进健康、延年益寿，体育是美的体验，体育是医疗的补充；他们对老年体育的社会效益进行了论述，包括老年体育的经济效益，以及老年体育在精神文明中的作用[1]。有的学者认为老年体育的意义包括其社会意义，如杨家坤和张晓侠对发展老年体育事业的意义和体育锻炼对老年人产生的身心效应进行了论述[2]。眭小琴等从发展老年体育、提高老年人的生活质量、提高社会效益和经济效益方面分析了老年体育的意义[3]。老年体育的意义会随着老年体育自身的开展及社会的发展需要而不断加深，老年体育的意义应包括对老年个体、家庭及社会的意义。

在有关老年体育的社会价值的研究方面，学者普遍认识到随着我国社会老龄化的加剧，老年体育会对整个社会发展起到重要作用。张洁和曹训缔从老年体育在我国群众体育中的战略地位，老年体育对节约医疗费用的作用，老年体育开拓市场、促进消费的作用，以及老年体育对我国社会发展的影响方面探讨了老年体育的社会作用[4]。蒋世玉和史燕认为老年体育的社会效益包括经济效益，如降低社会的医疗费用、促进体育消费水平的提高、促进老年人的"第二人生"、减轻社会的负担，以及老年体育在社会主义精神文明中的作用，如老年体育是改变老年人生活观念、习惯、内容的重要手段，是移风易俗、改造社会的重要手段，将促进体育社会化的进一步深入[5]。严珺认为老年体育对缓解老龄化社会问题、促进和谐社会建设的贡献在于老年体育有利于提高老年人的健康水平、减轻家庭和社会负担，有利于增进家庭情感、创造和谐的家庭环境，增进老年人社会参与意识、促进社会主义精神文明建设，并且老年体育产业有助于促进经济社会和谐、可持续发展[6]。

关于体育对老年人生活质量的影响，赵淑英从老年幸福概念出发，认为体育活动在提高老年人生活质量中的作用意味着提高老年人的幸福感，具体体现在能

---

[1] 马青录，张富平. 老年体育的价值、特点与方法[J]. 上海体育学院学报，1999（B12）：144-146.
[2] 杨家坤，张晓侠. 发展老年体育的意义及效应[J]. 上海体育学院学报，2000（B12）：82-83.
[3] 眭小琴，赵宝椿，李田，等. 发展我国老年体育的意义与对策[J]. 北京体育大学学报，2006（11）：1475-1476.
[4] 张洁，曹训缔. 关于中国老年体育在社会经济发展中的地位和作用的研究[J]. 武汉体育学院学报，1992（4）：76-77.
[5] 蒋世玉，史燕. 论老年体育与社会效益[J]. 成都体育学院学报，1997（2）：12-15.
[6] 严珺. 老年体育发展与和谐社会的构建[J]. 安徽师范大学学报（自然科学版），2010，33（1）：91-93，98.

够提高身体良好感、心理良好感、身体知觉水平、社会功能及认知功能[1]。王大中和王庆伟对生活质量的内涵进行了分析，认为对生活质量的理解应该从主观需求的满足程度、客观的物质条件的改善两方面来看，体育的作用体现在促进身体健康、心理健康、老年人继续社会化等方面[2]。陈玉群分析了城市社区体育服务对提高空巢老人生活质量的积极作用，包括增强空巢老人社会交往互动频率、对空巢老人情感的调节作用、形成空巢老人彼此信任的心理、提高空巢老人的幸福感[3]。相关研究最终都落脚在体育对老年人个体的作用上，主要包括身体、心理及社会化方面。

有关老年人体育锻炼的心理价值研究表明，老年人的心理健康同身体健康一样需要得到重视，大部分研究采用心理量表测量、实验研究方法证明参与体育活动与心理健康改善的相关性。余询将老年人参加体育活动后所产生的心理效应归结为充实生活、增强健康长寿信心、促进人际交往、调节情绪、丰富兴趣爱好、改善记忆[4]。赫秋菊采用心理量表测量方法进行研究，结果表明，参加体育锻炼的老年人的心理健康水平显著高于不参加体育锻炼的老年人，并且坚持锻炼年限越久、锻炼频率越高、每次锻炼时间越长，老年人的心理健康水平就越高[5]。杜磊采用实验法研究了不同程度的体育活动对老年人心理健康的影响，结果表明，随着体育活动参与程度的提高，老年人的心理健康水平也在不断提高，尤其表现在强迫、人际关系、抑郁、焦虑、恐怖和偏执6个因子上[6]。曲天敏和苏浩采用理论分析法进行研究，认为体育活动能够对老年人因生理变化引起的心理健康问题、因社会角色转变引起的心理健康问题产生影响[7]。有研究进一步验证了体育活动与老年人生活满意度的关系。例如，魏高峡的研究结果表明体育人口组的生活满意度比非体育人口组高且有显著性差异[8]。然而有学者对体育活动是否直接影响老年人生活满意度提出了疑问，戴群和姚家新的研究显示体育锻炼与老年人生活满意度的关系是间接关系，朋友支持和自我效能是体育锻炼与老年人生活满意度之间

---

[1] 赵淑英. 体育活动在提高老年人生活质量中的作用[J]. 北京体育大学学报, 2000（1）：17-18.
[2] 王大中, 王庆伟. 论体育与老年人生活质量[J]. 体育与科学, 2003（3）：23-25.
[3] 陈玉群. 城市社区体育服务改善空巢老人生活质量研究[J]. 体育文化导刊, 2016（2）：17-20.
[4] 余询. 上海市老年人体育活动的现状及心理效应的特性[J]. 上海体育学院学报, 1992（2）：26-33.
[5] 赫秋菊. 体育锻炼对老年人心理效益促进的研究[J]. 沈阳体育学院学报, 2010, 29（2）：99-101, 105.
[6] 杜磊. 老年人参与体育活动的程度及其与心理健康的相关性[J]. 中国老年学杂志, 2011, 31(22)：4426-4427.
[7] 曲天敏, 苏浩. 体育锻炼对老年人心理健康的影响[J]. 中国老年学杂志, 2017, 37 (16)：4164-4165.
[8] 魏高峡. 老年人的生活满意度与体育锻炼的相关性研究[J]. 中国体育科技, 2007（2）：55-60.

的中介变量[①]。已有的研究充分表明体育锻炼对促进老年人心理健康、提高生活满意度有着重要影响，但还需在具体影响机制等方面进一步研究。

已有的研究充分证明了老年体育的意义，表明在我国目前及未来发展阶段，老年体育的影响不只停留在体育领域，而是对我国整个社会、经济、文化等方面都具有推动作用，我们应充分重视并发展老年体育。然而，目前学者对老年体育的意义有不同的划分和理解，大多数研究是从各自的角度进行的经验性总结，因此并不全面且缺少相应的理论支撑。已有研究的理论基础主要是社会学理论、体育学基本理论，近期虽然引入了社区理论等一些新的理论视角，但理论基础还需进一步更新、细化。另外，相关术语存在混用现象，如有"老年人体育""老年体育"两种不同的表述，"意义""价值""效应"表述同样的内容。有关概念、研究范畴等内容还没有明确的界定和统一的认识，目前还没有提出我国自己的老年体育理论，因此基本理论研究还有待进一步丰富和深入。

2）老年人体育活动参与的影响因素研究

关于老年人体育活动参与的影响因素，主要从行为因素[②]、心理因素[③]及生态系统视角[④]展开研究。行为因素视角研究主要探讨老年人参加体育活动的行为特征、参加体育活动与体质变化的关系及影响其行为的相关因素。大部分研究采用体质检测、问卷调查的方法对样本进行体质测试，并采用问卷调查样本的个人情况与体育活动参与情况。研究结果均表明，有体育锻炼行为的老年人的各项体质指标优于不锻炼的老年人，因此参与体育活动有助于提高老年人体质；体育活动场地及设施、受教育程度、职业及城乡差别等因素对样本参与体育锻炼行为具有显著性影响[⑤⑥]。随后研究的行为特征和影响因素有进一步的扩充和归类，代俊采用文献资料法对老年人参加体育锻炼的人口学特征、动机特征、项目特征、空间特征、组织形式特征、运动量特征的研究结果进行了总结，并分析了其特征的形

---

① 戴群，姚家新. 体育锻炼与老年人生活满意度关系：自我效能、社会支持、自尊的中介作用[J]. 北京体育大学学报，2012，35（5）：67-72.

② 霍朋. 老年人参加体育锻炼的行为因素[J]. 中国老年学杂志，2014（13）：3729-3731.

③ 解缤，张敏杰，刘明静. 跨理论模型用于城市老年人体育锻炼行为心理影响因素分析[J]. 内蒙古师范大学学报（自然科学汉文版），2014，43（2）：251-255.

④ 毛占洋. 生态系统理论视域下我国农村老年人体育锻炼影响因素分析[J]. 山东体育科技，2014，36（3）：104-107.

⑤ 陈文聪，李冬英，安平. 老年人体育锻炼的行为特征及与体质关系的研究[J]. 山东体育科技，2013，35（2）：114-118.

⑥ 高亮，王莉华. 基于人口学因素的老年人体育活动行为特征[J]. 上海体育学院学报，2015，39（6）：68-75.

成原因[①]。目前，老年人参与体育活动的行为具有显著的城乡差别，今后应当注重加强农村老年公共体育服务。

心理因素视角研究主要研究老年人参与体育运动各个阶段的心理特征及影响其心理变化的因素。例如，解缤等认为可将老年人的锻炼行为分为行动前期、行动期、保持期3个阶段；锻炼收益、自我效能、意识觉醒、自我再评价、锻炼环境、人际援助是影响老年人锻炼行为从行动前期转变到行动期的主要因素；锻炼收益、自我效能、锻炼环境、情景替代、人际援助、自我解放是影响老年人锻炼行为从行动期转变到保持期的主要因素[②]。由此可见，不同锻炼阶段的群体有不同的心理特征和需求，通过满足其心理需求有助于行为的改变。因此，公共体育服务应针对不同运动阶段的群体提供相适应的服务内容，如对于不锻炼的人群应提供宣传、教育等服务，改善运动环境，帮助其改变运动意识和意愿并开始进行体育锻炼；对于有锻炼行为的人群应提供社会组织援助等服务内容，使其保持运动行为。

生态系统视角研究主要运用生态系统理论，将老年人参与体育活动的环境进行分层，对各层次的影响因素进行分析。例如，毛占洋根据布朗芬布伦纳（Bronfenbrenner）的行为系统模型，分析了农村老年人所处环境的微系统如家庭，中系统如家庭和工作单位的关系、邻里关系，外系统如城镇体育组织，宏系统如传统农村文化和现代体育思潮、经济发展和农村社会阶层结构对其参与体育活动的影响[③]。生态系统视角研究说明老年人参与体育运动的行为受到多种因素的影响，因此老年人公共体育服务应聚焦这些因素来促进其体育活动参与程度。

已有的老年人体育活动参与的影响因素研究主要证明了有关因素对体育活动参与的影响作用，但是在有关因素如何影响体育活动参与、应该怎么改善方面有待深入研究，老年人公共体育服务可针对这些影响因素提供更加合理丰富的服务内容和方式。

3）老年体育的国外经验研究

国外关于老年体育方面的研究数量最多的是美国，包括美国老年体育活动政

[①] 代俊. 中国老年人体育锻炼行为特征[J]. 中国老年学杂志, 2017, 37（1）: 238-241.
[②] 解缤, 张敏杰, 刘明静. 跨理论模型用于城市老年人体育锻炼行为心理影响因素分析[J]. 内蒙古师范大学学报（自然科学汉文版）, 2014, 43（2）: 251-255.
[③] 毛占洋. 生态系统理论视域下我国农村老年人体育锻炼影响因素分析[J]. 山东体育科技, 2014, 36（3）: 104-107.

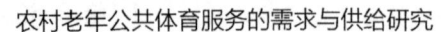

策、活动组织开展等内容。在政策研究方面，有针对某一政策进行的研究，如周兰君等对美国的《国家计划：促进中老年人身体活动》的产生背景、运作模式、主要内容及取得的成效进行了概括，总结出该计划具有全面性和具体性、在制订与运作中非政府组织与基金会发挥重要作用、多部门跨领域合作是实施的重要基础的特点[①]。周兰君等采用公共政策分析理论对美国的《老年体育计划》的宗旨与任务、主要对策、执行机构等内容进行了分析，总结出该计划的特点，包括多部门跨领域制定对策、细化与对策相关的各项事宜、重视研发并推广配套项目、将多个领域的对策有机联系[②]。在政策研究方面也有对整体相关政策进行的研究。例如，湛冰和王凯珍通过政策工具分类、构建分析框架、编码分类和统计分析等步骤分析了美国 41 个与老年体育紧密相关的政策文本，得出美国老年体育政策重视个体需求和科研先导、咨询教育全覆盖、兼顾老年异质性的特点；相关政策经验主要包括实现"跨部门"合作、促进非政府组织参与、细化服务人群与政策内容、进行配套项目的研发等[③]。

关于活动组织开展的经验研究，李晓红等对美国老年体育活动组织管理情况进行了概括分析，总结出其具有组织管理方式多样化，政府不直接管理老年体育、立法带动老年体育活动，政府启动、"竞赛"促进、学术研究参与指导，以及跨部门、多领域协作的特点；相关经验包括政府应重视老年体育活动，采取跨部门、多领域协作，健全、完善体育锻炼评估与评价指标体系等[④]。湛冰研究了美国社区老年体育推进方式及其特点，对政策保障、政府与社区的协作关系、以社区为重心的老年体育管理机构设置进行了介绍和分析，总结出其推进方式具有通过搭建合作伙伴关系进行协作管理、通过点面推广和适应性分类相结合进行活动细化、通过 RE-AIM 评价模式进行全程评估的特点[⑤]。

其他国家的研究较为零散，不同国家的老年体育开展具有各自的优势和特点。周兰君以项目为例对荷兰、德国的老年体育活动模式进行了分析，认为这两个模式的特点是重视对老年社会体育指导员的培训，并根据项目对老年社会体育指导

---

① 周兰君, CHODZKO-ZAJKO W, PARK C. 美国促进中老年人身体活动计划的研究[J]. 西安体育学院学报, 2009, 26（4）：390-395.
② 周兰君, 张三梅, 周结友. 美国《老年体育计划》研究[J]. 中国老年学杂志, 2015, 35（14）：4073-4076.
③ 湛冰, 王凯珍. 政策工具视角下美国老年体育政策文本特征分析[J]. 体育科学, 2017, 37（2）：28-36, 56.
④ 李晓红, 周兰君, 张三梅. 美国老年人体育活动管窥[J]. 沈阳体育学院学报, 2013, 32（4）：22-25, 32.
⑤ 湛冰. 美国社区老年体育推进方式及特点研究[J]. 体育文化导刊, 2017（9）：63-67.

员进行分类①。刘天宇等对韩国推行老年体育的主要做法进行了介绍，其经验包括福利性的政策支持与资金投入、计划性的人才培养与任务划分、细分受众来确保项目开发有的放矢，提出推行"政府主导的福利型体育"、完善人才培养体系、分类开发老年体育活动、因需制宜地建设老年体育场地设施的建议②。李捷和王凯珍在对日本老年体育活动现状调查分析的基础上，提出日本体育活动促进委员会提出的实施"新老人"健康讲座、举办体育交流活动骨干培训班、开发并普及时尚体育项目、开展健步走等比赛援助方案③，对我国老年体育的发展具有参考价值。刘会平对德国的老年体育政策进行了研究，认为德国的老年体育政策主要包括健康促进政策、健康保险"红利政策"政策等，强调老年体育指导员在老年体育发展中的作用④。德国的老年体育政策实施效果良好的主要原因有政府政策的支持、与医疗保险的结合、与其他公益组织结盟、有效宣传运动与健康信息及提供适当的运动课程。李宇星和周德书将我国与加拿大的老年体育活动开展进行对比研究，认为加拿大以社区为单位进行社会管理体系的构建及将老年体育作为社区服务的一项重要内容加以开展⑤。

已有的国外经验研究多通过对各方面的内容进行梳理和分析，并总结其特点，或通过与我国老年体育活动开展情况进行对比后，得出借鉴经验。这些经验研究大多只是在价值理念上进行了倡导，针对在我国推广是否具有合理性和可行性及在具体实施过程中如何推广等问题需要进一步研究。

4）老年体育的现状调查及对策研究

国内关于老年体育的现状调查及对策研究主要针对某个省，如安徽省（高钦刚）⑥、山东省（周虹）⑦、河南省（程鹏宇；马宏斌；巴云奇）⑧⑨⑩；某个城

---

① 周兰君. 荷兰德国老年人体育活动模式研究[J]. 体育文化导刊, 2009（7）：155-159.
② 刘天宇, 李晖, 吴然豐. 韩国老年体育对我国老年体育发展的启示[J]. 沈阳体育学院学报, 2014, 33（5）：33-38.
③ 李捷, 王凯珍. 日本老年人体育活动现状研究[J]. 体育文化导刊, 2014（8）：73-76.
④ 刘会平. 德国老年人体育政策演进特征探析[J]. 体育文化导刊, 2015（12）：33-37.
⑤ 李宇星, 周德书. 中国加拿大老年体育比较研究[J]. 体育文化导刊, 2014（4）：64-66.
⑥ 高钦刚. 安徽省城市敬老院老人体育健身的现状与对策研究[D]. 淮北：淮北师范大学, 2011.
⑦ 周虹. 山东省农村老年人休闲体育活动现状调查及对策研究[D]. 北京：北京体育大学, 2007.
⑧ 程鹏宇. 河南省城区中老年人体育健身现状的调研分析[J]. 北京体育大学学报, 2006（2）：188-189, 194.
⑨ 马宏斌. 河南省城市老年人体育品德的现状[J]. 中国老年学杂志, 2010, 30（7）：967-968.
⑩ 巴云奇. 河南省老年人体育健身活动调查研究[D]. 郑州：郑州大学, 2014.

市，如上海市（李文川；王红英和翟英姿）①②、北京市（赵彬；王迪）③④等，以及针对养老机构进行调查（马业康等；李倩）⑤⑥。从现状调查的内容来说，主要有老年人的健康状况、体育意识、体育动机、体育条件、体育消费、活动内容与方式等方面，有的是针对某个方面，有的是针对几个方面。各省份的现状调查研究多采用问卷调查法，抽取省内部分城市的老年人作为调查样本，大多为 5~6 个城市，问卷数量为 1000 份左右；在城市选取上大多考虑到城市在省内的分布情况，以及是否具有代表性等问题；问卷大多采用随机发放的形式。有关各市（区）的相关调查研究从数量上来看比省域的研究多，很多城市进行了相关调查研究，但是较为零散，普遍只有一篇，上海市、北京市的研究相对较多；问卷数量为 200~1000 份，大多也采用随机发放的形式来发放问卷。

关于安徽省的现状调查研究，黄山等对安徽省城市社区老年体育健身活动的现状及特征的调查结果显示，安徽省城市社区老年人的整体健身意识较强；体育健身项目既有多样性的特点，又有安徽的地域特征；健身活动场所主要是住宅附近，独自锻炼或与亲人、朋友一起锻炼；体育消费不高；健身价值取向多样化；个人没有时间、社区缺乏专业人才指导、场地设施匮乏是影响安徽省城市社区老年体育健身的主要因素⑦。高钦刚对安徽省敬老院老人体育健身的现状调查结果表明，敬老院老人健身活动的目的和动机在选择上趋于一致，选择抵御疾病、增进健康的老年人最多；老年人很重视自身健康，愿意花时间在体育健身活动上；在体育健身活动上，多数老年人没有自己的健身技能，缺乏健身指导；敬老院没有配备专门的体育健身指导员；大多数老年人认为敬老院及周边的体育场地与设施不能满足基本的健身需要；老年人参与体育健身的组织化程度较低⑧。

关于山东省的现状调查研究，周虹的研究表明，山东农村老年人对于休闲体育还知之甚少；山东农村老年人的体育价值观有待进一步提高；山东农村老年人

---

① 李文川. 上海市老年人体育生活方式研究[D]. 上海：上海体育学院，2011.
② 王红英，翟英姿. 上海市老年人休闲体育参与的现状调查与研究[J]. 沈阳体育学院学报，2015，34（1）：61-65.
③ 赵彬. 北京市海淀区罗庄社区老年人体育健身需求的研究[D]. 北京：北京体育大学，2012.
④ 王迪. 北京市海淀区老年人体育消费现状的研究[D]. 北京：北京体育大学，2013.
⑤ 马业康，罗东，李铁. 乌鲁木齐市养老院体育研究[J]. 体育文化导刊，2011（4）：48-51.
⑥ 李倩. 城市养老机构体育资源配置与保障措施研究[D]. 曲阜：曲阜师范大学，2012.
⑦ 黄山，郑贺，李显国，等. 安徽省城市社区老年体育健身现状的调查与分析[J]. 山东体育学院学报，2010，26（11）：16-19.
⑧ 高钦刚. 安徽省城市敬老院老人体育健身的现状与对策研究[D]. 淮北：淮北师范大学，2011.

的闲暇时间安排不合理,过于单一;就山东老年人参与休闲体育活动的状况而言,散步、慢跑和下棋这些娱乐性强、费用少、强度小的活动是农村老年人参与最多的休闲体育活动[①]。孙强等的调查结果显示,山东省的农村老年人生活方式极度不合理、慢性疾病发病率高、身体疲劳感和精神疲劳感明显、体育锻炼意识淡薄、体育需求度不高,其体育需求主要集中在体育资源配置、体育组织管理和体育技能需要等方面[②]。石振国等对山东省城市老年居民休闲体育的现状调查显示,从活动内容来看,居民休闲体育活动比较分散,但呈现出以"活动强度较小、静态练习"为主的活动特征,老年居民身体锻炼的时间较长;从老年居民休闲体育的组织形式来看,整体较为松散,多以自发组织为主;老年居民将生活周边的、免费的、环境比较好的公共活动场所作为主要休闲体育活动场所,基本不涉足收费的活动场所;体育消费处于较低的水平,多数居民的休闲体育消费在300元以下[③]。

关于河南省的现状调查研究,程鹏宇的调查结果显示,河南省城区中老年人的体育锻炼与健身意识普遍较强,其体育健身的主要目的是锻炼身体和娱乐;锻炼选择的地点依次为住宅小区、广场、公园等;老年人喜欢的项目的特点是活动量较小、不受场地和器材限制、游戏性较强,喜欢的项目依次为健身操、球类、武术等;体育消费水平不高,人均年消费金额为243元[④]。马宏斌对河南省城市老年人体育品德现状的调查结果显示,河南省老年人的体育品德整体水平相对较好,不同年龄老年人的体育品德不存在显著差异,不同性别、不同城市老年人的体育品德水平不均衡,心理指导能有效地改善思维方式,进而影响老年人的行为,达到发展体育品德的目的[⑤]。巴云奇对河南省老年人体育健身活动的调查结果显示,河南省老年人体育健身活动的形式多样,但总体还是以偏重休闲、强度较低的健身活动为主;老年人体育健身活动方法大多来源于个人兴趣,选择有偿培训的人数也较多;老年人体育消费的水平比较低,消费结构以实物型消费为主[⑥]。

关于上海市的现状调查研究,高昌英的调查结果显示,上海市老年人每周体

[①] 周虹. 山东省农村老年人休闲体育活动现状调查及对策研究[D]. 北京:北京体育大学,2007.
[②] 孙强,沈时明,张茂林. 山东省农村老年群体健康状况与体育需求研究[J]. 山东体育学院学报,2010,26(8):24-27.
[③] 石振国,赵翼虎,孙冰川,等. 山东省城市老年居民休闲体育现状调查与对策研究[J]. 山东体育科技,2012,34(2):89-93.
[④] 程鹏宇. 河南省城区中老年人体育健身现状的调研分析[J]. 北京体育大学学报,2006(2):188-189,194.
[⑤] 马宏斌. 河南省城市老年人体育品德的现状[J]. 中国老年学杂志,2010,30(7):967-968.
[⑥] 巴云奇. 河南省老年人体育健身活动调查研究[D]. 郑州:郑州大学,2014.

育运动3次以上的比例高于全国城市居民的平均水平，女性老年人的比例高于男性老年人；上海市老年人的健身场所相对固定，舞蹈类、太极拳类、木兰拳类成为上海市老年人健身内容的主要选项；与亲朋好友一起锻炼是上海市老年人参与体育健身的主要形式；健身、消遣娱乐和交际交往是老年人参与体育健身所追求的主要目标等[①]。李文川对上海市老年人体育生活方式的研究表明，上海市老年人在体育锻炼项目的选择上呈多样化趋势，作为中华传统体育项目的太极拳是其第一选择；早晨是上海市老年人的主要锻炼时间，其次是晚饭后；健身的场所主要为公园和广场、住宅小区健身场地、老年人活动中心，这些基本属于免费场地；上海市老年人开始经常参与体育锻炼的年龄区间主要是50岁以上；上海市老年人的总体体育消费比例较低，多为实物型消费，但高于全国其他地区[②]。王红英和翟英姿对休闲体育参与的调查结果显示，上海市老年人休闲体育活动的参与形式主要以中老年健美操协会居多，在自主参与形式中，与他人一起进行休闲体育活动的比例较高，单独的较少，主要是与朋友、邻居一起参加休闲体育活动；目前上海市老年人选择人数最多的3个休闲体育运动为走路、老年人健美操、广场舞；上海市老年人体育消费倾向首先也是主要的类型是实物型体育消费，其次为信息接受型体育消费，最后为虚拟体育消费等几种不同的消费形式相互补充[③]。

关于北京市的现状调查研究，王迪对北京市海淀区老年人体育健身现状的调查显示，该社区老年人的首选健身场所是社区空地；健身的项目多种多样，其中跑步类最多；参与健身活动的主要形式是与朋友或家人一起，老年人体育协会、体育俱乐部、体育辅导站、居委会发挥的作用极为有限；老年人对体育健身知识的了解途径主要来自朋友、家人、同事的传授，此外，视频资料、书刊报纸、大众传播媒体等也是主要的信息来源，但缺少专门的体育指导员和科学合理的健身方法、健身指导[④]。赵彬对北京市海淀区老年人参与体育活动及健身需求的调查结果显示，海淀区老年人的体育锻炼意识较强；可供老年人进行体育活动的场所较多，但是老年人对相关场所的体育设施及服务不甚满意；到有偿体育活动场所参加锻炼的老年人数量较少；体育基础设施比较匮乏，无法满足老年人的锻炼需求，

---

① 高昌英. 上海市老年人体育健身现状调查分析[J]. 广州体育学院学报，2006（5）：34-36，45.
② 李文川. 上海市老年人体育生活方式研究[D]. 上海：上海体育学院，2011.
③ 王红英，翟英姿. 上海市老年人休闲体育参与的现状调查与研究[J]. 沈阳体育学院学报，2015，34（1）：61-65.
④ 王迪. 北京市海淀区老年人体育消费现状的研究[D]. 北京：北京体育大学，2013.

一些老旧小区没有相应的健身器材[①]。阮云龙等（2016）对北京市社区老年人群体育参与和需求的调查研究表明，北京市老年体育人口还有进一步发展的空间，体育活动开展、组织发展、场地设施建设需要更具有针对性；大多数老年人有体育活动需求，最希望增加和改善社区内体育组织、获取健身知识和体育活动指导、获得有针对性的体质测试和检查[②]。

从各省市的调查结果来看，我国的老年人大部分处于亚健康状态，而且患有高血压、心脑血管疾病、糖尿病等慢性疾病的现象较为普遍，因此应当发挥体育"运动是良药"的健康功能，提高老年人的健康水平。城市老年人体育锻炼意识较强，以强身健体为主要目的，而农村老年人的健身意识较弱。从活动内容来看，老年人普遍喜欢活动强度不大、具有趣味性的体育活动，而且具有地域性特征，各地区老年人主要参与当地的体育活动，尤其是农村地区，这对于保护与推广各地传统体育项目也具有积极作用。从参与情况来看，老年人参与体育活动的频率较高、持续时间较长，可见老年人普遍重视身体健康，具有参与体育活动的时间和热情；大部分地区的老年人与家人、朋友一起或独自进行体育锻炼，缺乏体育组织或对目前的体育组织不满意，因此在公共体育服务中提升老年体育组织化水平是一项重要内容。老年人的体育消费意识和消费水平存在地区差异，目前整体消费意识和消费水平都不高，消费结构也是以实物类消费为主，老年体育产业仍然是一个巨大的潜力市场，被学者和产业界看好；尽管农村地区的平均消费水平比城市低，但是农村老年人口基数大，随着农村老年人生活质量的改善，其消费意识也会逐渐增强，因此农村地区仍然具有十分广阔的消费空间。在建议及对策方面，已有研究根据现状调查结果及问题提出相关建议和对策，包括制定相关政策、增加经费投入、增强社会指导、加强组织建设、增加器材设施、丰富活动项目、加强人才培养、注重宣传推广等方面，但是对策较为笼统，缺少具体的内容，并且对策的开展、实施缺少具体的机制和措施。

总体来说，政府已经为老年人参与体育活动提供了一定的条件，公共体育服务需要在进一步完善场地、设施等"硬件"设施建设的基础上，更加注重服务、专业化指导、组织建设等"软件"建设。"硬件""软件"都需要具有针对性，"软件"更需要针对个体提供科学化、个性化的服务，而这些都需要在充分考虑老年

[①] 赵彬. 北京市海淀区罗庄社区老年人体育健身需求的研究[D]. 北京：北京体育大学，2012.
[②] 阮云龙，王凯珍，李骁天. 北京市社区老年人群体育参与和需求研究[J]. 体育文化导刊，2016（6）：30-34.

人群体需求的基础上进行。各地区的情况略有差异，上海市、北京市等发达城市或沿海城市的老年人体育活动的参与情况高于全国平均水平，但是农村地区老年人体育活动的参与情况并不乐观，因此需要加强农村老年公共体育服务供给，促进社会公平及全国老年体育均衡发展。

5）老年公共体育服务研究

近年来，在政府提出强化公共体育服务职能的影响下，从公共服务视角研究体育问题成为热点，研究成果呈不断增长趋势。以"老年公共体育服务""老年体育公共服务"为关键词，搜索中国知网，时间到2020年1月1日，剔除内容重复、与老年公共体育服务主题无关的文献，得到学位论文22篇，期刊论文13篇，这些文献具有以下特点。一是立足老年公共体育服务供需匹配研究。根据论文题目及关键词统计，在35篇论文中，以老年公共体育服务供需研究为主题的论文共19篇，论文高频关键词包含供给、需求等，占总数的54%，论文中的研究多数谋求公共体育服务与老年人口的健身需求之间的动态平衡。二是坚持老年公共体育服务的问题导向。这些论文反馈出的当前老年公共体育服务存在的问题主要包括：①供需结构性失调，老年群体的公共体育服务诉求与现实供给内容不匹配，并且同质化倾向严重，难以满足老年人的异质化需求；②多元供给主体动力不足，政府作为公共体育服务供给的主导力量，尚未建立完善的政府主导、市场调节、社会参与的多主体供给的复合机制，从而提高供给效率；多数论文旨在构建老年公共体育服务的多中心供给模式，提高有效供给；③关键性公共体育服务内容缺失，对公共体育健身信息的宣传及社会体育指导员的配给存在明显缺失。三是关注体系模式建设。在检索到的论文中，以公共体育服务体系模式建设为主要研究对象的论文有9篇，以供需建设为研究对象的论文有19篇。这些论文试图解答关于我国老年公共体育服务的"由谁提供""提供什么""如何提供""为谁提供""如何保障"5个问题，构建集供给、对象、内容、机制、监管于一身的老年公共体育服务体制，完善我国老年公共体育服务的制度建设及法律保障。四是聚焦城市老年公共体育服务。从论文题目及关键词来看，共有19篇论文以城市老年公共体育服务为主要内容，涉及农村老年公共体育服务研究的论文仅有4篇。城市老年公共体育服务建设相较于农村开展较早，也更完善，未来的研究可以关注农村老年公共体育服务的建设。五是研究方法以调查法为主。在35篇论文中，采用调查法的论文共有26篇，主要瞄准老年公共体育服务的现实供需、考察地区老年公共体育发展的现实状况等问题开展问卷或访谈调查。总体来看，关于老年公共体育服务的研究成果多产生于 2018 年、2019 年，表明随着我国人口老龄化程度的不断加深，老年人口的公共体育服务诉求在不断增加，针对老年公共体育服务的研究热度也随之上升。

1.3.3 国内外老年体育研究评述

总的来说，国外关于老年体育研究的成果丰硕，对不同类型的体育活动所产生的效用研究已经比较透彻，但关于促进健康所需的剂量—效用关系的研究还不足；关于促进老年人健康的体育活动干预方案的有效性研究，以及关于不同干预方案风险因素的研究亟待加强；在研究对象方面，对少数民族、低收入群体、身体和心理存在障碍的特殊群体的关注不够。

国内的研究和国外相比差距较大，存在成果总体数量不足、理论研究薄弱等问题；大多数研究以调查研究为主，采用问卷、访谈等方式来考察老年人体育活动参与现状，进而提出对策，而这些问卷往往没有统一的设计标准，本身在信度和效度上可能都存在问题，研究结果的可信度就大大降低；对老年人体育活动参与干预的实验研究比较缺乏；在研究对象方面，对农村老年群体的体育参与问题研究寥寥无几，特别是在我国向服务型政府转变的过程中，从公共服务视角研究农村老年人体育参与问题的文献较少，而从我国城乡经济社会差异极大的现实考虑，通过公共体育服务的有效供给来干预我国农村老年人的体育参与是必然选择，也是我国农村实现健康老龄化的关键。

1.4 研究对象与研究方法

1.4.1 研究对象

从选题的逻辑和研究所要解决的问题出发，本书的研究对象为农村地区的老年人及从事老年体育服务的相关组织和个人。对"农村"这一地域范围的界定，目前有广域农村、中域农村和狭域农村 3 种观点。广域农村指传统和发展意义上大概念的农村，包括县城镇、建制镇、集市镇、乡和村；中域农村包括乡和村，与乡对应的集镇也包含在其中；狭域农村泛指村。考虑到当前农村城镇化的趋势及不同地域乡村性的强弱特点，本书选择的农村地域范围为中域农村。

关于老年人的年龄界定，1982年，联合国召开的老龄问题世界大会提出"60岁及60岁以上为老年人"。国外关于老年体育的研究，有的把研究对象定为65岁以上人群，有的定为60岁以上人群，有的定为50岁以上人群。由于我国农村人群的平均寿命比城镇人群短12岁[①]，并且农村老年人慢病的发病期多为50岁左右，因此基于老年人体育锻炼行为早期干预角度，本书把农村老年人的年龄界定为50岁及50岁以上。

综上，本书的研究对象为居住在乡、与乡对应的集镇和村的50岁及50岁以上的人群，以及为这些人群提供体育服务的组织和个人。

1.4.2 研究方法

本书遵循"理论—实证—对策"的研究范式，对农村老年公共体育服务需求与供给的理论与实践问题进行系统深入的研究。理论研究强调本土化和特殊性，实证研究强调客观性和科学性，所提出的思路和对策强调针对性与可操作性。具体研究方法如下。

1.4.2.1 文献法

查阅国内外老年体育和公共体育服务方面的研究成果，帮助本书确定研究方向，厘清思路，制订研究方案。英文文献从 Web of Science 和 EBSCOS 数据库中，以（"physical activity" or "exercise" or "sport"）and（"older adults" or "elderly"）为检索策略进行检索，中文文献从中国知网检索相关期刊和博士、硕士论文，并从相关书籍中分析研究有关的理论知识和数据内容等。

1.4.2.2 问卷调查法

为全面了解农村老年公共体育服务需求、供给及供需匹配情况，设计《农村老年公共体育服务需求问卷》《农村老年公共体育服务供给现状问卷》。

1）问卷结构

《农村老年公共体育服务需求问卷》由5个部分组成。第一部分为调查对象的基本信息，主要包括调查对象所在地区、性别、年龄、婚姻状况、文化水平、居

---

① 熊培云．一个村庄里的中国[M]．北京：新星出版社，2011．

住方式、收入、活动情况及蔬果摄取情况等。第二部分为调查对象的身体健康状况，主要包括患慢病情况、诊疗手段、活动能力自评及睡眠质量等。第三部分为体育锻炼意识及基本情况调查，主要包括3个分量表。一是体育锻炼认知量表（含10个条目），采用李克特三点式量评，从"赞同""一般""不赞同"中选择，分别给予3分、2分、1分。二是体育锻炼影响因素量表（含10个条目），采用李克特五点式量评，从"完全不重要""不重要""一般""比较重要""非常重要"中选择，分别给予1分、2分、3分、4分、5分。三是公共体育服务需求量表（含9个条目），采用李克特五点式量评，从"完全不需要""不需要""一般""比较需要""非常需要"中选择，分别给予1分、2分、3分、4分、5分。此外还包括体育锻炼阶段选择（含锻炼内容、频率、时间、强度）。第四部分为农村老年公共体育服务满意度量表。公共体育服务的接受度（使用情况）及满意度量表（含7个条目，同一测量条目中包含双层含义量表），其中接受度采用李克特两点式量评，从"是"与"否"中选择，分别给予1分、0分；对公共体育服务满意度量表采用李克特五点式评量，从"非常满意""比较满意""一般""不满意""完全不满意"中选择，分别给予5分、4分、3分、2分、1分。第五部分对农村老年公共体育服务的主观感受（效果评价）进行自评，采用老年人孤独感量表。该量表含20个条目，采用李克特四点式量评，从"从不""很少""有时""经常"中选择，分别给予1分、2分、3分、4分。

《农村老年公共体育服务供给现状问卷》由3个部分组成。第一部分为调查对象的基本信息，主要包括调查对象所在地区、村均年收入、老年公共体育服务供给的必要性等方面。第二部分为农村老年公共体育服务供给基本现状，主要包括明确供给职责、重视程度、文体工作（计划、制度、分工、活动中心配备、经费投入、场地设施、活动干预、活动监控、服务内容、总体评价）等方面。第三部分为农村老年公共体育服务供需匹配量表，采用李克特五点式量评，从"完全匹配""比较匹配""基本匹配""不匹配""完全不匹配"中选择，分别给予5分、4分、3分、2分、1分。

2）问卷效度

在前期设计问卷时，参考了大量文献，研究了农村老年公共体育服务的具体情况，设计完成后，分别请该领域的8位专家对问卷的内容效度进行两轮鉴定，根据专家意见进行了修改，最后在所有专家认为问卷内容能够较好地代表所要了解的内容后定稿。为进一步确保问卷的有效性，在大量发放调查问卷之前进行预调研，对老年人不易理解的问题进行相应的修正。同时，根据预调研过程中老年人反映的由问卷篇幅过长引起的心理抵触情况，在确保问卷信息完整的情况下，尽可能缩减原有的问题。因此，问卷具有较好的内容效度。

3）问卷信度

初始问卷设计完成后，在正式调研之前，课题组在四川广汉的 5 个行政村（含社区）针对 50 岁以上的常驻居民进行了预测。共发放问卷 107 份，回收有效问卷 95 份，对问卷进行了信度检验。

问卷中的普通问题采用折半相关系数进行重测信度检验，其中《农村老年公共体育服务需求问卷》中的平均折半相关系数值 $r=0.73$，《农村老年公共体育服务供给现状问卷》中的普通问题的平均折半相关系数值 $r=0.76$，说明问卷中普通问题的重测信度较好。

对于问卷中的自行设计的测量量表，采用探索性因子分析（Exploratory Factor Analysis，EFA）与验证性因子分析（Confirmatory Factor Analysis，CFA）相结合的方法进行测量一致性检验。

6 个测量量表的信度与效度统计表如表 1-1-4 所示。

表 1-1-4　6 个测量量表的信度与效度统计表

量表名称	维度命名	KMO 及 Bartlett 检验	含条目数	解释变异量（%）	累进解释变异量（%）	组合信度 CR	Cronbach α 系数
体育锻炼认知量表	增强体质与疾病防控	KMO=0.74 P=0.000<0.05	6	36.45	36.45	0.85	0.80
	心理健康与成就交往		4	29.09	65.54	0.87	0.84

维度一：①有规律地参与体育锻炼能全面提高健康水平；②有规律地参与体育锻炼能延年益寿；③有规律地参与体育锻炼能预防心脏病；④有规律地参与体育锻炼不容易导致高血压；⑤有规律地参与体育锻炼不容易导致骨质疏松；⑥有规律地参与体育锻炼有助于增强体质。维度二：⑦有规律地参与体育锻炼有助于心理健康；⑧有规律地参与体育锻炼有助于独立生活；⑨有规律地参与体育锻炼给了我与人交往的机会；⑩有规律地参与体育锻炼可以给我成就感测量模型验证结果：AGFI=0.96，CFI=0.91，NFI=0.95，IFI=0.97，RMSEA=0.040；整体 Cronbach α 系数=0.83

续表

量表名称	维度命名	KMO 及 Bartlett 检验	含条目数	解释变异量（%）	累进解释变异量（%）	组合信度 CR	Cronbach α 系数
锻炼影响因素量表	场地与服务	KMO=0.87 P=0.000<0.05	5	48.09	48.09	0.81	0.88
	安全与成本		3	12.76	60.85	0.84	0.81
	社会支持		2	10.89	71.74	0.80	0.83

维度一：①有专门的体育场地设施；②有人进行指导；③有体育锻炼的组织；④有适合自己的运动项目或计划；⑤随时都能得到我想要的体育服务。维度二：⑥参与体育锻炼的安全性；⑦参与体育锻炼的方便性；⑧参与体育锻炼的时间或资金成本。维度三：⑨家庭的支持；⑩朋友的支持

测量模型验证结果：AGFI=0.93，CFI=0.96，NFI=0.97，IFI=0.99，RMSEA=0.033；整体 Cronbach α 系数=0.86

公共体育服务需求量表（单维度）		KMO=0.83 P=0.000<0.05	9	55.80	57.69	0.84	0.89

①修建适合老年人的体育场地设施；②建立老年人体育锻炼的组织；③对老年人参与体育锻炼进行指导；④组织适合老年人的体育锻炼活动；⑤为老年人提供健康和健身知识；⑥为老年人提供体质监测服务；⑦培养老年体育的骨干；⑧对老年人参与体育锻炼进行宣传和动员；⑨加强老年体育的制度建设

测量模型验证结果：AGFI=0.94，CFI=0.97，NFI=0.93，IFI=0.98，RMSEA=0.031；整体 Cronbach α 系数=0.89

农村老年公共体育服务满意度量表	软性服务	KMO=0.77 P=0.000<0.05	5	35.66	35.66	0.86	0.83
	硬性服务		2	21.59	57.25	0.84	0.86

维度一：①接受体育健身指导；②参与适合老年人的体育健身活动；③接受老年人参与体育健身的宣传和动员；④参加过老年人体育健身的组织；⑤接受健康和健身知识咨询服务。维度二：⑥接受体质监测服务；⑦使用公共体育场地设施

测量模型验证结果：AGFI=0.96，CFI=0.94，NFI=0.99，IFI=0.97，RMSEA=0.029；整体 Cronbach α 系数=0.82

老年人孤独感量表（单维度）		KMO=0.88 P=0.000<0.05	16	28.15	28.15	0.81	0.86

①你常感到想要与人来往、结交朋友吗？②你常感到属于朋友中的一员吗？③你常感到与人亲近吗？④你常感到有人愿意与你交谈吗？⑤你常感到有人值得你信赖吗？⑥你常感到和周围的人有许多共同点吗？⑦你常感到当你愿意时就能找到伙伴吗？⑧你常感到有人真正了解你吗？⑨你常感到没有人真正了解你吗？⑩你常感到你与别人来往毫无意义吗？⑪你常感到自己缺少伙伴吗？⑫你常感到与任何人都不亲密了吗？⑬你常感到人们只是生活在你周围，但并不关心你吗？⑭你常感到与别人隔开了吗？⑮你常感到被人冷落吗？⑯你常感到寂寞吗？

测量模型验证结果：AGFI=0.94，CFI=0.99，NFI=0.97，IFI=0.99，RMSEA=0.044；整体 Cronbach α 系数=0.83

续表

量表名称	维度命名	KMO 及 Bartlett 检验	含条目数	解释变异量（%）	累进解释异变异量（%）	组合信度 CR	Cronbach α 系数
农村老年公共体育服务供需匹配量表（单维度）		KMO=0.93 P=0.000<0.05	10	76.75	76.75	0.91	0.89

①老年体育经费投入；②老年体育场地设施建设；③老年体育组织建设；④老年体育骨干培养；⑤老年体育活动组织；⑥对老年人参与体育的指导；⑦老年人健康和健身知识提供；⑧老年人参与体育的宣传动员；⑨老年体育的制度建设；⑩老年人的体质监测服务

测量模型验证结果：AGFI=0.98，CFI=0.93，NFI=0.96，IFI=0.91，RMSEA=0.037；整体 Cronbach α 系数=0.89

（1）含 10 个条目的体育锻炼认知量表经探索性因子分析后，表明非常适合做因子分析（KMO=0.74；P=0.000<0.05），能提取 2 个公因子（分别命名为增强体质与疾病防控、心理健康与成就交往），前者含 6 个条目，后者含 4 个条目，其解释变异量分别为 36.45%、29.09%，累进解释异变异量达 65.54%。在信度方面，2 个公因子的 Cronbach α 系数分别为 0.80、0.84，整体 Cronbach α 系数为 0.83；验证性因子分析结果显示，测量模型适配度指数 AGFI、CFI、NFI、IFI 依次为 0.96、0.91、0.95、0.97，皆大于 0.90 的标准，RMSEA 为 0.040（小于 0.05，适配良好）；另外，2 个公因子的组合信度 CR 分别为 0.85 与 0.87，可见此量表信度、效度良好。

（2）含 10 个条目的体育锻炼影响因素量表经探索性因子分析后，表明非常适合做因子分析（KMO=0.87；P=0.000<0.05），能提取 3 个公因子（分别命名为场地与服务、安全与成本及社会支持），所含条目分别为 5 个、3 个及 2 个，其解释变异量分别为 48.09%、12.76% 及 10.89%，累进解释异变异量达 71.74%。在信度方面，3 个公因子的 Cronbach α 系数分别为 0.88、0.81 及 0.83，整体 Cronbach α 系数为 0.86；验证性因子分析结果显示，测量模型适配度指数 AGFI、CFI、NFI、IFI 依次为 0.93、0.96、0.97、0.99，皆大于 0.90 的标准，RMSEA 为 0.033（小于 0.05，适配良好）；另外，3 个公因子的组合信度 CR 分别为 0.81、0.84 与 0.80，可见此量表信度、效度良好。

（3）含 9 个条目的公共体育服务需求量表经探索性因子分析后（KMO=0.83；P=0.000<0.05），仅提取 1 个公因子，被命名为体育服务需求，累进解释异变异量为 55.80%。在信度方面，该维度的 Cronbach α 系数为 0.89；测量模型的适配度指数 AGFI、CFI、NFI、IFI 依序为 0.94、0.97、0.93、0.98，皆大于 0.90 的标准，

RMSEA=0.031（小于 0.05，适配良好）；该维度中公因子的组合信度 CR 为 0.84。由此可见，公共体育服务需求量表信度、效度良好。

（4）含 7 个条目的农村老年公共体育服务满意度量表经探索性因子分析后，表明非常适合做因子分析（KMO=0.77；P=0.000<0.05），能提取 2 个公因子（分别命名为软性服务与硬性服务），前者含 5 个条目，后者含 2 个条目，其解释变异量分别为 35.66%及 21.59%，累进解释异变异量达 57.25%。在信度方面，2 个公因子的 Cronbach α 系数分别为 0.83、0.86，整体 Cronbach α 系数为 0.82；验证性因子分析结果显示，测量模型适配度指数 AGFI、CFI、NFI、IFI 依次为 0.96、0.94、0.99、0.97，皆大于 0.90 的标准，RMSEA 为 0.029（小于 0.05，适配良好）；另外，2 个公因子的组合信度 CR 分别为 0.86 与 0.84，可见此量表信度、效度良好。

（5）含 20 个条目的老年人孤独感量表经探索性因子分析后（KMO=0.88；P=0.000<0.05），仅提取 1 个公因子，含条目 16 个（原量表中有 4 个条目因贡献力太低被删除），整体 Cronbach α 系数为 0.83；验证性因子分析结果显示，测量模型适配度指数 AGFI=0.94，CFI=0.99，NFI=0.97，IFI=0.99，RMSEA=0.044（小于 0.05，适配良好），可见此量表信度、效度良好。

（6）含 10 个条目的农村老年公共体育服务供需匹配量表经探索性因子分析后（KMO=0.93；P=0.000<0.05），仅提取 1 个公因子，被命名为公共体育服务供需匹配，累进解释异变异量为 76.75%。在信度方面，该维度 Cronbach α 系数为 0.89；测量模型验证结果为 AGFI=0.98，CFI=0.93，NFI=0.96，IFI=0.91，皆大于 0.90 的标准，RMSEA=0.037（小于 0.05，适配良好）；该维度公因子的组合信度 CR 为 0.91。由此可见，此量表信度、效度良好。

4）问卷的发放与回收

选择东部地区的福建福鼎市、中部地区的湖南邵阳县、西部地区的四川广汉市，按照经济发展程度，分别从每个市（县）中选择程度高、程度中、程度低各一个镇（乡），每个镇（乡）发放《农村老年公共体育服务需求问卷》200 份，9 个镇（乡）合计发放问卷 1800 份，由调查员携带问卷进行入户调查，通过访谈的方式完成问卷的填写，所有调查员均经过相应的培训。问卷回收后，经检查剔除无效问卷 133 份，剩下有效问卷 1667 份，有效回收率约为 92.6%。

《农村老年公共体育服务供给现状问卷》除了在 9 个镇（乡）的所有村（社区）发放，还分别在 3 个市（县）的其他镇（乡）选取部分村（社区）进行发放。为全面了解全国情况，借第十六届全国"村长"论坛在四川彭州宝山村召开的机会进行了问卷的发放。合计回收问卷 587 份，剔除无效问卷 25 份，剩下有效问卷 563 份，有效回收率约为 95.9%。

1.4.2.3 访谈调查法

访谈调查法指通过与调查对象交谈，并收集所需资料的调查方法。它通过访谈人员询问来引导调查对象回答的方式，了解调查对象的行为或态度，最终达到调查目的。本书选取部分老年体育锻炼人群进行体育锻炼行为与动机的访谈调查，以及部分镇（乡）领导对农村老年公共服务的供给进行访谈调查，以弥补问卷调查的不足。

1.4.2.4 数理统计法

数理统计法指对收集到的有关数据资料进行整理归类并进行解释的过程。本书对调查所获得的数据运用 SPSS 21 及 AMOS 21.0 进行统计分析与处理，主要采用的科研方法有描述性统计方法、聚类分析法、回归分析法、路径分析法及方差分析法。所有指标显著性水平设置为 $\alpha=0.05$。

2 核心概念的界定

2.1 农村老年公共体育服务

界定农村老年公共体育服务的概念是本书的逻辑起点,而农村老年公共体育服务的概念建立在公共体育服务的概念的基础上,因此,对农村老年公共体育服务进行解释首先需要理解公共体育服务的内涵。自2002年"公共服务"一词被写入政府工作报告之后,学界开始出现对公共体育服务问题的研究热潮,但至今仍存在"体育公共服务""公共体育服务"两种不同的称谓。持"体育公共服务"看法的学者认为,"体育公共服务"的表述更为恰当,理由是它是"公共体育"的另一种用法[1],并且从构词结构上看,"体育公共服务"结构单一,表意准确,是唯一正确和规范的概念[2]。持"公共体育服务"看法的学者认为,使用"公共体育服务"来指称体育领域的公共服务更为规范,原因是我国教育、卫生公共事业普遍使用"公共教育服务""公共卫生服务"等指称方式并得到广泛认可[3];从属性概念、上位概念与下位概念、汉语词语的结构形式、同类词使用实效4个方面来看,"公共体育服务"一词也更为贴切、恰当[4]。虽然在研究的肇始阶段,选择使用"体育公共服务"还是"公共体育服务"引起了一定争议,但事实上,绝大多数学者的文章中的"体育公共服务""公共体育服务"均指代同一事务,两者之间并无本质上的区别[5]。本书偏向于使用"公共体育服务"这一称谓,从而与《体育发展"十三五"规划》《全民健身计划(2021—2025年)》《体育强国建设纲要》等政策文件中的术语表达保持一致。

---

[1] 贾文彤,郝军龙,齐文华,等. 体育公共服务均等化若干问题研究[J]. 山东体育学院学报,2009(12):1-5.
[2] 范冬云. 我国体育公共服务研究中几个问题的探讨[J]. 成都体育学院学报,2010,36(2):6-8,12.
[3] 郇昌店,肖林鹏,李宗浩,等. 我国公共体育服务发展述评[J]. 体育学刊,2009,16(6):20-24.
[4] 戴永冠,林伟红. 论公共体育服务的概念及内涵[J]. 军事体育进修学院学报,2012,31(4):13-15.
[5] 戴健,郑家鲲. 我国公共体育服务体系研究述评[J]. 上海体育学院学报,2013,37(1):1-8.

农村老年公共体育服务的需求与供给研究

公共体育服务是《"十三五"推进基本公共服务均等化规划》中的重要内容之一，与教育、住房保障、医疗卫生等领域一起构成国家基本公共服务内容体系。目前，公共体育服务的概念辨识存在多种解读。从公共产品的视角来看，公共体育服务指满足社会共同需求，具有非竞争性和非排他性公共物品性质的体育服务[①]。在组织职能角度下，公共体育服务则被视为满足公共体育需求所承担的服务职能[②]。从公共利益的视角来看，公共体育服务应该是为实现公共利益，利用政府资源和权威，以提供有形的物品和无形的物品为载体的各种行为或活动[③]。从供给主体的视角来看，政府、企业和第三部门等供给主体提供的体育服务即为公共体育服务[④]。相比之下，本书倾向于公共利益解释说，因为公共性既是公共体育服务的出发点又是归宿，而公共性只有通过实现公共利益才能体现[⑤]。随着党的十九大报告的宣示，中国特色社会主义进入了新时代。公共体育服务的内涵需要进一步拓展和丰富，满足广大人民群众日益增长的多元化、多层次体育健身需求，保障人人公平地享有体育参与权成为新时代下公共体育服务的责任和使命。综上所述，本书将公共体育服务定义为以政府为主导的多元主体，为实现体育公共利益，利用各自的资源优势，坚持以人民为中心的实践原则，提供有形的物品和无形的物品的各种行为或活动。

如 1.4 节中所述，本书中的农村老年人是指居住在乡、与乡对应的集镇和村的 50 岁及以上的人群。因此，本书将农村老年公共体育服务界定为以政府为主导的多元主体，为实现体育公共利益，利用各自的资源优势，以居住在乡、与乡对应的集镇和村的 50 岁及以上的人群为服务对象，坚持以人民为中心的实践原则，提供有形的物品和无形的物品的各种行为或活动，其最终目的是满足农村老年人日益增长的多元化、多层次体育健身需求。在本概念中，各种行为或活动主要包括出台体育政策法规条例、投入体育经费、修建体育场地设施、组织老年人的体育活动、进行体质监测、建立健全老年体育组织、培训及发挥体育骨干的作用、提供体育信息咨询服务等。

---

① 刘艳丽，苗大培. 社会资本与社区体育公共服务[J]. 体育学刊，2005（3）：126-128.
② 戴永冠，林伟红. 论公共体育服务的概念及内涵[J]. 军事体育进修学院学报，2012，31（4）：13-15.
③ 卢文云，陈娟，戴健. 构建公共体育服务体系焉能没有竞技体育[J]. 上海体育学院学报，2014，38（6）：20-24.
④ 范冬云. 我国体育公共服务研究中几个问题的探讨[J]. 成都体育学院学报，2010，36（2）：6-8，12.
⑤ 张小航. 公共性的回归：后新公共管理时代我国公共体育服务改革取向探讨[J]. 天津体育学院学报，2013，28（4）：364-368.

2.2 农村老年公共体育服务需求

识别农村老年公共体育服务需求是提高体育服务供给有效性的关键。目前，从公共服务视角研究老年体育的文献仅国内有几篇，并且尚未对农村老年公共体育服务需求进行界定。有研究指出，公共体育服务需求是公众对与其生活娱乐相关的公共体育产品通过共同消费而实现的经济活动[1]。也有人提出，不同社会群体为满足自身体育锻炼的目的而提出的有利于自身发展的需求即为公共体育服务需求[2]。蒋媛认为，可将公共体育服务需求界定为公共体育商品或公共体育服务的数量在公共体育场馆内一定时刻被前来进行体育锻炼的居民购买的集合[3]。综合这些观点，同时结合研究需要，本书认为农村老年公共体育服务需求指在一定时期，农村老年人能够得到的体育服务水平与意愿得到及应该得到的体育服务水平之间的不平衡造成的缺乏状态。缺乏状态是农村老年公共体育服务需求形成的必要条件；意愿得到的体育服务是农村老年人察觉到的主观需求，包括经费投入、场地设施建设、管理制度建设、活动指导等；应该得到的体育服务是农村老年人未察觉到的基于农村老年人的健康状况、体育参与特征、健康生活方式等需要的客观需求。

2.3 农村老年公共体育服务供给

公共服务供给是公共服务主体输入资金、人力、政策等资源，将其转化为具体公共服务产品、公共服务绩效的过程[4]。鉴于此，本书将农村老年公共体育服务供给界定为以政府为主导的多元主体利用各自在资金、人力、政策等方面的资源优势，为农村区域内的老年人提供具体体育产品和服务的动态过程，其重点是通过体制机制建设逐步提高供给水平和质量，最终实现农村老年公共体育服务的均等化、优质化。

---

[1] 郇昌店,肖林鹏,杨晓晨.我国公共体育服务研究框架探讨[J].山东体育学院学报,2009,25(2):4-9.
[2] 闫杰.开封市城市居民体育公共服务需求研究[D].郑州:河南大学,2016.
[3] 蒋媛.上海市公共体育场馆服务的居民满意度与需求研究[D].上海:上海体育学院,2015.
[4] 王家宏.我国公共体育服务体系研究[M].苏州:苏州大学出版社,2016.

3

农村老年人的人口学特征、生活方式、健康状况及体育锻炼参与情况等分析

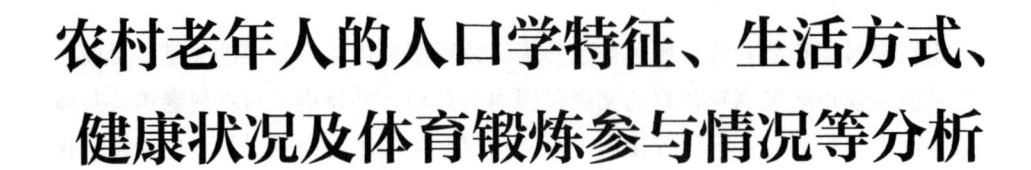

3.1 农村老年人的人口学特征、生活方式及健康状况分析

人口是一个内容复杂、综合多种规定与关系的社会经济实体，具有多重属性，是构成社会的基本要素，也是一个地区社会生产行为的基础和主体。根据人口的性质与特征，人口结构划分为自然结构、社会结构及地域结构三大类。自然结构是依据人口的生物学特征而划分的，包括性别结构和年龄结构等；社会结构则是根据人口的社会特征划分的，主要包括阶级结构、民族结构、文化结构、语言结构、宗教结构、婚姻结构、家庭结构、职业结构、部门结构等；根据人口的居住地区进行划分的地域结构，主要指自然地理结构和行政区域结构。

如表1-3-1所示，在自然结构方面，在性别上，本书所选样本中的男性样本比例（54.47%）稍高于女性；在年龄上，主要以低龄老年人为主，占总样本的70.12%[①]。在社会结构方面，在文化水平上，逾六成老年人样本为小学及以下文化水平；在经济状况上，"一般"者最多，为1047人（62.81%），"困难及以下"者较少，有358人（21.46%），而属于"富裕及以上"者最少，仅有262人（15.72%）；在婚姻状况上，有配偶者的老年人样本比例（74.09%）远高于无配偶者的老年人。在地域结构方面，样本分布区域较为均衡，分别为东部地区437人（26.24%）、中部地区507人（30.44%）及西部地区723人（43.32%）。总体来说，样本的人口结

---

① 参照我国关于老年人口的通行划分标准，本书将70岁以下的老年人界定为低龄老年人，70~79岁老年人界定为中龄老年人，80岁及以上老年人界定为高龄老年人。

3 农村老年人的人口学特征、生活方式、健康状况及体育锻炼参与情况等分析

构比较符合农村老年人的实际生存状况,并且东部、中部、西部样本量均匀,具有较强的代表性。

表 1-3-1 样本量人口学特征统计表(样本总量 N=1667)

指标	内容	频数(有效样本)	有效百分比(%)
性别	男	908	54.47
	女	759	45.53
年龄	60岁及以下	526	31.55
	60~70岁	643	38.57
	70岁及以上	498	29.87
地区	东部地区	437	26.24
	中部地区	507	30.44
	西部地区	723	43.32
婚姻状况	有配偶	1235	74.09
	无配偶	432	25.91
文化水平	高中及以上	241	14.46
	初中	328	19.68
	小学及以下	1098	65.87
经济状况	富裕及以上	262	15.72
	一般	1047	62.81
	困难及以下	358	21.46

在生活方式方面(表1-3-2),调查对象呈现如下特征。从老年人的居住方式看,与子女或配偶/伴侣居住是老年人最主要的居住方式,共有1373人,占总样本比例的82.36%,采用独居方式的老年人仅有一成多。从老年人参与日常体力活动情况看,日常体力活动"比较多"者有331人(19.88%),日常体力活动"一般"者有959人(57.60%),日常体力活动"比较少"者有375人(22.52%)。从久坐行为看,大部分老年人有连续久坐的生活习惯,"经常"久坐者有388人(23.28%),"有时"久坐者有458人(27.47%),"偶尔"久坐者有552人(33.11%),"从不"久坐者仅为269人(16.14%)。从老年人平日生活的水果摄取情况看,从不吃水果的老年人只有158人(9.48%),有时吃和偶尔吃水果的老年人占比最高,为56.44%,经常吃或每天吃水果者为568人(34.08%)。相比之下,八成有余的老年人经常吃或每天吃蔬菜,仅有5人(0.3%)从不吃蔬菜。从抽烟行为看,从不抽烟者(66.41%)

的样本比例近乎经常抽烟者（33.59%）样本比例的 2 倍。从睡眠质量看，睡眠质量比较好的人数只有 849 人，仅为样本总量的 50.93%。

表 1-3-2 农村老年人的生活方式统计表（样本总量 N=1667）

指标	内容	频数（有效样本）	有效百分比（%）
居住方式	独居	189	11.34
	与配偶/伴侣居住	795	47.69
	与子女居住	578	34.67
	其他方式	105	6.30
日常体力活动	比较多	331	19.88
	一般	959	57.60
	比较少	375	22.52
久坐行为	经常	388	23.28
	有时	458	27.47
	偶尔	552	33.11
	从不	269	16.14
水果摄取情况	每天吃	233	13.98
	经常吃	335	20.10
	有时吃	478	28.67
	偶尔吃	463	27.77
	从不吃	158	9.48
蔬菜摄取情况	每天吃	1068	64.14
	经常吃	371	22.28
	有时吃	166	9.98
	偶尔吃	55	3.30
	从不吃	5	0.30
抽烟行为	是	560	33.59
	否	1107	66.41
睡眠质量	比较好	849	50.93
	一般	515	30.89
	比较差	303	18.18

3 农村老年人的人口学特征、生活方式、健康状况及体育锻炼参与情况等分析

在健康状况方面（表 1-3-3），从常患疾病情况看，有效百分比排在前五位的分别是高血压（28.7%）、风湿性关节炎（18.6%）、其他疾病（13.9%）、糖尿病（12.2%）及骨质疏松（12.1%）。此外，慢性支气管炎亦有较高的发生比例（8.6%）。其中，调查时间点近两周生病者有 596 人，占 35.8%。在这些老年人中，选择去医疗卫生单位就诊、治疗者有 216 人（36.24%），采取自服药物或一些辅助疗法者有 297 人（49.83%），选择前述两种方法之外的方法者有 83 人（13.93%）。此外，在本次调查的老年人中，近九成的老年人生活能够完全自理，部分自理者有 139 人（8.34%），完全不能自理者只有 39 人（2.34%）。

表 1-3-3 农村老年人的健康状况统计表（样本总量 N=1667）

指标	内容	频数（有效样本）	有效百分比（%）
常患疾病情况	糖尿病	207	12.2
	冠心病	80	4.7
	心脏病	71	4.2
	高血压	486	28.7
	风湿性关节炎	315	18.6
	脑血管疾病	53	3.1
	肿瘤	27	1.6
	肺气肿	41	2.4
	慢性支气管炎	146	8.6
	骨质疏松	207	12.1
	中风	29	1.7
	其他疾病	235	13.9
生病后就诊方式	去医疗卫生单位就诊、治疗	216	36.24
	采取自服药物或一些辅助疗法	297	49.83
	前述两种方法之外的方法	83	13.93
生活自理能力	完全自理	1488	89.32
	部分自理	139	8.34
	完全不能自理	39	2.34

3.2 农村老年人的人口学特征、生活方式、健康状况对其日常体力活动参与情况及睡眠质量的影响分析

3.2.1 农村老年人的人口学特征对其日常体力活动参与情况及睡眠质量的影响分析

如表 1-3-4 所示，不同性别受调查者的日常体力活动参与情况及睡眠质量皆存在显著差异（χ^2=38.46，P=0.000<0.05；χ^2=32.61，P=0.000<0.05）。本书研究的老年人的日常体力活动主要针对买菜、做饭及种地等方面，其中在选择日常体力活动"一般"的比例方面男性和女性几乎不存在性别差异，而在选择日常体力活动"比较多"的比例方面女性（25.6%）显著高于男性（15.0%），在选择日常体力活动"比较少"的比例方面则体现出男性（26.7%）显著高于女性（17.6%），这说明整体上农村女性老年人的日常体力活动量要多于男性。在睡眠质量方面，则表现出男性睡眠质量显著好于女性睡眠质量，即男性睡眠质量"比较好"的比例为 55.85%（女性为 45.07%），男性睡眠质量"比较差"的比例为 13.58%（女性为 23.65%）。

表 1-3-4 农村老年人的人口学特征对其日常体力活动参与情况及睡眠质量的影响关系统计表（样本总量 N=1667）

指标	内容	日常体力活动参与情况				睡眠质量			
		比较多(%)	一般(%)	比较少(%)	有效样本量	比较好(%)	一般(%)	比较差(%)	有效样本量
性别	男	15.0	58.3	26.7	904	55.85	30.57	13.58	906
	女	25.6	56.8	17.6	761	45.07	31.27	23.65	761
	检验	χ^2=38.46；P=0.000<0.05				χ^2=32.61；P=0.000<0.05			
年龄	60 岁及以下	22.52	61.07	16.41	524	59.51	27.19	13.31	526
	60~70 岁	19.75	63.45	16.80	643	49.14	31.73	19.13	643
	70 岁及以上	17.27	46.39	36.35	499	44.18	33.73	22.09	498
	检验	χ^2=79.64；P=0.000<0.05				χ^2=26.62；P=0.000<0.05			

3 农村老年人的人口学特征、生活方式、健康状况及体育锻炼参与情况等分析

续表

指标	内容	日常体力活动参与情况				睡眠质量			
		比较多(%)	一般(%)	比较少(%)	有效样本量	比较好(%)	一般(%)	比较差(%)	有效样本量
地区	东部地区	15.38	72.12	12.50	104	58.65	35.58	5.77	104
	中部地区	17.24	70.11	12.64	174	40.23	33.91	25.86	174
	西部地区	20.55	54.94	24.51	1387	51.69	30.17	18.14	1387
	检验	χ^2=26.84；P=0.000<0.05				χ^2=21.24；P=0.000<0.05			
婚姻状况	有配偶	19.63	61.15	19.22	1233	54.09	30.53	15.38	1235
	无配偶	20.60	47.45	31.94	432	41.90	31.94	26.16	432
	检验	χ^2=33.57；P=0.000<0.05				χ^2=29.98；P=0.000<0.05			
文化水平	高中及以上	16.18	64.74	19.08	173	58.38	34.68	6.94	173
	初中	17.28	60.13	22.59	301	60.07	24.42	15.51	303
	小学及以下	21.09	55.88	23.03	1190	47.56	31.93	20.50	1190
	检验	χ^2=7.35；P=0.29>0.05				χ^2=33.82；P=0.000<0.05			
经济状况	富裕及以上	18.46	63.08	18.46	260	65.27	23.28	11.45	262
	一般	18.34	59.69	21.97	1047	52.53	31.52	15.95	1047
	困难及以下	25.42	47.49	27.09	358	35.75	34.64	29.61	358
	检验	χ^2=20.92；P=0.000<0.05				χ^2=60.08；P=0.000<0.05			
整体比例		19.88	57.60	22.52		50.93	30.89	18.18	

不同年龄受调查者的日常体力活动参与情况及睡眠质量皆存在显著差异（χ^2=79.64，P=0.000<0.05；χ^2=26.62，P=0.000<0.05）。从整体情况看，年龄越大的老年人从事日常体力活动的概率越少，如在日常体力活动"比较少"这一选项中，60～70岁与70岁及以上老年人的比例分别为16.80%、36.35%，差异非常明显。在睡眠质量方面，则表现为年龄越大，睡眠质量越差，如在睡眠质量"比较好"这一选项中，60岁及以下（59.51%）老年人的比例显著高于60～70岁老年人的（49.14%），而60～70岁老年人的比例显著高于70岁及以上老年人的比例（44.18%），这说明农村老年人的日常体力活动量和睡眠质量都随年龄的增长而呈现降低的特征。

不同地区受调查者的日常体力活动参与情况及睡眠质量皆存在显著差异（χ^2=26.84，P=0.000<0.05；χ^2=21.24，P=0.000<0.05）。日常体力活动差异主要体现在西部地区与东部地区及西部地区与中部地区之间，而东部地区与中部地区几

乎无差异。从具体比较看，西部地区老年人日常体力活动"比较多"的比例多于其他地区（西部地区、中部地区、东部地区的比例分别为 20.55%、17.24%及15.38%），而日常体力活动"一般"的比例较少（西部地区、中部地区、东部地区的比例分别为 54.94%、70.11%及 72.12%）。在睡眠质量方面，则表现为东部地区老年人的睡眠质量显著优于西部地区，而西部地区老年人的睡眠质量则显著优于中部地区，如东部地区、西部地区与中部地区老年人的睡眠质量"比较好"的比例依次为 58.65%、51.69%及 40.23%。

不同婚姻状况的受调查者的日常体力活动参与情况及睡眠质量皆存在显著差异（χ^2=33.57；P=0.000<0.05；χ^2=29.98，P=0.000<0.05）。就日常体力活动参与情况看，有配偶的老年人日常体力活动"一般"的比例（61.15%）显著高于无配偶者（47.45%），其日常体力活动"比较少"的比例（19.22%）则显著低于无配偶者（31.94%）。在睡眠质量方面，有配偶的老年人的睡眠质量显著优于无配偶的老年人，其中在睡眠质量"比较好"的比例中，有配偶者、无配偶者的比例分别为 54.09%与 41.90%。这说明配偶的相伴在农村老年人的日常体力活动参与、睡眠质量改善方面具有积极作用。

不同文化水平的受调查者的日常体力活动参与情况不存在显著差异（χ^2=7.35；P=0.29>0.05），而不同文化水平的受调查者的睡眠质量却存在显著差异（χ^2=33.82；P=0.000<0.05）。从睡眠质量的整体表现看，老年人的文化水平越高，其睡眠质量越好。经进一步分析发现，"高中及以上"与"初中"这两个文化水平的老年人的睡眠质量几乎没有差异，但两者显著优于"小学及以下"文化水平的老年人（睡眠质量"比较好"的比例依次为 58.38%、60.07%、47.56%）。

不同经济状况的受调查者的日常体力活动参与情况及睡眠质量皆存在显著差异（χ^2=20.92，P=0.000<0.05；χ^2=60.08，P=0.000<0.05）。从日常体力活动参与情况看，"困难及以下"家庭的老年人日常体力活动"比较多"的比例最高（25.42%），其日常体力活动"一般"的比例最低（47.49%）。在睡眠质量方面，家庭经济状况越好的老年人的睡眠质量越高，如在睡眠质量"比较好"这一选项中，"富裕及以上"家庭的老年人的睡眠质量显著优于"一般"家庭的老年人，而"一般"家庭的老年人的睡眠质量显著优于"困难及以下"家庭的老年人（其比例依次为 65.27%、52.53%、35.75%）。

3.2.2 农村老年人的生活方式、健康状况对其日常体力活动参与情况及睡眠质量的影响分析

如表1-3-5所示,老年人是否抽烟对其日常体力活动参与情况无影响(χ^2=2.56, P=0.28>0.05),但对其睡眠质量有显著的影响作用(χ^2=18.33,P=0.000<0.05)。进一步分析发现,有抽烟习惯者的睡眠质量优于不抽烟者(睡眠质量"比较好"的比例依次为54.82%、48.96%)。

表1-3-5 农村老年人的生活方式、健康状况对其日常体力活动参与情况及睡眠质量的影响关系统计表(样本总量 N=1667)

指标	内容	日常体力活动参与情况				睡眠质量			
		比较多(%)	一般(%)	比较少(%)	有效样本量	比较好(%)	一般(%)	比较差(%)	有效样本量
抽烟行为	是	17.74	58.60	23.66	558	54.82	32.68	12.50	560
	否	20.96	57.09	21.95	1107	48.96	29.99	21.05	1107
	检验	χ^2=2.56;P=0.28>0.05				χ^2=18.33;P=0.000<0.05			
居住方式	独居	31.22	46.56	22.22	189	46.56	34.39	19.05	189
	与配偶/伴侣居住	17.91	65.20	16.90	793	53.84	30.82	15.35	795
	与子女居住	20.07	51.56	28.37	578	49.65	30.45	19.90	578
	其他方式	13.33	53.33	33.33	105	43.81	27.62	28.57	105
	检验	χ^2=57.37;P=0.000<0.05				χ^2=15.12;P=0.019<0.05			
久坐行为	经常	18.30	47.42	34.28	388	47.16	30.15	22.68	388
	有时	10.48	71.62	17.90	458	46.72	36.68	16.59	458
	偶尔	19.57	62.32	18.12	552	53.08	31.16	15.76	552
	从不	38.95	38.58	22.47	267	59.11	21.56	19.33	269
	检验	χ^2=144.13;P=0.000<0.05				χ^2=26.26;P=0.000<0.05			
水果摄取情况	每天吃	29.61	51.50	18.88	233	52.79	27.47	19.74	233
	经常吃	25.13	56.91	17.96	813	51.17	31.73	17.10	813
	偶尔吃	22.46	47.66	29.89	619	49.92	31.08	19.00	621
	检验	χ^2=7.57;P=0.068>0.05				χ^2=2.44;P=0.66>0.05			

续表

指标	内容	日常体力活动参与情况				睡眠质量			
		比较多(%)	一般(%)	比较少(%)	有效样本量	比较好(%)	一般(%)	比较差(%)	有效样本量
蔬菜摄取情况	每天吃	24.58	52.91	22.51	1066	55.06	26.31	18.63	1068
	经常吃	20.24	58.16	21.60	537	43.95	39.29	16.76	537
	偶尔吃	23.33	52.33	24.33	60	38.33	38.33	23.33	60
	检验	χ^2=10.68；P=0.087>0.05				χ^2=32.75；P=0.000<0.05			
慢病状况	无慢病	23.17	52.44	24.39	492	68.90	20.33	10.77	492
	一种慢病	19.47	58.69	21.84	719	48.96	30.93	20.11	721
	二种慢病	17.48	63.64	18.88	286	42.66	39.86	17.48	286
	三种及以上慢病	16.17	58.08	25.75	167	20.96	46.11	32.93	167
	检验	χ^2=15.69；P=0.046<0.05				χ^2=141.44；P=0.000<0.05			
生活自理能力	完全自理	21.53	58.01	20.46	1486	54.23	28.70	17.07	1488
	部分自理	5.76	59.71	34.53	139	24.46	51.80	23.74	139
	完全不能自理	7.69	35.90	56.41	39	17.95	41.03	41.03	39
	检验	χ^2=53.90；P=0.000<0.05				χ^2=60.49；P=0.000<0.05			
整体比例		19.88	57.60	22.52		50.93	30.89	18.18	

不同居住方式的受调查者的日常体力活动参与情况及睡眠质量皆存在显著差异（χ^2=57.37，P=0.000<0.05；χ^2=15.12，P=0.019<0.05）。从日常体力活动参与情况看，"独居"老年人参与体力活动"比较多"的比例显著高于"与配偶/伴侣居住"者和"与子女居住"者（其比例依次为31.22%、17.91%、20.07%）。在睡眠质量方面，"与配偶/伴侣居住"的老年人睡眠质量"比较好"的比例（53.84%）显著高于"与子女居住"者（49.65%），而"与子女居住"者睡眠质量"比较好"的比例高于"独居"者（46.56%）以及"其他方式"居住的老年人（43.81%）。

老年人连续久坐行为对其日常体力活动参与情况及睡眠质量皆有显著的影响作用（χ^2=144.13，P=0.000<0.05；χ^2=26.26，P=0.000<0.05）。显然，"从不"久坐者的体力活动参与"比较多"的比例显著高于"经常"久坐者、"有时"久坐者及"偶尔"久坐者（其比例依次为38.95%、18.30%、10.48%、19.57%）；并且"从不"久坐者的睡眠质量亦显著优于"经常"久坐者、"有时"久坐者及"偶尔"久坐者

3 农村老年人的人口学特征、生活方式、健康状况及体育锻炼参与情况等分析

（对应睡眠质量"比较好"的比例依次为 59.11%、47.16%、46.72%、53.08%）。

水果摄取情况对老年人日常体力活动参与情况及睡眠质量皆无显著的影响作用（$\chi^2=7.57$，$P=0.068>0.05$；$\chi^2=2.44$，$P=0.66>0.05$）。

蔬菜摄取情况对老年人日常体力活动参与情况无影响作用（$\chi^2=10.68$，$P=0.087>0.05$），但对其睡眠质量有显著的影响作用（$\chi^2=32.75$，$P=0.000<0.05$）。进一步分析发现，每天吃蔬菜的老年人的睡眠质量显著优于"经常吃"及"偶尔吃"的老年人（对应睡眠质量"比较好"的比例依次为 55.06%、43.95%、38.33%）。

老年人是否患慢病及患何种慢病属于多选题（共 12 个选项），处理方法为选中记"1"，不选中记"0"。本书在处理时将 12 个选项求和，和值为"0"者记为无慢病，和值为"1""2"" ≥3"者，分别称为"一种慢病""二种慢病""三种及以上慢病"。调查数据显示，无慢病者仅占 29.5%，患一种慢病者占 43.1%，患二种慢病者占 17.2%，患三种及以上慢病者占 10%。数据显示，老年人患慢病状况对其日常体力活动参与及睡眠质量皆有显著的影响作用（$\chi^2=15.69$，$P=0.046<0.05$；$\chi^2=141.44$，$P=0.000<0.05$）。进一步分析发现，"无慢病"的老年人的日常体力活动"比较多"的比例显著高于有慢病的老年人（无慢病、一种慢病、二种慢病、三种及以上慢病对应的比例依次为 23.17%、19.47%、17.48%、16.17%），并且"无慢病"老年人的睡眠质量亦显著优于有慢病者（在睡眠质量"比较好"选项中，无慢病、一种慢病、二种慢病、三种及以上慢病对应的比例依次为 68.90%、48.96%、42.66%、20.96%）。

老年人的生活自理能力对其日常体力活动参与情况及睡眠质量皆有显著的影响作用（$\chi^2=53.90$，$P=0.000<0.05$；$\chi^2=60.49$，$P=0.000<0.05$）。显然，有"完全自理"能力的老年人的日常体力活动参与情况及睡眠质量显著优于"部分自理"及"完全不能自理"的老年人（日常体力活动"比较多"的比例依次为 21.53%、5.76%、7.69%，睡眠质量"比较好"的比例依次为 54.23%、24.46%、17.95%）。

3.3 农村老年人的体育锻炼参与情况分析

3.3.1 农村老年人对体育锻炼的认知度分析

为全面探讨农村老年人对公共体育服务的需求，首先需要了解目前受调查者

对体育锻炼的作用及价值的看法。本书设计的《体育锻炼认知量表》含10个条目，依李克特三级评分，为确保数据的可靠性，在正式分析前需要对数据进行前期精确检验。如表1-3-6所示，第2列数据表示每个条目与条目总和之间的相关系数（按统计学要求不能低于0.4），第3列数据表示删除该条目后的Cronbach α 系数值（与原值0.786相比，若上升，则说明该条目可删除，否则不能删除）。因此，此量表中的条目①与条目③可以删除，余下8个条目具备保留的基本条件。

表1-3-6 农村老年人《体育锻炼认知量表》内部一致性检验表

条目内容 （整体 Cronbach α 系数=0.786）	每个条目与条目总和之间的相关系数	删除该条目后的 Cronbach α 系数值的比较
维度一：增强体质与疾病防控		
① 有规律地参与体育锻炼能全面提高健康水平	0.366	0.791↗
② 有规律地参与体育锻炼能延年益寿	0.424	0.771↘
③ 有规律地参与体育锻炼能预防心脏病	0.338	0.788↗
④ 有规律地参与体育锻炼不容易导致高血压	0.494	0.784↘
⑤ 有规律地参与体育锻炼不容易导致骨质疏松	0.408	0.783↘
⑥ 有规律地参与体育锻炼有助于增强体质	0.529	0.761↘
维度二：心理健康与成就交往		
⑦ 有规律地参与体育锻炼有助于心理健康	0.592	0.751↘
⑧ 有规律地参与体育锻炼有助于独立生活	0.593	0.748↘
⑨ 有规律地参与体育锻炼给了我与人交往的机会	0.616	0.744↘
⑩ 有规律地参与体育锻炼可以给我成就感	0.528	0.757↘

接着对农村老年人《体育锻炼认知量表》进行测量模型验证，以确认测量的一致性。如图1-3-1所示，老年人体育锻炼认知的两个维度所含条目对因子均有显著的贡献，两个维度间显著相关，相关系数（$r=0.40$）非常显著，说明该量表具有较好的构想效度。在认知度测量模型中，$\chi^2=15.45$，$P=0.075>0.05$，意味着模型的因果路径图与实际数据基本吻合；GFI、AGFI、RFI、CFI、RMSEA等参数值依次为0.99、0.96、0.97、0.99、0.044，均达到了可接受的标准，表明模型与调研获得数据拟合良好，说明该量表具有较好的测量效度。基于此，可将构成"增强体质与疾病防控"及"心理健康与成就交往"的4个条目得分进行求和（得分区间为4~12），获得的和值分数越高，意味着老年人对体育锻炼的认知度就越高。

3 农村老年人的人口学特征、生活方式、健康状况及体育锻炼参与情况等分析

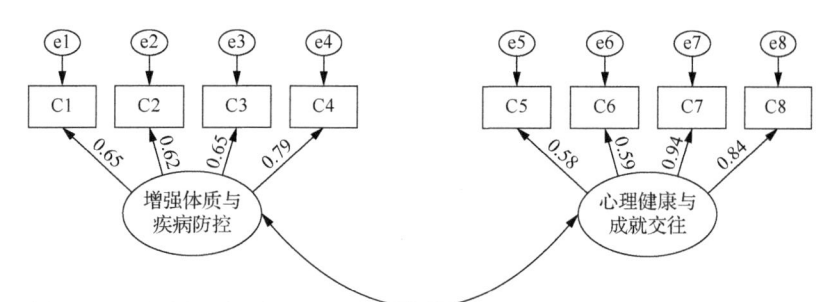

C1：有规律地参与体育锻炼能延年益寿
C2：有规律地参与体育锻炼会导致高血压
C3：有规律地参与体育锻炼会导致骨质疏松
C4：有规律地参与体育锻炼有助于增强体质
C5：有规律地参与体育锻炼有助于心理健康
C6：有规律地参与体育锻炼有助于独立生活
C7：有规律地参与体育锻炼给了我与人交往的机会
C8：有规律地参与体育锻炼可以给我成就感

模型验证：卡方χ^2=15.45，DF=9，P=0.075；GFI=0.99，AGFI=0.96，RFI=0.97，CFI=0.99，RMSEA=0.044。
"*"表示0.05的显著水平。

图1-3-1 老年人体育锻炼认知度测量模型验证

3.3.1.1 农村老年人的人口学特征对体育锻炼认知度的影响分析

如表1-3-7所示，老年人的性别对体育锻炼认知度的两个维度"增强体质与疾病防控""心理健康与成就交往"皆无显著的影响作用（T=1.36，P=0.17；T=0.12，P=0.91）。

表1-3-7 农村老年人的人口学特征对体育锻炼认知度的影响分析（样本总量 N=1667）

指标	内容	增强体质与疾病防控得分	有效样本量	检验(F/T;P)	心理健康与成就交往得分	有效样本量	检验(F/T;P)
性别	男	9.15±1.66	906	T=1.36	10.07±2.58	906	T=0.12
	女	9.04±1.74	759	P=0.17	10.05±2.67	761	P=0.91
年龄	a 60岁及以下	9.45±1.45	526		10.37±2.43	526	
	b 60~70岁	8.98±1.75	643	F=16.72	10.00±2.56	643	F=6.14
	c 70岁及以上	8.89±1.82	496	P=0.000**	9.81±2.84	498	P=0.002**
	LSD多重比较	a>b=c			a=b>c		
地区	a 东部地区	9.16±1.62	526		11.25±1.82	526	
	b 中部地区	9.36±1.60	643	F=2.43	10.85±2.07	643	F=22.84
	c 西部地区	9.07±1.72	496	P=0.089	9.87±2.69	498	P=0.000**
	LSD多重比较	a=b=c			a=b>c		
婚姻状况	有配偶	9.18±1.63	1233	T=3.71	10.20±2.55	1235	T=3.58
	无配偶	8.84±1.85	432	P=0.000**	9.67±2.76	433	P=0.001**

续表

指标	内容	增强体质与疾病防控得分	有效样本量	检验（F/T;P）	心理健康与成就交往得分	有效样本量	检验（F/T;P）
文化水平	a 高中及以上	9.65±1.40	173		10.66±2.21	173	
	b 初中	9.23±1.53	303	F=10.61	10.66±2.09	303	F=12.20
	c 小学及以下	8.97±1.76	1188	P=0.000**	9.82±2.75	1190	P=0.000**
	LSD 多重比较	a>b>c			a=b>c		
经济状况	a 富裕及以上	9.28±1.64	262		10.63±2.26	262	
	b 一般	9.13±1.67	1045	F=4.48	10.08±2.58	1047	F=12.57
	c 困难及以下	8.88±1.80	358	P=0.011*	9.58±2.86	358	P=0.000**
	LSD 多重比较	a=b>c			a>b>c		

注："*""**"分别表示 0.05 及 0.01 的显著水平；"a=b=c"表示 3 组之间无显著差异，"a>b"表示 a 组显著高于 b 组。

老年人的年龄对"增强体质与疾病防控""心理健康与成就交往"两个维度皆有显著的影响作用（F=16.72，P=0.000；F=6.14，P=0.002）。进一步分析发现，"60 岁及以下"及"60~70 岁"的老年人对体育锻炼认知度无差异，但这两个年龄层的老年人在"增强体质与疾病防控""心理健康与成就交往"两个维度上的得分一致显著高于"70 岁及以上"的老年人（两个维度的得分分别为：9.45±1.45、8.98±1.75、8.89±1.82；10.37±2.43、10.00±2.56、9.81±2.84）。

不同地区对"增强体质与疾病防控"无影响作用（F=2.43，P=0.089），但对"心理健康与成就交往"有显著的影响作用（F=22.84，P=0.000）。进一步分析发现，在"心理健康与成就交往"维度，东部地区的得分（11.25±1.82）与中部地区的得分（10.85±2.07）无差异，但两地的得分显著高于西部地区的得分（9.87±2.69）。这说明相比中部地区、东部地区，西部地区的农村老年人对体育锻炼有助于心理健康与成就交往作用的认识稍显不足。

老年人的婚姻状况显著影响体育锻炼认知度，其在"增强体质与疾病防控""心理健康与成就交往"两个维度的得分上皆有显著性差异（T=3.71，P=0.000；T=3.58，P=0.001）。进一步分析发现，"有配偶"的老年人在"增强体质与疾病防控""心理健康与成就交往"两个维度上的得分显著高于"无配偶"者（两个维度的得分分别为：9.18±1.63、8.84±1.85；10.20±2.55、9.67±2.76）。这说明相比无配偶的农村老年人，有配偶的农村老年人对体育锻炼的认知度更高。

3 农村老年人的人口学特征、生活方式、健康状况及体育锻炼参与情况等分析

老年人的文化水平对体育锻炼认知度的两个维度皆有显著的影响作用（F=10.61，P=0.000；F=12.20，P=0.000）。进一步分析发现，在"增强体质与疾病防控"维度上的得分表现为："高中及以上"的得分（9.65±1.40）显著高于"初中"的得分（9.23±1.53），而"初中"的得分显著高于"小学及以下"（8.97±1.76）。在"心理健康与成就交往"维度上的得分表现为："高中及以上"（10.66±2.21）与"初中"（1066±2.09）的得分无差异，但两者的得分显著高于"小学及以下"（9.82±2.75）。总体上，农村老年人的文化水平越高，其对体育锻炼的认知度就越高。

老年人的经济状况对体育锻炼认知度的两个维度皆有显著的影响作用（F=4.48，P=0.011；F=12.57，P=0.000）。其中，在"增强体质与疾病防控"维度度上，"富裕及以上"与"一般"的得分不存在明显差异（得分分别为9.28±1.64、9.13±1.67），但两者的得分显著高于"困难及以下"（得分为 8.88±1.80）。在"心理健康与成就交往"维度上则表现为"富裕及以上"的得分（10.63±2.26）显著高于"一般"的得分（10.08±2.58），而"一般"的得分则显著高于"困难及以下"的得分（9.58±2.86）。总体上，相比经济状况好的农村老年人，经济状况差的农村老年人对体育锻炼的认知度更低。

3.3.1.2 农村老年人的生活方式、健康状况对体育锻炼认知度的影响分析

如表 1-3-8 所示，老年人的抽烟行为对体育锻炼是否有益于"增强体质与疾病防控"的认知度无影响作用（T=0.87，P=0.39），但对是否有益于"心理健康与成就交往"有显著的影响作用（T=-1.98，P=0.048），表现为不抽烟者的认知度高于抽烟者（得分分别为 10.15±2.62、9.88±2.61）。

表1-3-8　农村老年人的生活方式、健康状况对体育锻炼认知度的影响分析（样本总量 N=1667）

指标	内容	增强体质与疾病防控得分	有效样本量	检验（F/T;P）	心理健康与成就交往得分	有效样本量	检验（F/T;P）
抽烟行为	是	9.15±1.63	560	T=0.87	9.88±2.61	560	T=-1.98
	否	9.07±1.74	1105	P=0.39	10.15±2.62	1107	P=0.048*
居住方式	a 独居	8.87±1.85	189		9.94±2.61	189	
	b 与配偶/伴侣居住	9.31±1.60	793		10.12±2.53	795	
	c 与子女居住	8.88±1.75	578	F=8.29	10.04±2.74	578	F=0.32
	d 其他方式	9.19±1.64	105	P=0.000**	9.97±2.56	105	P=0.82
	LSD 多重比较	b=d>a=c			a=b=c=d		

续表

指标	内容	增强体质与疾病防控得分	有效样本量	检验（F/T;P）	心理健康与成就交往得分	有效样本量	检验（F/T;P）
久坐行为	a 经常	8.94±1.77	388		9.88±2.70	388	
	b 有时	8.79±1.87	458	$F=6.56$	9.73±2.612	458	$F=5.60$
	c 偶尔	9.23±1.64	552	$P=0.000^{**}$	10.13±2.57	552	$P=0.001^{**}$
	d 从不	9.26±1.58	269		10.47±2.50	269	
	LSD 多重比较	b=c>a=d			a=b>c=d		
水果摄取情况	a 每天吃	9.09±1.55	233		10.78±2.16	233	
	b 经常吃	9.29±1.74	811	$F=10.70$	9.93±2.59	813	$F=10.40$
	c 偶尔吃	8.87±1.68	621	$P=0.000^{**}$	9.96±2.76	621	$P=0.000^{**}$
	LSD 多重比较	b>c			a>b=c		
蔬菜摄取情况	a 每天吃	9.18±1.59	1066		10.42±2.43	1068	
	b 经常吃	9.04±1.84	537	$T=8.87$	9.49±2.75	537	$T=32.28$
	c 偶尔吃	8.27±2.02	60	$P=0.000^{**}$	8.70±3.20	60	$P=0.000^{**}$
	LSD 多重比较	a=b>c			a>b>c		
慢病状况	a 无慢病	9.11±1.58	492		10.33±2.44	492	
	b 一种慢病	9.10±1.65	721		9.98±2.77	721	
	c 二种慢病	9.15±1.85	284	$F=0.19$	9.84±2.61	286	$F=6.14$
	d 三种及以上慢病	9.02±1.97	168	$P=0.90$	9.49±2.76	168	$P=0.000^{**}$
	LSD 多重比较	a=b=c=d			a>b=c>d		
生活自理能力	a 完全自理	9.13±1.65	1486		10.17±2.55	1488	
	b 部分自理	9.09±1.87	139	$F=5.62$	9.26±2.89	139	$F=12.49$
	c 完全不能自理	8.21±2.62	39	$P=0.004^{**}$	8.79±3.23	39	$P=0.000^{**}$
	LSD 多重比较	a=b>c			a>b>c		

注：" * "" ** "分别表示0.05及0.01的显著水平；"a=b=c"表示3组之间无显著差异，"a>b"表示a组显著高于b组。

老年人的不同居住方式对"心理健康与成就交往"维度的认知无显著的影响作用（$F=0.32$，$P=0.82$），但对"增强体质与疾病防控"维度的认知有显著的影响作用（$F=8.29$，$P=0.000$）。进一步经LSD多重比较发现，"与配偶/伴侣居住"与"其他方式"居住的得分无差异（得分分别为9.31±1.60、9.19±1.64），但两者的得分显著高于"独居"与"与子女居住"，并且后两者间的得分无显著差异（得分分别为8.87±1.85、8.88±1.75）。

3 农村老年人的人口学特征、生活方式、健康状况及体育锻炼参与情况等分析

老年人的久坐行为对体育锻炼认知度的两个维度有显著的影响作用（$F=6.56$，$P=0.000$；$F=5.60$，$P=0.001$）。其中，"从不"久坐者及"偶尔"久坐者在"增强体质与疾病防控""心理健康与成就交往"两个维度上的得分显著高于"经常"久坐者及"有时"久坐者。这说明较少发生久坐行为的农村老年人对体育锻炼的认知度更高。

老年人的水果摄取情况及蔬菜摄取情况对体育锻炼认知度的两个维度有显著的影响作用（水果摄取情况：$F=10.70$，$P=0.000$；$F=10.40$，$P=0.000$。蔬菜摄取情况：$T=8.87$，$P=0.000$；$T=32.28$，$P=0.000$）。表现为"每天吃"水果者和"每天吃"蔬菜者，其在"增强体质与疾病防控""心理健康与成就交往"两个维度上的得分显著高于"偶尔吃"者（水果摄取情况：9.29±1.74、8.87±1.68；10.78±2.16、9.96±2.76。蔬菜摄取情况：9.18±1.59、8.27±2.02；10.42±2.43、8.70±3.20）。这说明经常摄入水果和蔬菜的农村老年人更能够认知到体育锻炼的益处。

老年人患慢病的状况对体育锻炼认知维度"增强体质与疾病防控"无影响作用（$F=0.19$，$P=0.90$），但对"心理健康与成就交往"维度有显著的影响作用（$F=6.14$，$P=0.000$）。进一步分析发现，在"心理健康与成就交往"维度，"无慢病"者的得分（10.33±2.44）显著高于"一种慢病"者的得分（9.98±2.77），而"一种慢病"者的得分显著高于"三种及以上慢病"者的得分（9.49±2.76）。这说明无慢病或患慢病种类少的农村老年人，更能认识到体育锻炼在心理健康与成就交往上的作用。

老年人的生活自理能力对体育锻炼认知度的两个维度皆有显著的影响作用（$F=5.62$，$P=0.004$；$F=12.49$，$P=0.000$），并且其影响作用表现出基本一致的趋势，即"完全自理"者在两个维度上的得分皆显著高于"完全不能自理"者（9.13±1.65、8.21±2.62、10.17±2.55、8.79±3.23）。

3.3.2 农村老年人对体育锻炼的项目选择分析

3.3.2.1 农村老年人的人口学特征对体育锻炼项目选择的影响分析

如表1-3-9所示，老年人的婚姻状况并不影响其对体育锻炼项目的选择（$\chi^2=12.36$；$P=0.19$）。换言之，不论老年人有无配偶，"走路、登山或跑步"都是最常见的被选择的运动项目（40.49%），其次是"健身操、拉丁舞、交谊舞"（5.70%），然后是"太极拳、剑、扇或柔力球"（2.64%）和"乒乓球、羽毛球"（2.40%）。

表 1-3-9　农村老年人的人口学特征对体育锻炼项目选择的影响分析统计表

指标	内容	（1）	（2）	（3）	（4）	（5）	（6）	（7）	（8）	（9）
性别	男	43.38%	3.15%	2.13%	1.22%	0.73%	3.01%	1.73%	1.31%	3.52%
	女	37.06%	2.23%	10.0%	0.72%	2.14%	1.72%	0.00%	0.32%	2.93%
	检验	\multicolumn{9}{l}{$\chi^2=100.15$；$P=0.000<0.05$}
年龄	60岁及以下	37.26%	4.94%	6.46%	1.33%	1.90%	3.23%	1.71%	0.95%	2.66%
	60～70岁	40.75%	2.33%	6.69%	0.62%	1.09%	2.95%	0.93%	0.62%	4.20%
	70岁及以上	43.57%	0.60%	3.61%	1.01%	1.00%	0.80%	0.00%	1.00%	2.61%
	检验	\multicolumn{9}{l}{$\chi^2=61.42$；$P=0.000<0.05$}
地区	东部地区	39.42%	3.85%	0.00%	0.00%	0.00%	4.81%	0.96%	1.92%	1.92%
	中部地区	35.06%	9.77%	7.47%	2.30%	2.87%	2.87%	0.57%	1.15%	1.15%
	西部地区	41.25%	1.66%	5.90%	0.86%	1.22%	2.16%	0.94%	0.72%	3.60%
	检验	\multicolumn{9}{l}{$\chi^2=80.84$；$P=0.000<0.05$}
婚姻状况	有配偶	40.32%	2.80%	5.40%	1.10%	1.50%	2.91%	1.12%	0.93%	3.50%
	无配偶	40.97%	2.10%	6.50%	0.70%	0.90%	0.93%	0.23%	0.71%	2.51%
	检验	\multicolumn{9}{l}{$\chi^2=12.36$；$P=0.19>0.05$}
文化水平	高中及以上	48.55%	8.67%	8.09%	2.31%	1.73%	8.09%	1.73%	1.16%	1.73%
	初中	44.88%	2.97%	6.93%	1.65%	2.31%	5.28%	2.64%	1.65%	4.29%
	小学及以下	38.24%	1.68%	5.04%	0.59%	1.01%	0.84%	0.34%	0.59%	3.19%
	检验	\multicolumn{9}{l}{$\chi^2=79.91$；$P=0.000<0.05$}
经济状况	富裕及以上	40.08%	7.63%	8.02%	3.44%	3.82%	4.96%	2.67%	1.91%	2.29%
	一般	42.69%	2.01%	6.11%	0.67%	0.76%	2.29%	0.76%	0.86%	3.63%
	困难及以下	34.36%	0.84%	2.79%	0.00%	1.12%	0.84%	0.00%	0.00%	2.79%
	检验	\multicolumn{9}{l}{$\chi^2=97.81$；$P=0.000<0.05$}
整体比例		40.49%	2.64%	5.70%	0.96%	1.32%	2.40%	0.90%	0.84%	3.24%

注：（1）代表走路、登山或跑步；（2）代表太极拳、剑、扇或柔力球；（3）代表健身操、拉丁舞、交谊舞；（4）代表气功、八段锦、五禽戏；（5）代表腰鼓、秧歌、抖空竹；（6）代表乒乓球、羽毛球；（7）代表篮球；（8）代表专门性的健身练习（如力量、柔韧、平衡）；（9）代表其他。

老年人对体育锻炼项目的选择存在显著的性别差异（$\chi^2=100.15$，$P=0.000$）、年龄差异（$\chi^2=61.42$，$P=0.000$）、地区差异（$\chi^2=80.84$，$P=0.000$）、文化水平差异（$\chi^2=79.91$，$P=0.000$）及经济状况差异（$\chi^2=97.81$，$P=0.000$）。进一步分析发现，男性有更高的比例选择"走路、登山或跑步""气功、八段锦、五禽戏""乒乓球、羽毛球""篮球""专门性的健身练习（如力量、柔韧、平衡）"，而女性则更多地选择"健身操、拉丁舞、交谊舞""腰鼓、秧歌、抖空竹"等；年龄为70岁及以上者主要选择"走路、登山或跑步"（43.57%），而年龄为60岁及以下者除了"走路、登山或跑步"（37.26%）外，往往还有更多的选择，如"太极拳、剑、扇或柔力球""健身操、拉丁舞、交谊舞""乒乓球、羽毛球"等；不同地区的老年人的项目选择差异主要体现在中部地区与东部地区、西部地区之间，除了共同的主流选择"走路、登山或跑步"，中部地区的老年人在项目选择上更为灵活，如"太极拳、剑、扇或柔力球"（9.77%）及"健身操、拉丁舞、交谊舞"（7.47%）亦有较高入选比例；老年人的文化水平越高，项目选择比例越高、内容越广泛，如"高中及以上"文化水平的老年人在"走路、登山或跑步"（48.55%）、"太极拳、剑、扇或柔力球"（8.67%）、"健身操、拉丁舞、交谊舞"（8.09%）及"乒乓球、羽毛球"（8.09%）等方面大大超出"小学及以下"文化水平的老年人；经济条件富裕的老年人与文化水平高的老年人在项目选择上几乎具有相同的特征。

3.3.2.2 农村老年人的生活方式、健康状况对体育锻炼项目选择的影响分析

如表1-3-10所示，老年人的抽烟行为、久坐行为、慢病状况及生活自理能力对其体育锻炼项目的选择皆存在显著的影响作用（χ^2=27.54，P=0.001；χ^2=45.67，P=0.014；χ^2=60.30，P=0.000；χ^2=80.75，P=0.000）。进一步分析发现，平时不抽烟及从不久坐的老年人的体育锻炼项目选择更为广泛；无慢病或者患慢病种类较少者的体育锻炼项目选择比例更高、涉及内容更广；同样地，生活能"完全自理"者，其参与体育锻炼项目比例及内容选择大大高于"部分自理"及"完全不能自理"的老年人。值得注意的是，老年人的居住方式并不影响其对体育锻炼项目的选择（χ^2=34.97，P=0.14）。换言之，不论老年人是独居、与配偶/伴侣居住，还是与子女居住等对其选择体育锻炼项目都没有影响。

表1-3-10 农村老年人的生活方式、健康状况对体育锻炼项目选择的影响分析统计表

指标	内容	（1）	（2）	（3）	（4）	（5）	（6）	（7）	（8）	（9）
抽烟行为	是	38.93%	3.39%	2.50%	0.89%	0.71%	1.96%	1.07%	1.25%	3.93%
	否	41.28%	2.26%	7.32%	0.99%	1.63%	2.62%	0.81%	0.63%	2.89%
	检验	\multicolumn{9}{c}{χ^2=27.54；P=0.001<0.05}

续表

指标	内容	(1)	(2)	(3)	(4)	(5)	(6)	(7)	(8)	(9)
居住方式	独居	36.51%	2.65%	5.29%	0.53%	1.06%	4.23%	2.12%	0.53%	3.70%
	与配偶/伴侣居住	37.61%	3.40%	4.91%	1.38%	1.51%	2.52%	1.13%	1.00%	2.70%
	与子女居住	43.77%	1.73%	6.92%	0.52%	0.87%	1.73%	0.35%	0.8%	4.15%
	其他方式	51.43%	1.90%	5.71%	0.95%	2.86%	1.90%	0.00%	0.00%	0.95%
	检验	\multicolumn{9}{c}{$\chi^2=34.97$;$P=0.14>0.05$}
久坐行为	经常	43.04%	2.32%	4.90%	1.55%	0.26%	2.58%	0.26%	1.00%	3.35%
	有时	41.48%	2.62%	4.80%	0.44%	1.31%	1.31%	0.67%	0.80%	3.06%
	偶尔	36.05%	2.90%	4.71%	0.91%	1.99%	3.99%	1.27%	0.90%	2.54%
	从不	44.24%	2.60%	10.4%	1.12%	1.49%	0.74%	1.49%	0.30%	4.83%
	检验	\multicolumn{9}{c}{$\chi^2=45.67$;$P=0.014<0.05$}
慢病状况	无慢病	47.97%	3.25%	5.89%	0.20%	0.20%	2.03%	1.02%	0.80%	3.25%
	一种慢病	39.94%	2.64%	7.49%	1.53%	1.39%	3.19%	1.25%	1.10%	3.88%
	二种慢病	33.92%	2.45%	1.40%	1.05%	1.75%	1.75%	0.35%	0.30%	2.45%
	三种及以上慢病	32.14%	1.19%	4.76%	0.60%	3.57%	1.19%	0.00%	0.60%	1.79%
	检验	\multicolumn{9}{c}{$\chi^2=60.30$;$P=0.000<0.05$}
生活自理能力	完全自理	43.41%	2.55%	6.255	0.81%	1.28%	2.35%	0.87%	0.80%	3.49%
	部分自理	18.71%	2.88%	0.72%	1.44%	1.44%	1.44%	0.72%	0.70%	1.44%
	完全不能自理	5.13%	5.13%	2.56%	5.13%	2.56%	7.69%	0.00%	0.00%	0.00%
	检验	\multicolumn{9}{c}{$\chi^2=80.75$;$P=0.000<0.05$}
整体比例		40.49%	2.64%	5.70%	0.96%	1.32%	2.40%	0.90%	0.80%	3.24%

注：(1) 代表走路、登山或跑步；(2) 代表太极拳、剑、扇或柔力球；(3) 代表健身操、拉丁舞、交谊舞；(4) 代表气功、八段锦、五禽戏；(5) 代表腰鼓、秧歌、抖空竹；(6) 代表乒乓球、羽毛球；(7) 代表篮球；(8) 代表专门性的健身练习（如力量、柔韧、平衡）；(9) 代表其他。

3.3.3 农村老年人体育锻炼参与程度的影响因素分析

为了更好地分析农村老年人体育锻炼参与程度的影响因素，需要对老年人体育锻炼参与程度进行量化，量化公式为：体育锻炼参与程度=体育锻炼频率×（体育锻炼平均强度+体育锻炼持续时间）。在本书中，体育锻炼频率为"每周5次及

3 农村老年人的人口学特征、生活方式、健康状况及体育锻炼参与情况等分析

以上、每周 3~4 次、每周 1~2 次、每月 1~3 次、每季 1~2 次",分别给予 5 分、4 分、3 分、2 分、1 分;每次体育锻炼的持续时间为"20 分钟以下、21~30 分钟、31~40 分钟、41 分钟~1 个小时及 1 个小时以上",分别给予 1 分、2 分、3 分、4 分、5 分;锻炼时身体感觉(锻炼强度)为"没有感觉、身体微微发热、微微出汗、中等出汗及出大汗",分别给予 1 分、2 分、3 分、4 分、5 分。计算所得的分值越高,表示体育锻炼参与程度越高。

由于影响老年人体育锻炼参与程度的因素众多,而一般多元线性回归分析在理论上要求影响因素基本属于连续型变量,并且原则上要求服从线性、独立、正态、等方差等假设条件,而大多数人文社科调查资料很难保证这些基本条件。Logistic 回归与一般线性回归方法十分相似,但两者的区别体现在以下两点:①因变量的类型不同。Logistic 回归可通过一组自变量预测一个分类变量的每个分类所发生的概率,其中因变量为分类变量,自变量可以是区间变量,也可以是分类变量,还可以是区间变量混和。②Logistic 回归对自变量的假设条件较少,未必能确保线性、独立、正态、等方差等假设条件。因此,采用 Logistic 回归分析影响老年人体育锻炼参与程度的因素更合适。

本书采用可视化离散方法将体育锻炼参与程度得分分成 3 类,得分小于或等于 20 分者称为低参与程度,得分为 21~40 分者称为中等参与程度,得分大于或等于 41 分者称为高参与程度。本书采用无序多项分类 Logistic 回归模型,其原理为先令名义变量 Y(体育锻炼参与程度)有 J 个类别(本书中是 3 个类),这 J 个类别的概率分别为 P_1, P_2, $\cdots$, P_J,即满足 $P_1+P_2+\cdots+P_J=1$。基于这些概率,将 n 个独立观察对象分配到各自的类别中,观察对象在 J 个类别中的分布服从多项分布,当 $J=2$ 时,多项分布即是典型的二项分布。

自变量(即解释变量)记为 $X_k(k=1,2,\cdots,p)$。多项分类 Logit 模型(Polytomous Logit Model)可表示为:

$$\ln\left(\frac{\pi_j}{\pi_J}\right) = \alpha_j + \beta_j X_1 + \cdots + \beta_{jk} X_k + \cdots + \beta_{jP} X_P \tag{3-1}$$

其中,$j=1,2,\cdots,J-1$。样本数据获得的模型为

$$\ln\left(\frac{\hat{P}_j}{\hat{P}_J}\right) = \alpha_j + b_{j1} X_1 + \cdots b_{jk} X_k + \cdots + b_{jP} X_{iP} \tag{3-2}$$

其中,$j=1,2,\cdots,J-1$

上述模型以最后一类 J 为基线(也可以其他类别为基线,本书以低参与程度

为基线），每个反应类别 j 与基线类别 J 之间建立回归模型，因此，这种模型也称基线分类 Logit 模型（Baseline-Category Logit Model）。这种模型需要同时估计"$J-1$"个二项反应 Logit 模型，本书中的 Y 变量分为 3 类，故可获得 2 个二项反应模型，即"高参与程度/低参与程度"及"中等参与程度/低参与程度"。

显然，每个自变量有"$J-1$"个参数，即参数 β_{jk} 的估计值 b_{jk}（$j=1,2,\cdots,J$; $k=1,2,\cdots,P$）表示在其他自变量固定不变的情况下，某一自变量 X_k 每改变一个单位，类别变量 j（相对于类别 J）的发生比的自然对数值的改变量。在实际工作中，采用优势比（Odds Ratio，OR）来解释，即 X_k 每增加一个单位，反应类别变量 j（相对于类别 J）优势将改变 $\exp(b_{jk})$ 倍。也就是说，当 $J=2$ 时，模型只有一个等式，即等价于一般二项分布 Logistic 回归模型：

$$P_{ij} = \frac{\exp(\alpha_j + b_{j1}X_{i1} + \cdots + b_{jk}X_{ik} + \cdots + b_{jP}X_{iP})}{\sum_{h=1}^{J}\exp(\alpha_h + b_{h1}X_{i1} + \cdots b_{hk} + \cdots + b_{hP}X_{iP})}, i=1,2,\cdots J-1 \quad (3-3)$$

对于每个类别 j，公式的分母均相同，并且等于每个类别 j 的预测概率分子之和。例如，若 $J=3$，引入模型恰只有一个自变量 X 时，则有 3 种优势比（其中 P_3 相当于基比）：

$$\hat{P}_1 = \frac{\exp(\alpha_1 + b_1 X)}{\exp(\alpha_1 + b_1 X) + \exp(\alpha_2 + b_2 X) + 1} \quad (3-4)$$

$$\hat{P}_2 = \frac{\exp(\alpha_2 + b_2 X)}{\exp(\alpha_1 + b_1 X) + \exp(\alpha_2 + b_2 X) + 1} \quad (3-5)$$

$$\hat{P}_3 = \frac{1}{\exp(\alpha_1 + b_1 X) + \exp(\alpha_2 + b_2 X) + 1} \quad (3-6)$$

如表 1-3-11 所示，老年人的年龄、居住方式、久坐行为、婚姻状况、抽烟行为、生活自理能力及睡眠质量等变量对其体育锻炼参与程度无影响作用。性别、地区、文化水平、经济状况、日常体力活动、慢病状况对其体育锻炼参与程度产生显著的影响作用。

表 1-3-11　老年人体育锻炼参与程度影响因素的 Logistic 回归分析统计表

引入变量	回归模型 1：中等参与程度/低参与程度			回归模型 2：高参与程度/低参与程度		
	优势比	显著水平	OR 区间	优势比	显著水平	OR 区间
性别（女性=基比）	2.135	0.017*	1.145~3.980	2.587	0.005**	1.330~5.034

3 农村老年人的人口学特征、生活方式、健康状况及体育锻炼参与情况等分析

续表

引入变量	回归模型1：中等参与程度/低参与程度			回归模型2：高参与程度/低参与程度		
	优势比	显著水平	OR区间	优势比	显著水平	OR区间
男性						
年龄（70岁及以上=基比）						
60岁及以下	1.257	0.547	0.596~2.651	0.720	0.439	0.313~1.654
60~70岁	1.257	0.547	0.596~2.651	0.939	0.872	0.438~2.014
地区（西部地区=基比）						
东部地区	0.664	0.631	0.125~3.524	**6.861**	**0.014***	**1.479~31.818**
中部地区	1.543	0.366	0.603~3.951	**2.761**	**0.038***	**1.056~7.218**
婚姻状况（无配偶=基比）						
有配偶	1.257	0.547	0.596~2.651	0.887	0.768	0.399~1.972
文化水平（小学及以下=基比）						
高中及以上	**0.408**	**0.043***	**0.171~0.973**	0.518	0.160	0.207~1.298
初中	**0.465**	**0.019***	**0.244~0.883**	**0.376**	**0.007****	**0.185~0.764**
居住方式（其他方式=基比）						
独居	0.769	0.680	0.222~2.669	0.449	0.237	0.119~1.696
与配偶/伴侣居住	0.638	0.433	0.207~1.963	0.663	0.499	0.202~2.180
与子女居住	0.576	0.325	0.192~1.729	0.521	0.271	0.163~1.663
经济状况（困难及以下=基比）						
富裕及以上	**5.142**	**0.002****	**1.870~14.137**	**3.128**	**0.036***	**1.079~9.071**
一般	**2.492**	**0.010****	**1.248~4.976**	1.908	0.087	0.910~3.999
日常体力活动（比较少=基比）						
比较多	0.585	0.226	0.246~1.394	0.630	0.329	0.249~1.593
一般	**0.462**	**0.044***	**0.218~0.978**	0.507	0.094	0.229~1.122
久坐行为（从不=基比）						
经常	0.670	0.359	0.284~1.577	1.071	0.855	0.422~2.722

续表

引入变量	回归模型1：中等参与程度/低参与程度			回归模型2：高参与程度/低参与程度		
	优势比	显著水平	OR 区间	优势比	显著水平	OR 区间
有时	0.626	0.285	0.265~1.477	1.133	0.792	0.448~2.863
偶尔	0.652	0.299	0.291~1.462	0.916	0.846	0.377~2.224
抽烟行为（否=基比）						
是	1.240	0.540	0.624~2.463	1.156	0.696	0.561~2.382
慢病状况（三种及以上慢病=基比）						
无慢病	**4.155**	**0.006****	**1.505~11.465**	2.366	0.110	0.824~6.796
一种慢病	1.807	0.191	0.745~4.379	1.138	0.783	0.453~2.863
二种慢病	2.556	0.088	0.870~7.507	1.410	0.550	0.457~4.352
生活自理能力（完全不能自理=基比）						
完全自理	3.899	0.277	0.335~45.403	1.518	0.734	0.137~16.818
部分自理	1.759	0.683	0.117~26.362	1.586	0.732	0.111~22.657
睡眠质量（比较差=基比）						
比较好	0.860	0.662	0.438~1.689	1.089	0.820	0.523~2.264
一般	1.195	0.646	0.559~2.558	1.117	0.794	0.486~2.557

注："*""**"分别表示0.05及0.01的显著水平。

根据优势比数值可知，性别因素影响体育锻炼参与程度，以"女性"为基比，"中等参与程度"的男性比例是女性的2.135倍，而"高参与程度"的男性比例则是女性的2.587倍；以"西部地区"为基比，东部地区老年人"高参与程度"的人数比例是西部地区的6.861倍，而中部地区老年人"高参与程度"的人数比例则是西部地区的2.761倍。这说明农村男性老年人的体育锻炼参与程度高于农村女性，东部地区和中部地区老年人的体育锻炼参与程度高于西部地区老年人。

文化水平越高，"高参与程度"及"中等参与程度"的人数比例越低。以"小学及以下"文化水平为基比，"高中及以上"文化水平者的"高参与程度"的人数比例仅为基比老年人的0.408倍（下降明显）；在"初中"文化水平者中，"中等参与程度"的人数比例仅为基比老年人的0.465倍（下降明显），而"高参与程度"中的"初中"文化水平者的人数比率仅为基比老年人的0.376倍（下降明显）。可见，尽管"小学及以下"文化水平的农村老年人对体育锻炼的认知度低，但其参与体育锻炼的程度却高于文化水平较高的人。这说明仅仅提升农村老年人对体育锻炼的认知度，不一定会促进老年人产生体育锻炼行为。

经济状况同样影响老年人的体育锻炼参与程度。以"困难及以下"家庭的老年人为基比，"富裕及以上"家庭的老年人的"高参与程度"人数比例是基比老年人的3.128倍，"中等参与程度"人数比例是基比老年人的5.142倍；经济"一般"家庭的老年人的"中等参与程度"人数比例是基比老年人的2.492倍。这说明老年人的经济状况越好，参与体育锻炼的程度越高。

此外，老年人的日常体力活动及慢病状况亦对其体育锻炼参与程度产生影响。以日常体力活动"比较少"为基比，日常体力活动"比较多"的老年人的"中等参与程度"的人数比例仅为基比老年人的0.462倍；而以患"三种及以上慢病"的老年人为基比，"无慢病"的老年人的"中等参与程度"的人数比例是基比老年人的4.155倍。这说明日常体力活动少的农村老年人参与体育锻炼的程度反而高，同时"无慢病"或少患慢性疾病的农村老年人参与体育锻炼的程度相对较高。

3.3.4 农村老年人参与体育锻炼的影响因素分析

关于农村老年人参与体育锻炼的影响因素，本书设计了《体育锻炼影响因素量表》，含10个条目，依李克特五级评分。为确保数据的可靠性，在正式分析前需要对原始数据进行精确检验。如表1-3-12所示，表中第2列数据表示每个条目与条目总和之间的相关系数（按统计学要求不能低于0.4），第3列数据表示删除该条目后的Cronbach α系数值（与原值0.794相比，若上升，则说明该条目可删除，否则不能删除）。因此，该量表中条目①可以删除，余下9个条目具有更好的内部一致性。

表1-3-12 农村老年人体育锻炼影响因素量表内部一致性检验表

条目内容 （整体Cronbach α系数=0.794）	每个条目与条目 总和之间的相关系数	删除该条目后的Cronbach α系数值的比较
维度一：组织与服务		
① 有专门的体育场地设施	0.184	0.887↗
② 有人进行指导	0.697	0.753↘
③ 有体育锻炼的组织	0.711	0.750↘
④ 有适合自己的运动项目或计划	0.716	0.750↘

续表

条目内容 （整体 Cronbach α 系数=0.794）	每个条目与其他条目总和之间的相关系数	删除该条目后的 Cronbach α 系数值的比较
⑤ 随时都能得到我想要的体育服务	0.647	0.760↘
维度二：安全与方便		
⑥ 参与体育锻炼的安全性	0.429	0.783↘
⑦ 参与体育锻炼的方便性	0.584	0.769↘
⑧ 参与体育锻炼的时间或资金成本	0.481	0.777↘
维度三：社会支持		
⑨ 家庭的支持	0.519	0.773↘
⑩ 朋友的支持	0.581	0.767↘

如图1-3-2所示，老年人体育锻炼影响因素量表经模型验证后，影响因素3个维度所含条目对因子均有显著的贡献，3个维度间，"组织与服务"与"安全与方便"（r=0.60，P<0.05）、"组织与服务"与"社会支持"（r=0.64，P<0.05）、"安全与方便"与"社会支持"（r=0.54，P<0.05）皆高度相关，说明该量表具有较好的构想效度；在认知度测量模型中，χ^2=11.98，P=0.082>0.05，意味着模型的因果路径图与实际数据基本吻合；GFI、AGFI、RFI、CFI、RMSEA等参数值依次为0.94、0.95、0.98、0.91、0.039，均达到了可接受的标准，表明模型与调研获得数据拟合良好，说明该量表具有较好的测量效度。基于此，可将"组织与服务""安全与方便""社会支持"3个维度的条目得分进行求和，获得的和值分数越高，意味着老年人体育锻炼的阻碍程度越大。

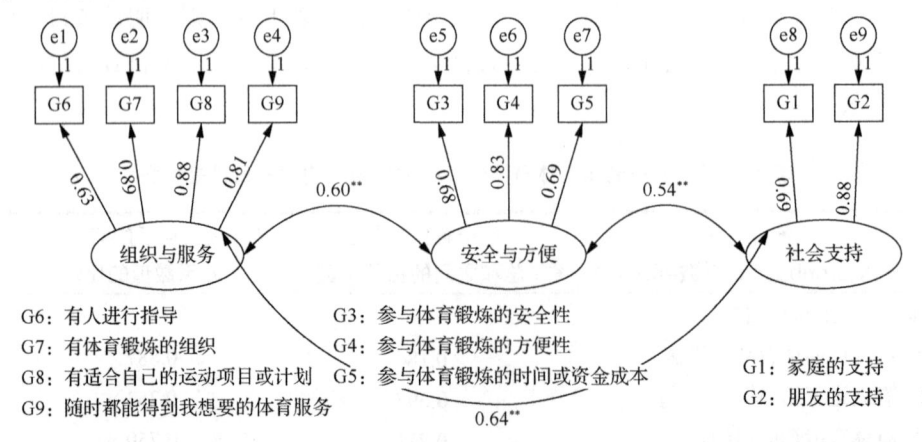

G6：有人进行指导
G7：有体育锻炼的组织
G8：有适合自己的运动项目或计划
G9：随时都能得到我想要的体育服务

G3：参与体育锻炼的安全性
G4：参与体育锻炼的方便性
G5：参与体育锻炼的时间或资金成本

G1：家庭的支持
G2：朋友的支持

模型验证：χ^2=11.98，DF=15，P=0.082；GFI=0.94，AGFI=0.95，RFI=0.98，CFI=0.91，RMSEA=0.039。
"**"表示0.01的显著水平。

图1-3-2　老年人体育锻炼影响因素测量模型验证

3 农村老年人的人口学特征、生活方式、健康状况及体育锻炼参与情况等分析

3.3.4.1 农村老年人的人口学特征对参与体育锻炼影响因素的影响分析

如表 1-3-13 所示，老年人体育锻炼参与的影响因素主要集中于组织与服务、安全与方便及社会支持 3 个维度，除性别及婚姻状况两个因素在 3 个维度的得分几乎具有一致性外，年龄、地区、文化水平及经济状况因素在 3 个维度的得分皆存在显著的不同。

表 1-3-13 老年人的人口学特征对参与体育锻炼影响因素的影响分析

指标	内容	组织与服务	检验 ($F/T;P$)	安全与方便	检验 ($F/T;P$)	社会支持	检验 ($F/T;P$)
性别	男	14.67±3.70	T=0.55	12.22±2.26	T=−0.048	7.05±3.20	T=0.21
	女	14.57±3.97	P=0.58	11.21±3.34	P=0.96	7.22±1.91	P=0.34
年龄	a 60 岁及以下	14.77±3.53		12.21±2.33		7.28±3.77	
	b 60~70 岁	14.72±3.95	F=1.80	12.26±2.17	F=0.16	6.92±2.05	F=3.08
	c 70 岁及以上	14.36±3.96	P=0.17	12.18±2.41	P=0.85	6.92±1.92	P=0.046*
	LSD 多重比较	a=b=c		a=b=c		a=b>c	
地区	a 东部地区	16.58±3.48		13.50±1.45		8.38±1.74	
	b 中部地区	15.09±3.58	F=17.13	12.30±2.59	F=18.13	6.55±2.16	F=16.14
	c 西部地区	14.42±3.84	P=0.000***	12.11±2.28	P=0.000***	6.99±2.78	P=0.000***
	LSD 多重比较	a>b>c		a>b=c		a>b=c	
婚姻状况	有配偶	14.66±3.79	T=0.71	12.25±2.22	T=0.76	7.10±2.89	T=0.73
	无配偶	14.51±3.93	P=0.48	12.15±2.48	P=0.45	6.84±1.99	P=0.084
文化水平	a 高中及以上	14.94±3.42		11.87±2.63		6.71±2.25	
	b 初中	15.15±3.89	F=3.42	12.25±2.29	F=1.68	7.44±4.69	F=3.73
	c 小学及以下	14.44±3.85	P=0.017*	12.26±2.24	P=0.17	6.98±1.93	P=0.011*
	LSD 多重比较	a=b>c		a=b=c		b>a=c	
经济状况	a 富裕及以上	14.84±3.81		12.13±2.45		6.61±2.13	
	b 一般	14.77±3.77	F=5.21	12.25±2.20	F=0.33	7.20±3.01	F=5.90
	c 困难及以下	14.05±3.94	P=0.006**	12.18±2.43	P=0.72	6.87±1.93	P=0.003**
	LSD 多重比较	a=b>c		a=b=c		b>a=c	

注："*""**""***"分别表示 0.05、0.01 及 0.001 的显著水平；"a=b=c"表示 3 组之间无显著差异，"a>b"表示 a 组显著高于 b 组。

深入分析发现,"60 岁及以下"老年人在"社会支持"维度的得分显著高于"60~70 岁"及"70 岁及以上"老年群体($F=3.08$,$P=0.046$;得分分别为 7.28±3.77、6.92±2.05、6.92±1.92)。这说明"60 岁及以下"老年人参与体育锻炼更需要家庭或朋友的支持。东部地区老年人在"组织与服务""安全与方便""社会支持"3 个维度的得分皆显著高于中部地区及西部地区(F 分别为 17.13、18.13、16.14,对应 $P=0.000$);除了在"组织与服务"维度上中部地区的得分高于西部地区,在其余两个维度上中部地区与西部地区的得分几乎无差异。这说明影响东部地区老年人参与体育锻炼的因素较为综合,相应地对其体育锻炼行为干预也需要全面提升公共体育服务的水平。

老年人在"安全与方便"维度的得分不受文化水平的影响($F=1.68$,$P=0.17$),但在"组织与服务""社会支持"两个维度的得分明显受文化水平的影响($F=3.42$,$P=0.017$;$F=3.73$,$P=0.011$);但经 LSD 多重比较分析发现,"初中"文化水平者在"组织与服务""社会支持"两个维度的得分最高,"高中及以上"与"小学及以下"文化水平者反而无差异。这说明对"初中"文化水平体育锻炼参与者的干预要加强"组织与服务""社会支持"方面的公共体育服务供给。

老年人的经济状况影响其"组织与服务""社会支持"两个维度的得分($F=5.21$,$P=0.006$;$F=5.90$,$P=0.003$),但对"安全与方便"几乎无影响($F=0.33$,$P=0.72$)。其中,"富裕及以上"家庭中的老年人在"组织与服务"维度的得分显著占优势,但在"社会支持"维度的得分似乎并不占优势。这说明对"富裕及以上"家庭中的老年人参与体育锻炼的行为干预应加强"组织与服务"方面的公共体育服务供给。

3.3.4.2 农村老年人的生活方式、健康状况对参与体育锻炼影响因素的影响分析

如表 1-3-14 所示,除老年人的睡眠质量与其体育锻炼的影响因素无关外,抽烟行为、居住方式、久坐行为、慢病状况及生活自理能力皆对其体育锻炼影响因素产生显著的影响作用。

3 农村老年人的人口学特征、生活方式、健康状况及体育锻炼参与情况等分析

表 1-3-14 老年人的生活方式、健康状况对参与体育锻炼影响因素的影响分析

指标	内容	组织与服务	检验(F/T;P)	安全与方便	检验(F/T;P)	社会支持	检验(F/T;P)
抽烟行为	是	14.46±3.51	T=-1.30	12.13±2.22	T=-1.41	6.84±1.95	T=-2.10
	否	14.71±3.97	P=0.19	12.27±2.33	P=0.25	7.14±2.99	P=0.036*
居住方式	a 独居	14.57±3.90		12.11±2.66		6.82±1.97	
	b 与配偶/伴侣居住	14.71±3.82		12.23±2.23		7.12±3.32	
	c 与子女居住	14.75±3.83	F=3.97	12.41±2.17	F=7.65	7.06±1.93	F=1.25
	d 其他方式	13.40±3.50	P=0.008**	11.27±2.52	P=0.000**	6.68±1.96	P=0.29
	LSD 多重比较	a=b>c=d		a=b>c=d		a=b=c=d	
睡眠质量	a 比较好	14.67±3.88		12.23±2.28		7.11±3.27	
	b 一般	14.64±3.52	F=0.268	12.25±2.21	F=0.222	6.98±1.88	F=0.683
	c 比较差	14.45±4.17	P=0.765	12.15±2.47	P=0.801	6.92±1.96	P=0.505
	LSD 多重比较	a=b=c		a=b=c		a=b=c	
久坐行为	a 经常	14.73±3.97		12.36±2.42		7.31±4.31	
	b 有时	15.74±3.55		12.47±2.14		7.22±2.07	
	c 偶尔	13.91±3.73	F=22.78	12.23±2.15	F=9.58	6.88±1.89	F=4.44
	d 从不	14.03±3.29	P=0.000**	11.57±2.52	P=0.000**	6.67±1.77	P=0.004**
	LSD 多重比较	b>a>c=d		a=b>c>d		a=b>c=d	
慢病状况	a 无慢病	14.45±3.89		11.88±2.33		6.94±1.98	
	b 一种慢病	14.70±3.83	F=0.56	12.24±2.26	F=7.26	7.17±3.37	F=1.23
	c 二种慢病	14.64±3.73	P=0.64	12.44±2.21	P=0.000***	6.86±2.00	P=0.30
慢病状况	d 三种及以上慢病	14.80±3.80		12.73±2.34		7.04±2.69	
	LSD 多重比较	a=b=c=d		a=b<c=d		a=b=c=d	
生活自理能力	完全自理	14.61±3.82		12.27±2.25		7.05±2.74	
	部分自理	14.69±3.99	F=0.11	11.85±2.45	F=3.79	6.99±2.16	F=0.86
	完全不能自理	14.87±3.66	P=0.89	11.56±3.22	P=0.023*	6.48±2.14	P=0.42
	LSD 多重比较	a=b=c		a>b=c		a=b=c	

注:"*""**""***"分别表示 0.05、0.01 及 0.001 的显著水平;"a=b=c"表示 3 组之间无显著差异,"a>b"表示 a 组显著高于 b 组。

老年人的抽烟行为不影响"组织与服务""安全与方便"两个维度的得分,但对"社会支持"有显著的影响作用($T=-2.10$,$P=0.036$),表现出不抽烟者在"社会支持"维度的得分显著高于抽烟者。这说明对不抽烟的老年人参与体育锻炼干预更需要加强家庭和朋友方面的支持。

老年人的居住方式在"组织与服务""安全与方便"两个维度的得分存在显著差异($F=3.97$,$P=0.008$;$F=7.65$,$P=0.000$),但对"社会支持"无显著的影响作用。经 LSD 多重比较发现,"与配偶/伴侣居住"或"与子女居住"的老年人在"组织与服务""安全与方便"维度的得分皆明显高于"独居"或以"其他方式"居住的老年人。这说明对其进行体育锻炼行为干预应加强"组织与服务""安全与方便"方面的公共体育服务供给。

老年人的久坐行为显著影响"组织与服务""安全与方便""社会支持"3 个维度的得分($F=22.78$,$P=0.000$;$F=9.58$,$P=0.000$;$F=4.44$,$P=0.004$);经过 LSD 多重比较发现,"经常"久坐者及"有时"久坐者在"组织与服务""安全与方便""社会支持"3 个维度的得分显著高于"偶尔"久坐者及"从不"久坐者。这说明久坐行为较多的农村老年人参与体育锻炼受到的阻碍程度较高,对其进行体育锻炼行为干预的手段需要更综合,其相应的公共体育服务需求水平也更高。

老年人的慢病状况及生活自理能力仅影响"安全与方便"维度的得分($F=7.26$,$P=0.000$;$F=3.79$,$P=0.023$),而对"组织与服务""社会支持"无影响作用;经过 LSD 多重比较发现,"无慢病"及患"一种慢病"者在"安全与方便"维度的得分显著低于患"二种慢病"及"三种及以上慢病"者,而"完全自理"者在"安全与方便"维度的得分显著高于"部分自理"者及"完全不能自理"者。这说明对慢病患者和"完全自理"者的体育锻炼行为干预更应注重参与体育锻炼的安全性、方便性,以及参与体育锻炼的时间成本或资金成本。

3.4 小 结

从调查结果看,我国农村老年人的生活方式存在很大的健康隐患,具有体力活动不足、久坐行为过多、水果摄入缺乏、睡眠质量不高等问题。慢病是农村老年人健康的最大威胁,农村老年人的健康促进仍然停留在看病吃药,单纯依靠医疗卫生的传统干预阶段。

3 农村老年人的人口学特征、生活方式、健康状况及体育锻炼参与情况等分析

在农村老年人的日常体力活动参与情况及睡眠质量方面,性别、年龄、地区、婚姻状况、经济状况、居住方式、久坐行为、慢病状况、生活自理能力为显著性影响因素,而文化水平、抽烟行为、蔬菜摄取情况皆只对农村老年人的睡眠质量有显著的影响作用,具体表现为:在日常体力活动方面,女性的日常体力活动量高于男性;年龄越大,日常体力活动越少;经济越困难,日常体力活动越多;有配偶的老年人的日常体力活动相对较多;西部地区的老年人相比东部地区、中部地区的老年人参与日常体力活动较多;独居的农村老年人参与日常体力活动比较多;久坐行为越少,参与日常体力活动越多;疾病种类越少,日常体力活动量越高;生活自理能力越强,日常体力活动越多。在睡眠质量方面,男性的睡眠质量高于女性;年龄越大,睡眠质量越差;文化水平越高,睡眠质量越高;东部地区、西部地区、中部地区老年人的睡眠质量依次下降;相比其他方式,与配偶居住的老年人的睡眠质量最高;久坐行为越少,睡眠质量越高;每天摄入蔬菜的老年人睡眠质量最高;有抽烟习惯的老年人的睡眠质量较高;疾病种类越少、生活自理能力越强,睡眠质量越高。水果摄取情况为不显著影响因素,不影响农村老年人的日常体力活动参与及睡眠质量。

在农村老年人对体育锻炼的认知方面,年龄、婚姻状况、文化水平、经济状况、久坐行为、水果摄取情况及蔬菜摄取情况、生活自理能力为显著性影响因素,而不同地区、抽烟行为、慢病状况只对"心理健康与成就交往"维度有显著的影响作用,居住方式只对"增强体质与疾病防控"维度有显著的影响作用。具体表现为:在整体认知上,70岁及以上的老年人对体育锻炼认知度低于70岁以下的老年人;有配偶的老年人的体育锻炼认知度高于无配偶的老年人;久坐行为越少,体育锻炼认知度越高;有蔬菜、水果摄入习惯及生活自理能力强的老年人,其体育锻炼认知度相对较高。在"增强体质与疾病防控"维度上,文化水平越高,对此认知度越高;经济"一般"与"富裕及以上"的老年人对此的认知度高于经济困难的老年群体;独居的老年人对此认知度较低;不同地区、抽烟行为、慢病状况不影响老年人对该方面的认知度。在"心理健康与成就交往"维度上,初中以上文化水平的老年人对此的认知度显著高于小学及以下文化水平的老年人;西部地区的老年人对此的认知度显著低于其他地区的老年人;性别为不显著因素,对农村老年人体育锻炼的认知度无影响;无慢病或患慢病种类越少的老年人,在此方面的认知度越高;居住方式不影响老年人对"心理健康与成就交往"维度的认知。

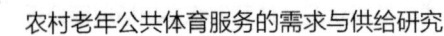

在农村老年人对体育锻炼的项目选择方面，性别、年龄、不同地区、文化水平、经济状况、抽烟行为、久坐行为、慢病状况及生活自理能力对其体育锻炼项目的选择皆存在显著性影响。具体表现为："走路、登山或跑步"是农村老年人选择较多的体育锻炼项目，除此之外，女性选择锻炼项目较为集中，主要是从事"健身操、拉丁舞、交谊舞"锻炼，而男性的选择范围则更为广泛，其他项目的选择概率都比较接近，没有项目能够占据明显优势；年龄越大，选择体育锻炼的项目内容越集中；文化水平越高或经济状况越好，项目选择比例越高，内容越广泛；中部地区的老年人与其他地区的老年人相比，其项目选择更为灵活；不抽烟的老年人的体育锻炼项目选择范围更为广泛；无慢病或患慢病种类较少者，其锻炼项目选择比例更高、涉及内容更广；完全自理者的项目比例及内容选择大大高于完全不能自理者。婚姻状况和居住方式并不影响老年人对体育锻炼项目的选择。

在农村老年人体育锻炼参与程度的影响因素方面，性别、不同地区、文化水平、经济状况、日常体力活动、慢病状况为显著性影响因素，年龄、居住方式、久坐行为、婚姻状况、抽烟行为、生活自理能力及睡眠质量为不显著影响因素。具体表现为：男性的体育锻炼参与程度高于女性；文化水平越高，体育锻炼参与程度越低；经济状况越好，体育锻炼参与程度越高；日常体力活动少的老年人参与体育锻炼程度高；无慢病或少患慢病的老年人体育锻炼参与程度相对较高。

在农村老年人参与体育锻炼的影响因素方面，年龄、不同地区、文化水平、经济状况、抽烟行为、居住方式、久坐行为、慢病状况及生活自理能力为显著性影响因素，性别、婚姻状况、睡眠质量等为不显著影响因素。

4

农村老年公共体育服务的需求分析

4.1 农村老年公共体育服务需求的基本现状分析

4.1.1 农村老年人的人口学特征对公共体育服务需求的影响分析

如表 1-4-1 所示，从整体情况看，调查对象从主观上"需要国家、社区或外部组织提供体育设施、指导、信息咨询、体质监测等公共体育服务"的比例为 69.3%，说明目前我国农村老年人对公共体育服务需求总体处于中等偏上水平。有 30.6% 的老年人选择"不需要"公共体育服务，说明农村老年人的主观体育需求不足，需要通过公共体育服务的有效供给激发这些群体的需求。

表 1-4-1 农村老年人的人口学特征对公共体育服务需求的影响关系统计表

指标	内容	需要 样本量	需要 百分比（%）	不需要 样本量	不需要 百分比（%）	指标	内容	需要 样本量	需要 百分比（%）	不需要 样本量	不需要 百分比（%）
性别	男	638	55.2	517	44.8	文化水平	高中及以上	138	79.8	35	20.2
	女	266	52.2	244	47.8		初中	225	74.0	79	26.0
	检验	\multicolumn{4}{l	}{χ^2=3.04, P=0.22}		小学及以下	792	66.6	398	33.4
年龄	60岁及以下	387	73.6	139	26.4		检验	\multicolumn{4}{l	}{χ^2=16.30, P=0.000**}
	60~70岁	452	70.3	191	29.7	经济状况	富裕及以上	210	80.2	52	19.8
	70岁及以上	316	63.5	182	36.5		一般	723	69.1	324	30.9
	检验	\multicolumn{4}{l	}{χ^2=12.81, P=0.002**}		困难及以下	222	62.0	136	38.0
地区	东部地区	85	81.7	19	18.3		检验	\multicolumn{4}{l	}{χ^2=23.47, P=0.000**}
	中部地区	153	87.9	21	12.1						
	西部地区	917	66.0	472	34.0						

续表

指标	内容	需要 样本量	需要 百分比(%)	不需要 样本量	不需要 百分比(%)	指标	内容	需要 样本量	需要 百分比(%)	不需要 样本量	不需要 百分比(%)
	检验		χ^2=42.96,	P=0.000**							
婚姻状况	有配偶	873	70.7	362	29.3						
	无配偶	266	65.3	150	34.7						
	检验		χ^2=4.40,	P=0.036*							
	整体分布	638	69.3	266	30.6						

注:"*""**"分别表示0.05及0.01的显著水平。

从老年人的人口学特征对公共体育服务需求的影响看，除性别（χ^2=3.04，P=0.22）对公共体育服务需求无显著的影响作用外，年龄（χ^2=12.81，P=0.002）、地区（χ^2=42.96，P=0.000）、婚姻状况（χ^2=4.40，P=0.036）、文化水平（χ^2=16.30，P=0.000）及经济状况（χ^2=23.47，P=0.000）皆对公共体育服务需求产生显著的影响作用。

进一步深入分析可知，随着年龄的增长，老年人对公共体育服务需求的比例呈明显下降趋势，如"60岁及以下"老年人选择"需要"的比例（73.6%）显著高于"70岁及以上"老年人（63.5%）。此外，"东部地区"的老年人（81.7%）及"中部地区"的老年人（87.9%）选择公共体育服务"需要"的比例显著高于西部地区的老年人（66.0%），这与西部地区农村老年人体育锻炼参与程度低有一定关系；"有配偶"的老年人（70.7%）选择公共体育服务"需要"的比例显著高于无配偶的老年人（65.3%），可能与有配偶的老年人对体育锻炼的认知度高有关；"高中及以上"文化水平者（79.8%）及"初中"文化水平者（74.0%）选择公共体育服务"需要"的比例显著高于"小学及以下"文化水平者（66.6%），可能是因为文化水平越高，体育认知度越高，项目选择比例越高、内容越丰富，从而形成较高的体育需求；经济富裕的老年人选择"需要"的比例比较高，表现为"富裕及以上"家庭的老年人选择"需要"的比例（80.2%）显著高于"困难及以下"家庭的老年人选择"需要"的比例（62.0%）。

4.1.2 农村老年人的生活方式、健康状况对公共体育服务需求的影响分析

运动是生活方式的重要内容，为了深入、全面地揭示老年人的生活方式、健康状况对公共体育服务需求的影响，首先对体育锻炼行为进行量化。本书运用跨理论模型分析农村老年人的体育锻炼行为特征，调查问卷设计的题目为"你的体育锻炼情况处于下列哪个阶段"，将体育锻炼行为分为以下 6 个阶段。①前意向阶段：在未来 6 个月内没有进行体育锻炼的意向。②意向阶段：准备在未来 6 个月内进行有规律的体育锻炼。③准备阶段：准备在未来 30 天内进行体育锻炼，并且已经采取了一些行为准备。④行动阶段 1：在过去的 1 年已经参加体育锻炼，但没有规律（没达到每周至少 1~2 次）。⑤行动阶段 2：已经进行有规律的体育锻炼但少于 6 个月。⑥保持阶段：已经进行有规律的体育锻炼并超过 6 个月。本书将选中①、②、③、④的调查对象归结为"意向参与"，而将选中⑤、⑥的调查对象归结为"行动参与"。

如表 1-4-2 所示，老年人的抽烟行为（χ^2=0.20，P=0.65）、居住方式（χ^2=3.38，P=0.38）、生活自理能力（χ^2=1.75，P=0.42）、慢病状况（χ^2=7.71，P=0.052）及健康状况（χ^2=0.70，P=0.40）等皆对公共体育服务需求无显著的影响作用，但老年人的久坐行为（χ^2=12.29，P=0.006）及体育锻炼行为（χ^2=73.45，P=0.000）对其公共体育服务需求产生显著的影响作用。

表 1-4-2　老年人的生活方式、健康状况对公共体育服务需求的影响关系统计表

指标	内容	需要 样本量	需要 百分比（%）	不需要 样本量	不需要 百分比（%）	指标	内容	需要 样本量	需要 百分比（%）	不需要 样本量	不需要 百分比（%）
抽烟行为	是	384	68.6	176	31.4	慢病状况	无慢病	331	67.3	161	32.7
	否	771	69.6	336	30.4		一种慢病	523	72.5	198	27.5
	检验	χ^2=0.20，P=0.65					二种慢病	195	68.2	91	31.8
居住方式	独居	120	63.5	69	36.5		三种及以上慢病	106	63.1	62	36.9

续表

指标	内容	需要 样本量	需要 百分比(%)	不需要 样本量	不需要 百分比(%)	指标	内容	需要 样本量	需要 百分比(%)	不需要 样本量	不需要 百分比(%)
居住方式	与配偶/伴侣居住	557	70.1	238	29.9		检验		χ^2=7.71,	P=0.052	
	与子女居住	405	70.1	173	29.9	健康	是	404	68.0	190	32.0
	其他方式	73	69.5	32	30.5	状况	否	751	70.0	322	30.0
	检验		χ^2=3.38,	P=0.38			检验		χ^2=0.70,	P=0.40	
久坐行为	经常	268	69.1	120	30.9	体育锻炼行为	意向参与	635	79.3	166	20.7
	有时	345	75.3	113	24.7		行动参与	516	59.9	346	40.1
	偶尔	361	65.4	191	34.6		检验		χ^2=73.45,	P=0.000**	
	从不	181	67.3	88	32.7						
	检验		χ^2=12.29,	P=0.006**							
生活自理能力	完全自理	1025	68.9	463	31.1						
	部分自理	103	74.1	36	25.9						
	完全不能自理	26	66.7	13	33.3						
	检验		χ^2=1.75,	P=0.42							

注:"*""**"分别表示0.05及0.01的显著水平。

进一步分析发现,在久坐行为中,"经常"久坐或"有时"久坐的老年人对公共体育服务的"需要"程度(分别为69.1%、75.3%)显著高于"偶尔"久坐者(65.4%)或"从不"久坐者(67.3%)。因此,在农村老年公共体育服务供给过程中,要充分考虑到老年人久坐群体的体育需求。在老年人的体育锻炼行为中,"意向参与"者对公共体育服务"需要"的程度(79.3%)显著高于"行动参与"者(59.9%)。一方面可能是因为老年人群体中存在意识主动和行为滞后的相互矛盾,另一方面可能是组织与服务欠缺、安全与方便缺乏、社会支持不足等因素阻碍了老年人进行体育锻炼,使老年人有参与的意向却难以落实到行动,因此需要针对这些障碍因素加强农村老年公共体育服务的有效供给。

4.2 农村老年公共体育服务的具体需求内容及需求程度分析

为了解农村老年公共体育服务的具体需求内容及需求程度，调查问卷将农村老年公共体育服务的需求内容设计为 9 项（如表 1-4-3 所示，D1～D9 分别简称为"场地设施""服务组织""服务指导""活动内容""健身知识""监测服务""骨干培养""宣传动员""制度建设"）。将每项内容按需求程度划分为 5 种，并赋予相应分值，即"非常需要"=5 分、"比较需要"=4 分、"一般需要"=3 分、"不需要"=2 分、"完全不需要"=1 分。

表 1-4-3 农村老年公共体育服务需求内容之间的相关关系统计表

	D1	D2	D3	D4	D5	D6	D7	D8	D9
D1：修建适合老年人的体育场地设施	1.00								
D2：建立老年人体育锻炼的组织	0.593**	1.00							
D3：对老年人参与体育锻炼进行指导	0.523**	0.685**	1.00						
D4：组织适合老年人的体育锻炼活动	0.470**	0.602**	0.644**	1.00					
D5：为老年人提供健康和健身知识	0.473**	0.500**	0.539**	0.615**	1.00				
D6：为老年人提供体质监测服务	0.409**	0.427**	0.496**	0.525**	0.617**	1.00			
D7：培养老年体育的骨干	0.354**	0.545**	0.520**	0.489**	0.459**	0.420**	1.00		
D8：对老年人参与体育锻炼进行宣传和动员	0.402**	0.536**	0.541**	0.454**	0.494**	0.385**	0.658**	1.00	
D9：加强老年体育的制度建设	0.375**	0.512**	0.483**	0.461**	0.463**	0.380**	0.619**	0.693**	1.00
均值	4.37	4.11	4.13	4.21	4.26	4.33	3.90	4.03	4.09
标准差	0.86	0.93	0.93	0.86	0.85	0.89	1.03	0.97	0.97

注："*""**"分别表示 0.05 及 0.01 的显著水平。

4.2.1 农村老年公共体育服务需求内容之间的相关性分析

如表 4-3 所示,农村老年公共体育服务需求的 9 项内容彼此之间存在密切关系,其相关程度大致分为以下 3 个层次。

(1) 服务内容间的高度相关关系(相关系数为 0.6 以上),主要体现在"服务组织"与"服务指导"(0.685)、"服务组织"与"活动内容"(0.602)及"服务指导"与"活动内容"(0.644),"活动内容"与"健身知识"(0.615)及"健身知识"与"监测服务"(0.617),"骨干培养"与"宣传动员"(0.658)、"骨干培养"与"制度建设"(0.619)及"宣传动员"与"制度建设"(0.693)。这说明服务组织与服务指导密切相关,并且两者对活动内容、健身知识、监测服务具有重要影响;骨干培养与宣传动员密切相关,并且两者都与制度建设紧密相关。

(2) 服务内容间的中度相关关系(0.45≤相关系数<0.60),主要体现在"场地设施"与"服务组织"(0.593)、"服务指导"(0.523)、"活动内容"(0.470)、"健身知识"(0.473)之间,"服务组织"与"健身知识"(0.500)、"骨干培养"(0.545)、"宣传动员"(0.536)、"制度建设"(0.512)之间,"服务指导"与"健身知识"(0.539)、"监测服务"(0.496)、"骨干培养"(0.520)、"宣传动员"(0.544)及"制度建设"(0.483)之间,"活动内容"与"监测服务"(0.525)、"骨干培养"(0.489)、"宣传动员"(0.454)、"制度建设"(0.461)之间,"健身知识"与"骨干培养"(0.459)、"宣传动员"(0.494)及"制度建设"(0.463)之间。

(3) 服务内容间的中度偏下相关关系(0.30≤相关系数<0.45),主要体现在"场地设施"与"监测服务"(0.409)、"骨干培养"(0.354)、"宣传动员"(0.402)及"制度建设"(0.375)之间,"服务组织"与"监测服务"之间(0.427),"监测服务"与"骨干培养"(0.420)、"宣传动员"(0.385)及"制度建设"(0.380)之间。

4.2.2 农村老年公共体育服务需求内容的重要性排序分析

如图 1-4-1 所示,农村老年公共体育服务需求内容测量模型验证显示,测量量表具有较好的构想效度,$\chi^2=0.83$,$P=0.66>0.05$,意味着模型的因果路径图与实际数据基本吻合;GFI、AGFI、RFI、CFI、RMSEA 等参数值依次为 1.00、0.99、0.99、1.00、0.000,均达到了可接受的标准,表明模型与调研获得数据拟合良好,说明该量表具有较好的测量效度。从测量模型标准化系数 β 值看，D1~D9 对应值依次为 0.65、0.82、0.80、0.73、0.74、0.62、0.67、0.66、0.74，说明 D1~D9 对整体需要的解释变异量（β^2）分别为 42.25%、67.24%、64.00%、53.29%、54.76%、38.44%、44.89%、43.56%及 54.76%，说明农村老年人的九大需求内容按重要程度从高到低排序依次是建立老年人体育锻炼的组织、对老年人参与体育锻炼进行指导、加强老年体育的制度建设、为老年人提供健康和健身知识、组织适合老年人的体育锻炼活动、培养老年体育的骨干、对老年人参与体育锻炼进行宣传和动员、修建适合老年人的体育场地设施、为老年人提供体质监测服务。

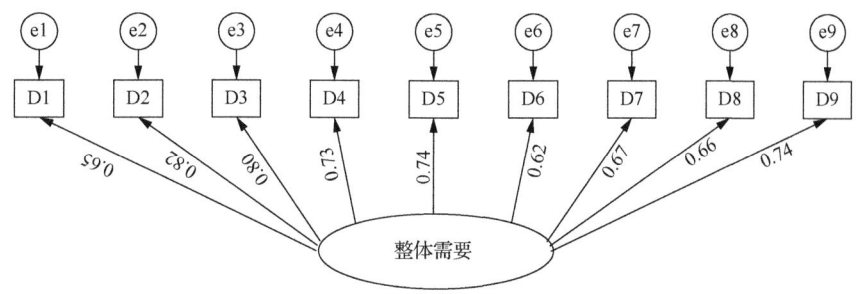

模型验证：χ^2=0.83, DF=2, P=0.66；GFI=1.00, AGFI=0.99, RFI=0.99, CFI=1.00, RMSEA=0.000。

图 1-4-1 农村老年公共体育服务需求内容测量模型验证

4.3 影响农村老年公共体育服务需求具体内容的因素分析

农村老年公共体育服务需求的影响因素主要包括老年人的人口学特征、个体行为习惯、体育锻炼认知度及个体健康状况等，为了深入揭示影响农村老年公共体育服务具体需求的关键因素，本书再次引入二项分布 Logistic 回归。基本原理是，令因变量 Y 服从二项分布，其二项分布的取值为 0、1，Y=1 的总体概率为 π，则 n 个自变量分别为 X_1、X_2、$\cdots X_n$，其对应的回归模型为

$$\pi = p(Y=1/X_1=x_1,\cdots X_n=x_n) = \frac{e^{\beta_0 + \beta_1 x_1 + \beta_2 x_2 + \cdots \beta_n x_n}}{1+e^{\beta_0 + \beta_1 x_1 + \beta_2 x_2 + \cdots \beta_n x_n}} \quad (4-1)$$

$$\text{Logit}[\pi(Y=1)] = \ln\left[\frac{\pi(Y=1)}{1-\pi(Y=1)}\right] = \ln(\hat{o}) = \beta_0 + \beta_1 x_1 + \beta_2 x_2 + \cdots + \beta_n x_n \quad (4-2)$$

在一般回归模型中，如果只有一个自变量，那么自变量与应变量之间呈直线关系；而在二项分布 Logistic 回归中，如果只有一个自变量，那么自变量与应变量 Y 的概率 $\pi(Y=1)$ 之间呈 S 型曲线关系。同样地，在二项分布 Logistic 回归中，通过最大似然估计方法求解回归参数优势比，反映两个二项分布变量之间关系的指标。

式（4-2）的左边不是因变量 Y，而是 $Y=1$ 的概率的 Logit 变换值。这里 β_n 表示在其他自变量固定不变的情况下，某一自变量 X_n 改变一个单位，对数优势的平均改变量。在实际运用过程中，重在解释优势比。度量某自变量对应变量优势影响程度大小时，某一自变量 X_n 对应的优势比计算法为

$$OR = \hat{o} = \exp(\beta_0 + \beta_1 x_1 + \beta_2 x_2 + \cdots + \beta_n x_n) \tag{4-3}$$

$$O\hat{R}_1 = \frac{\hat{o}_2}{\hat{o}_1} = \frac{\exp(\beta_0 + \beta_1(a+1) + \beta_2 x_2 + \cdots + \beta_n x_n)}{\exp(\beta_0 + \beta_1 a + \beta_2 x_2 + \cdots + \beta_n x_n)} \tag{4-4}$$

优势比的含义是，在其他自变量固定不变的情况下，某一自变量 X_j 改变一个单位，因变量对应的优势比平均改变 $\exp(\beta_n)$ 个单位。以 X_1 为例，当 X_1 增加一个单位时，自变量中 X_1 的取值从实数 a 增至 $a+1$，因变量中对应优势比平均改变 $\exp(\beta_{a+1})/(\beta_a)$ 个单位。

为了套用二项分布 Logistic 回归模型，本书再次将农村老年公共体育服务需求程度进行并类，基于 9 项需求的程度划分皆一致（5 种），将"非常需要""比较需要""一般需要"归为一类，统一命名为"需要"（用 1 表示），而将"不需要""完全不需要"归为一类，统一命名为"不需要"（用 0 表示），这样需求程度五分类变量就变成了二项分布应变量 $Y(0, 1)$。如此处理后，9 项需求就变成 9 个服从 $Y(0, 1)$ 的二项分布 Logistic 回归模型。

4.3.1 农村老年人的人口学特征变量对公共体育服务需求具体内容的影响分析

如表 1-4-4 所示，在农村老年人的人口学特征变量中，性别及日常体力活动对公共体育服务需求的 9 项内容无影响，而年龄、不同地区、婚姻状况、文化水平、经济状况等对公共体育服务需求皆有不同程度的影响作用。

4 农村老年公共体育服务的需求分析

表1-4-4 农村老年人的人口学特征对公共体育服务需求具体内容的影响分析统计表

引入变量	模型1 场地设施 优势比	模型2 服务组织 优势比	模型3 服务指导 优势比	模型4 活动内容 优势比	模型5 健身知识 优势比	模型6 监测服务 优势比	模型7 骨干培养 优势比	模型8 宣传动员 优势比	模型9 制度建设 优势比	模型10 总体需求 优势比
性别（女性=基比）	1.078	0.966	1.083	1.041	1.035	0.975	1.006	1.097	1.142	1.017
年龄（70岁及以上=基比）										
60岁及以下	1.500	0.990	1.099	0.909	1.134	1.036	0.998	1.275	1.127	1.335
60~70岁	1.643*	1.075	1.123	1.056	0.980	1.233	1.416*	1.220	1.270	1.178
不同地区（西部地区=基比）										
东部地区	0.711**	2.087*	2.087*	4.885**	1.041	9.416**	2.295**	1.910*	2.865**	2.907**
中部地区	0.945	1.183	1.185	1.123	0.884	0.777	0.778	0.722	1.748*	1.002
婚姻状况（无配偶=基比）										
有配偶	0.878	1.791**	1.076	1.121	0.604	0.961	0.630*	1.003	1.072	0.146
文化水平（小学及以下=基比）										
高中及以上	0.855	0.991	0.711	0.870	1.223	1.431	1.336	1.691*	1.279	1.042
初中	1.417	1.531	1.395	1.601*	1.802*	1.724*	1.400	1.689**	1.516*	1.487
居住方式（其他形式=基比）										
独居	2.650**	1.971*	2.046*	2.085*	1.933	0.855	2.051**	2.359**	2.524**	2.609**
与配偶/伴侣居住	2.882**	1.348	1.880*	2.173*	2.386**	1.175	1.924*	1.880*	2.030**	2.099**
与子女居住	2.943**	2.303**	2.814**	2.154*	2.356**	1.344	1.651	2.545**	2.424**	3.421**
经济状况（困难及以下=基比）										
富裕及以上	1.151	1.752*	1.356	1.258	1.416	1.889	1.699	1.844*	1.384	1.468
一般	1.183	1.201	1.071	1.144	1.719**	0.984	1.609*	0.899	0.707	1.329
日常体力活动（比较少=基比）										
比较多	0.563	0.768	0.785	0.908	0.916	0.671	0.953	0.707	0.777	0.655
一般	0.919	0.956	1.321	1.178	1.224	0.865	1.143	0.936	1.049	0.937

注：在Logistic二项分布回归中，"*""**"分别表示0.05及0.01的显著水平。

85

老年公共体育服务需求的第 1 个重要影响因素是"居住方式",除了"监测服务"不受老年人的居住方式的影响外,其余 8 项需求服务皆受到其"居住方式"的影响。从优势比不难发现,以"其他方式"为基比时,"独居"老年人对"场地设施""服务组织""服务指导""活动内容""骨干培养""宣传动员""制度建设" 7 项服务选择"需要"的人数比例分别是基比老年人的 2.650 倍、1.971 倍、2.046 倍、2.085 倍、2.051 倍、2.309 倍、2.524 倍;"与配偶/伴侣居住"的老年人对"场地设施""服务指导""活动内容""健身知识""骨干培养""宣传动员""制度建设" 7 项服务选择"需要"的人数比例分别是基比老年人的 2.882 倍、1.880 倍、2.173 倍、2.386 倍、1.924 倍、1.880 倍及 2.030 倍;"与子女居住"的老年人对"场地设施""服务组织""服务指导""活动内容""健身知识""宣传动员""制度建设" 7 项服务选择"需要"的人数比例分别是基比老年人的 2.943 倍、2.303 倍、2.814 倍、2.154 倍、2.356 倍、2.545 倍及 2.424 倍。这说明老年人的居住方式不一样,所获得的家庭或社会支持也不同,进而对公共体育服务需求产生影响。

农村老年公共体育服务需求的第 2 个重要影响因素是地区因素。优势比显示,以"西部地区"老年人为基比,"东部地区"老年人对"场地设施""服务组织""服务指导""活动内容""监测服务""骨干培养""宣传动员""制度建设" 8 项内容持"需要"观点的人数比例分别是基比老年人的 0.711 倍、2.087 倍、2.087 倍、4.885 倍、9.416 倍、2.295 倍、1.910 倍及 2.865 倍,可见东部地区老年人对场地设施服务需求的重要性选择不如西部地区老年人,说明东部地区的场地设施较为健全,但在其他方面选择"非常需要",如"活动内容""服务指导"等比例很高,表明在东部地区,老年人更期望完善体育场地设施之外的其他体育服务建设,尤其是加强"监测服务"工作,东部地区的需求比例是西部地区的 9.416 倍。"中部地区"老年人在 8 项体育服务内容上的需求程度与"西部地区"老年人相比无显著差异,但在"制度建设"需求程度上表现不一致,其中"中部地区"老年人对"制度建设"持"需要"的比例是基比(西部地区)老年人的 1.748 倍。这说明与西部地区相比,加强制度建设是中部地区老年公共体育服务建设过程中需要解决的问题。

农村老年公共体育服务需求的第 3 个重要影响因素是"文化水平"。从优势比看,以"小学及以下"文化水平的老年人为基比,"高中及以上"文化水平的老年人在"宣传动员"上选择"需要"的人数比例是基比老年人的 1.691 倍;"初中"文化水平的老年人在"活动内容""健身知识""监测服务""宣传动员""制度建设"5项内容上持"需要"观点的人数比例分别是基比老年人的1.601倍、1.802倍、1.724倍速、1.689倍及1.516倍。这说明初中及以上文化水平的老年人群体对公共体育服务的需求程度显著高于小学及以下文化水平的老年人群体。不同文化水平的农村老年人在"活动内容""健身知识""监测服务""宣传动员""制度建设"5项内容上存在较大需求差异，而在"场地设施""服务组织""服务指导""骨干培训"等方面上的需求基本一致。

农村老年公共体育服务需求的第4个重要影响因素是"经济状况"。从优势比看，以经济"困难及以下"家庭的老年人为基比，"富裕及以上"家庭的老年人在"服务组织""宣传动员"两项内容上持"需要"观点的人数比例分别是基比老年人的1.752倍及1.844倍；家庭经济"一般"的老年人在"健身知识""骨干培养"两项内容上持"需要"观点的人数比例分别是基比老年人的1.719倍及1.609倍。这说明不同经济状况的老年人群体在公共体育服务需求方面存在较大差异，经济状况相对较好的老年人群体的公共体育服务需求程度更高，并且存在一定的层次性。经济状况对老年人公共体育服务需求程度的影响，只表现在"服务组织""宣传动员""健身知识""骨干培养"等方面。

年龄及婚姻状况亦对农村老年公共体育服务需求产生一定的影响。优势比显示，以"70岁及以上"老年人为基比，"60~70岁"老年人在"场地设施""骨干培养"两项内容上持"需要"观点的人数比例分别是基比老年人的1.643倍及1.416倍；以"无配偶"老年人为基比，"有配偶"的老年人在"组织服务""骨干培养"两项内容上持"需要"观点的人数比例分别是基比老年人的1.791倍及0.630倍。这说明"低龄"老年人对"场地设施""骨干培养"的需求程度更高；"有配偶"的老年人更为重视"组织服务"，但不太看重"骨干培养"。

4.3.2 农村老年人的生活方式、健康状况等变量对公共体育服务需求具体内容的影响分析

如表1-4-5所示，老年人的抽烟行为、体育锻炼参与程度及体育锻炼行为3个变量对公共体育服务需求的9项内容无影响作用，值得深入揭示其原因。久坐行为、体育锻炼认知、健康状况、生活自理能力、睡眠质量变量对公共体育服务需求内容有广泛深远的影响作用。

表 1-4-5 老年人的生活方式、健康状况等变量对公共体育服务具体需求的影响分析统计表

引入变量	模型 1 场地设施 优势比	模型 2 服务组织 优势比	模型 3 服务指导 优势比	模型 4 活动内容 优势比	模型 5 健身知识 优势比	模型 6 监测服务 优势比	模型 7 骨干培养 优势比	模型 8 宣传动员 优势比	模型 9 制度建设 优势比	模型 10 总体需求 优势比
抽烟行为（基比=是）	1.659	0.900	0.919	0.884	0.725	0.690	0.839	0.845	0.894	0.715
睡眠质量 比较好	0.388**	0.655	0.860	0.763	0.990	1.132	0.746	1.782*	1.070	0.698
一般	0.600	0.688	1.067	0.913	1.428	0.911	0.698	1.102	0.810	0.607
久坐行为（基比=从不）										
经常	2.020*	1.294	1.737	2.880**	2.225*	1.445	0.841	1.210	2.047*	2.297*
有时	2.405**	2.108*	2.227**	3.389**	2.198**	1.552	1.217	1.997**	2.121**	3.427**
偶尔	1.900*	1.613	1.835*	2.104*	1.989*	1.420	0.708	1.438	1.241	2.119*
慢病状况（基比=无慢病）										
一种慢病	0.757	0.681	0.994	0.896	0.788	0.979	0.637*	0.950	0.840	0.625
二种慢病	0.783	0.748	0.811	1.098	0.895	0.907	0.680	0.790	0.662	0.681
三种及以上慢病	1.363	1.61	0.778	1.421	1.267	1.024	1.007	0.656	1.136	0.774
生活自理能力 （基比=完全不能自理）										
完全自理	8.879**	6.250*	5.285*	5.673*	2.424	2.213	0.698	0.599	1.507	3.322
部分自理	7.461*	5.954*	4.463	7.878*	2.874	2.426	0.591	0.503	1.218	2.846
健康状况（基比=是）	0.636	0.648	0.600*	0.525**	0.466**	0.457**	0.832	0.870	0.823	0.432**
增强体质与疾病防控	0.916	1.286**	1.143	1.186*	0.988	0.961	1.149*	1.086	0.989	1.133
心理健康与成就交往	1.329**	1.133*	1.119*	1.197**	1.168**	1.133**	1.018	1.064	0.995	1.075
体育锻炼参与程度	0.997	0.989	0.985	1.001	0.987	0.995	0.994	0.983	0.981	0.995
体育锻炼行为 （基比=愿意参与）	1.056	10.585	9.538	10.996	0.902	1.081	0.897	0.957	1.065	0.907

注：在 Logistic 二项分布回归中，"*" "**" 分别表示 0.05 及 0.01 的显著水平。

4 农村老年公共体育服务的需求分析

久坐行为是影响老年人公共体育服务需求的第 1 个重要因素。从优势比看，以"从不"久坐者为基比，"经常"久坐的老年人在"场地设施""活动内容""健身知识""制度建设"4 项内容上持"需要"观点的人数比例分别是基比老年人的 2.020 倍、2.880 倍、2.225 倍及 2.047 倍；"有时"久坐的老年人在"场地设施""服务组织""服务指导""活动内容""健身知识""宣传动员""制度建设"7 项内容上持"需要"观点的人数比例分别为基比老年人的 2.405 倍、2.108 倍、2.227 倍、3.389 倍、2.198 倍、1.997 倍及 2.121 倍；"偶尔"久坐的老年人在"场地设施""服务指导""活动内容""健身知识"4 项内容上持"需要"观点的人数比例分别为基比老年人的 1.900 倍、1.835 倍、2.104 倍及 1.989 倍。

老年人的体育锻炼认知（双维度）是影响老年公共体育服务需求的第 2 个重要因素。从优势比看，"增强体质与疾病防控"得分每增加 1 个单位值，老年人在"服务组织""活动内容""骨干培养"3 项内容上持"需要"观点的人数比例将分别提升至原来人数比例的 1.286 倍、1.186 倍及 1.149 倍；"心理健康与成就交往"得分每增加 1 个单位值，老年人在"场地设施""服务组织""指导服务""活动内容""健身知识""监测服务"6 项内容上持"需要"观点的人数比例将分别提升至原来人数比例的 1.329 倍、1.133 倍、1.119 倍、1.197 倍、1.168 倍及 1.133 倍。这说明农村老年人对体育的心理健康与成就交往的作用认识越深，越能促进公共体育服务需求的提升。

老年人的生活自理能力是影响老年公共体育服务需求的第 3 个重要因素。以"完全不能自理"老年人为基比，"完全自理"的老年人在"场地设施""服务组织""服务指导""活动内容"4 项内容上持"需要"观点的人数比例分别是基比老年人的 8.879 倍、6.250 倍、5.285 倍及 5.673 倍；"部分自理"的老年人在"场地设施""服务指导""活动内容"3 项内容上持"需要"观点的人数比例分别是基比老年人的 7.461 倍、5.954 倍及 7.878 倍。这说明农村老年人的生活自理能力越强，对公共体育服务的需求就越强。

老年人的健康状况对老年公共体育服务需求也有较大的影响。以"健康"老年人为基比，"不健康"老年人在"服务指导""活动内容""健身知识""监测服务"4 项内容上持"需要"观点的人数比例分别仅为基比老年人的 0.600 倍、0.525 倍、0.466 倍及 0.457 倍，这说明越是"不健康"的老年人对体育公共服务需求越不重视。

老年人的睡眠质量对"场地设施""宣传动员"等体育服务需求有一定的影

响。以睡眠"比较差"的老年人为基比，睡眠"比较好"的老年人在"场地设施""宣传动员"两项内容上持"需要"观点的人数比例分别仅为基比老年人的 0.388 倍及 1.782 倍。这说明睡眠好的老年人并不看重场地设施，他们认为"对老年人参与体育锻炼进行宣传和动员"更为重要。

此外，笔者发现慢病状况对公共体育服务需求的影响也非常有限，因为以"无慢病"的老年人为基比，患"一种慢病"的老年人对"骨干培养"持"需要"观点的人数比例仅为基比老年人的 0.637 倍。由此可见，加强体育锻炼对疾病预防、治理和康复的作用宣传及实践应用已成为当务之急。

4.4 农村老年人对现有公共体育服务的满意度分析

4.4.1 农村老年人对现有公共体育服务的使用情况

对农村公共体育服务满意度的调查是以老年人在过去 1 年里是否使用过或接受过某项公共体育服务为基础的，因此，我们需要对公共体育服务的使用情况进行分析。调查问卷将使用过或接受过的公共体育服务内容归纳为 7 项，分别是 D1 使用公共体育场地设施、D2 接受体育健身指导、D3 参与适合老年人的体育健身活动、D4 接受老年人参与体育健身的宣传和动员、D5 参加过老年人体育健身的组织、D6 接受健康和健身知识咨询服务、D7 接受体质监测服务（D1～D7 分别简称为"场地服务""指导服务""活动项目服务""宣传动员服务""健身组织服务""知识咨询服务""监测服务"）。

如表 1-4-6 所示，各项公共体育服务的使用率非常低，使用率最高的公共体育场地设施也仅 38.6%的调查对象使用过，其中有 5 项使用率不足两成，接受过体育健身指导的仅占 10.3%。这说明在过去 1 年里老年人使用过或接受过的公共体育服务的比例不高，一方面原因可能是农村老年公共体育服务的供给不足，另一方面原因可能是农村老年公共体育服务的供需不一致。

表 1-4-6　农村老年人对现有公共体育服务的使用情况统计表

使用情况	D1	D2	D3	D4	D5	D6	D7
是	38.6%	10.3%	18.7%	14.0%	12.9%	21.2%	13.5%
否	61.4%	89.7%	81.3%	86.0%	87.1%	78.8%	86.5%

4.4.2 农村老年人的人口学特征对公共体育服务满意度的影响分析

由于影响公共体育服务的变量众多，为了深入揭示使用过公共体育服务的老年人对这些服务的满意度情况，同样需要先将满意度进行量化。本书对满意度的测量采用李克特五点式编制，即"A. 非常满意""B. 比较满意""C. 一般""D. 不满意""E. 完全不满意"。为了应用二项分布 Logistic 回归模型，首先对满意度测量进行并类，将 A、B、C 并成一类，称为"满意"（$Y=1$）；将余下两类并成一类，称为"不满意"（$Y=0$），于是将满意度变成（因变量 Y）服从二项分布 $Y(0,1)$ 的回归模型。

如表 1-4-7 所示，老年人的性别、婚姻状况等对 7 项公共体育服务满意度的影响无差异，但地区、文化水平、年龄、经济状况及日常体力活动等因素对部分公共体育服务的满意度的影响存在差异。

表 1-4-7 农村老年人的人口学特征对公共体育服务满意度的影响统计表

引入变量	模型1	模型2	模型3	模型4	模型5	模型6	模型7
性别（女性=基比）	0.898	0.667	0.875	1.178	1.158	1.185	2.007
年龄（70岁及以上=基比）							
60岁及以下	**0.531***	0.976	0.956	0.481	0.557	0.611	0.433
60~70岁	0.657	1.356	1.008	0.467	0.746	0.488	1.082
不同地区（西部地区=基比）							
东部地区	0.886	1.723	**0.229****	1.377	1.647	1.486	1.381
中部地区	**0.510***	1.214	1.332	**5.071****	2.068	1.307	2.200
婚姻状况（无配偶=基比）	0.776	1.133	0.940	1.156	1.582	1.369	2.024
文化水平（小学及以下=基比）							
高中及以上	1.195	1.180	**0.411****	**2.362***	1.605	0.775	0.999
初中	**1.894***	1.505	0.722	1.371	1.572	2.299	2.121
经济状况（困难及以下=基比）							
富裕及以上	1.180	0.715	1.564	1.471	1.225	0.838	1.011
一般	1.513	0.935	1.141	**2.926***	2.625	1.878	0.906
日常体力活动（比较少=基比）							
比较多	1.655	4.128	1.301	1.055	1.805	0.954	**10.418***
一般	**1.521***	2.143	0.895	1.497	0.804	1.327	1.066

注：模型1~模型7分别代表使用D1~D7共7项公共体育服务的满意度；"*""**"分别表示0.05及0.01的显著水平。

不同地区的老年人对 D2 接受体育健身指导、D5 参加过老年人体育健身的组织、D6 接受健康和健身知识咨询服务、D7 接受体质监测服务 4 项服务的满意度不存在差异，但对 D1 使用公共体育场地设施、D3 参与适合老年人的体育健身活动、D4 接受老年人参与体育健身的宣传和动员 3 项服务的满意度存在显著差异。以西部地区为基比，中部地区老年人对"场地服务"感到"满意"的人数比例仅为基比老年人的 0.510 倍；东部地区老年人对"活动项目服务"感到"满意"的人数比例仅为基比老年人的 0.229 倍，中部地区老年人在"宣传动员服务"方面感到"满意"的人数比例是基比老年人的 5.071 倍。这说明不同地区的老年人对"指导服务""健身组织服务""知识咨询服务""监测服务"的满意程度基本一致，但与西部地区相比，中部地区的老年人对"场地服务"不满意、对"宣传动员服务"高度满意，东部地区的老年人对活动项目服务不满意。

同样地，不同文化水平的老年人对 D2 接受体育健身指导、D5 参加过老年人体育健身的组织、D6 接受健康和健身知识咨询服务、D7 接受体质监测服务 4 项服务的满意度不存在差异，但对 D1 使用公共体育场地设施、D3 参与适合老年人的体育健身活动、D4 接受老年人参与体育健身的宣传和动员 3 项服务的满意度存在显著差异。以"小学及以下"文化水平为基比，"初中"文化水平的老年人对"场地服务"感到"满意"的人数比例是基比老年人的 1.894 倍；"高中及以上"文化老年人对"活动项目服务"感到"满意"的人数比例仅为基比老年人的 0.411 倍，但对"宣传动员服务"感到"满意"的人数比例却是基比老年人的 2.362 倍。

年龄、经济状况及日常体力活动的老年人只对体育服务个别项目的满意度有一定的差异，而对绝大部分服务内容的满意度几乎不存在差异。具体表现如下：以"70 岁及以上"为基比，"60 岁及以下"老年人对"场地服务"感到"满意"的人数比例仅为基比老年人的 0.531 倍；以家庭经济"比较困难"为基比，家庭经济"一般"的老年人对"宣传动员服务"感到"满意"的人数比例是基比老年人的 2.926 倍；以日常体力活动"比较少"为基比，日常体力活动"一般"的老年人对"场地服务"感到"满意"的人数比例是基比老年人的 1.521 倍。

4.4.3　农村老年人的生活方式、健康状况等对公共体育服务满意度的影响分析

如表 1-4-8 所示，老年人的抽烟行为、居住方式、健康状况、体育锻炼认知

(维度一：增强体质与疾病防控)对 7 项体育服务的满意度无影响，但生活自理能力、睡眠质量、久坐行为、体育锻炼参与程度等对部分体育服务的满意度存在显著差异。

表 1-4-8　农村老年人的生活方式、健康状况等对公共体育服务满意度的影响统计表

引入变量	模型 1	模型 2	模型 3	模型 4	模型 5	模型 6	模型 7
抽烟行为（基比=是）	0.787	0.468	0.795	1.766	2.237	0.621	0.888
睡眠质量（基比=比较差）							
比较好	1.236	0.412	**0.321***	1.404	0.213	1.520	1.642
一般	0.652	0.217	0.377	0.369	0.150	0.710	2.026
久坐行为（基比=从不）							
经常	1.792	4.642	0.658	0.836	0.545	1.393	1.425
有时	1.715	**6.874***	1.138	2.219	0.880	4.028	**5.073***
偶尔	1.288	3.496	0.875	2.020	0.596	**7.785***	**6.522***
居住方式（基比=其他方式）							
独居	0.626	1.334	1.775	1.431	0.872	1.964	2.262
与配偶/伴侣居住	0.686	0.869	2.140	1.383	0.471	1.312	1.063
与子女居住	0.811	0.848	1.068	0.863	0.177	0.616	0.649
慢病种类（基比=三种及以上慢病）							
无慢病	**3.431***	1.410	1.373	0.759	4.435	4.831	0.210
一种慢病	1.704	0.296	1.021	1.314	1.770	1.888	0.173
二种慢病	0.401	0.260	1.058	0.732	2.212	2.010	0.192
生活自理能力（基比=完全不能自理）							
完全自理	0.201	0.225	0.438	**0.889****	0.913	**0.841****	0.150
部分自理	0.190	0.420	0.512	**0.813***	0.143	0.052	0.101
健康状况（基比=是）	0.600	0.633	2.238	0.717	0.204	1.578	2.149
增强体质与疾病防控	1.017	1.294	0.865	1.263	0.776	1.054	0.948
心理健康与成就交往	0.959	1.241	1.121	0.896	**2.626****	1.329	1.022
体育锻炼参与程度	**1.036****	0.999	**1.040***	1.037	0.761	1.037	1.041

注：模型 1~模型 7 分别代表使用 D1~D7 共 7 项公共体育服务的满意度；"*""**"分别表示 0.05 及 0.01 的显著水平。

农村老年人的久坐行为对 D2 接受体育健身指导、D6 接受健康和健身知识咨

询服务、D7 接受体质监测服务 3 项体育服务的满意度产生较大影响。以"从不"久坐为基比,"有时"久坐的老年人对"指导服务"感到"满意"的人数比例为基比老年人的 6.874 倍,而对"监测服务"感到"满意"的人数比例为基比老年人的 5.073 倍;"偶尔"久坐的老年人对"知识咨询服务"及"监测服务"感到"满意"的人数比例分别为基比老年人的 7.785 倍及 6.522 倍。

农村老年人的生活自理能力对 D4 接受老年人参与体育健身的宣传和动员及 D6 接受健康和健身知识咨询服务两项体育服务的满意度产生较大影响。以"完全不能自理"为基比,"完全自理"的老年人对"宣传动员服务""知识咨询服务"感到"满意"的人数比例分别为基比老年人的 0.889 倍及 0.841 倍,而"部分自理"的老年人对"宣传动员服务"感到"满意"的人数比例为基比老年人的 0.813 倍。可见,就这两项体育服务的质量来看,无论是"完全自理"的老年人还是"部分自理"的老年人对其满意度皆比"完全不能自理"的老年人低。

体育锻炼参与程度不同的农村老年人对"场地服务""活动项目服务"的满意度存在较大差异,当"体育锻炼参与程度"提升 1 个单位值时,老年人对"场地服务""活动项目服务"感到"满意"的人数比例将提升到原有水平的 1.036 倍及 1.040 倍;若老年人将体育锻炼的认知归结于有益于"心理健康及成就交往",则该认知水平每提升 1 个单位值,老年人对"健身组织服务"感到"满意"的人数比例提升至原有水平的 2.626 倍。这说明提升健身服务的组织化水平对于提高锻炼认知非常有益。以患"三种及以上慢病"为基比,"无慢病"的老年人对"场地服务"感到"满意"的人数比例是基比老年人的 3.431 倍,无慢病的老年人对场地服务如此满意,却得不到多种慢病患者的赞同,这其中的原因需要进一步挖掘。以睡眠"比较差"为基比,睡眠"比较好"的老年人对"活动项目服务"感到"满意"的人数比例仅为基比老年人的 0.321 倍。从这个优势比可以看出,睡眠较差的老年人对活动项目服务质量的要求不高。

4.5 小　　结

4.5.1 增强农村老年公共体育服务需求的主体意识

公共体育服务的目标在于满足人们日益增长的体育健身需求,不断提升人们

4 农村老年公共体育服务的需求分析

的获得感、公平感、幸福感。实现这一目标的前提是农村老年群体能够认识到公共体育服务是其美好生活的重要组成部分，并且对公共体育服务项目的需求维持在较高的水平上。调查结果显示，我国农村老年人中仍有30.6%缺乏公共体育服务需求。有学者认为，受传统文化的影响，我国大部分民众对公共体育服务的重视程度不够[1]。也有学者认为，老年人体育社团不足、专门技术人才缺乏等因素阻碍社会引导老年人重视其公共体育服务[2]。当然，还有一些学者认为，老年体育服务需求关注度不够的原因在于政府、社会对老年人的公共体育服务投入不足。毋庸置疑，上述阐述从不同的角度解释了当前我国农村老年人对公共体育服务需求不足的缘由。然而，深入农村细察可以发现，制约老年体育服务需求重视程度提高的最大因素可能是地区的经济发展水平和受教育程度。从理论层面看，马斯洛需求理论认为多数人的需求结构受到国家经济、文化、教育等因素发展水平的影响。换句话说，当一个地区的经济、文化、教育达到较高水平，人们的基本需求得到满足后便开始产生更高的生活诉求。当前，我国人均GDP（gross domestic product，国内生产总值）已经突破10000美元，看似人们对体育健身的需求将日益高涨，对健身方式、健身场景、健身服务、健身体验的要求也将不断趋向多元化、高层次，但实际情况并不理想。时任国务院总理李克强在2020年十三届全国人大三次会议闭幕会后的记者会上指出，我国有6亿人每个月的收入仅为1000元，这意味着我国还有大量人群面临着生存的问题，加之农村老年人大部分人受教育程度较低，这部分低收入、低受教育程度人群主要分布在农村地区。按照马克思的需要理论，人的需要可分为初步阶段的生存需要、提高阶段的享受需要和最高阶段的发展需要3个阶段。因此，对于这部分群体来说，只有生存状态改善之后，对体育服务需求的重视程度才可能有显著性的提升。从实践层面看，笔者通过对比分析后发现，文化水平越高，老年人对公共体育服务的需求越大，同时经济富裕的老年人对体育需求的重视程度显著高于经济困难及以下的老年人。因此，要提高农村老年人对公共体育服务需求的重视程度，最主要的问题是"三农"问题。在这一过程中，就体育领域来讲，必须坚持树立大体育的理念，充分发挥体育的多重功能，把体育融入乡村振兴战略，推动农业全面升级、农村全面进步、农民全面发展。

---

[1] 吴筱珍. 制约我国政府购买公共体育服务的主体因素与优化路径[J]. 上海体育学院学报，2017，41（6）：42-46.

[2] 李建波，刘玉. 中国老年公共体育服务模式研究[J]. 北京体育大学学报，2015，38（9）：20-27.

值得注意的是，除文化水平、经济状况因素外，年龄、不同地区、婚姻状况、久坐行为和体育锻炼参与程度等要素显著影响农村老年人对公共体育服务的需求程度。简要来说，在建立以需求为导向的公共体育服务供给的过程中，既要在思想上对这些影响因素予以一定程度的重视，又要在客观上认识中高龄、西部地区、无配偶、久坐行为、"意向参与"等老年人群体的公共体育需求，从行动上加大针对这些群体的宣传和引导的力度，激发他们对公共体育服务的需求。

4.5.2 注重需求内容的相关性、重要性、影响性，刻画农村老年人的主观需求图景

以人民为中心的体育发展观是新时代我国体育事业发展的价值取向和根本目的。因此，要更好地发展农村老年公共体育服务，需要从老年群体的实际需求出发，切实解决农村老年人最重视、最现实、最关键的问题。研究发现，在农村老年公共体育服务需求内容之间的相关性方面，呈现服务内容间高度相关、中度相关、中度偏下相关3个层次。具体而言，"服务组织""服务指导""服务活动"3项服务内容相互之间高度相关；"骨干培训""宣传动员""制度建设"3项服务内容相互之间高度相关；"骨干培训""宣传动员""服务组织""服务指导""活动内容""健身知识"等皆中度相关；"监测服务""场地设施""服务组织""宣传动员""制度建设"四者之间中度偏下相关。因此，农村老年公共体育服务需求内容体系的一个重要特点就是，任何一项服务需求内容都与其他服务内容存在一定程度的相关性，都不可能脱离与其紧密相关服务内容的配合与调整。因此，农村老年公共体育服务需求的改善，要求打破各种需求独立满足的模式，通过对具有中高度相关的服务内容进行组合安排，完善不同服务内容之间的协调性、统一性，实现公共体育服务需求内容体系的协同发展。例如，建立老年人体育锻炼的组织、对老年人参与体育锻炼进行指导、组织适合老年人的体育锻炼活动三者之间具有高度相关性，说明其供给服务之间的关联度很大，在为农村老年人提供上述服务的时候就必须考虑到需求的全面性、协调性，合理推出满足老年群体需求的公共体育服务"套餐"。

在农村老年公共体育服务需求序位方面，老年人群体目前最迫切想改善的服务内容排序前3位的依次是体育组织服务、体育指导服务和体育制度建设服务。由此表明，在农村公共体育服务投入上，应对这3个方面的内容给予重点建设。

4 农村老年公共体育服务的需求分析

对体育组织服务的需求来说,农村体育组织既为老年人提供了一种健康休闲的方式,又在一定程度上满足了老年人的精神情感需求。调研发现,农村老年体育组织基本以"草根"体育组织为主,在合法性、规范性、组织性方面有一定不足,制约组织活力和作用的发挥,因此,需要加强农村老年人体育组织建设,以解决上述问题。关于农村老年人对体育指导服务的需求,农村老年人较少接受专业、系统的体育指导,缺乏体育健身技能和知识。如何科学有效地进行锻炼,成为大多数老年人心中的一大困惑,也成为农村老年人体育服务中亟须改进完善的薄弱环节。对体育制度建设服务的需求来说,随着农村体育工作的深入实施和开展,农村体育服务水平有了极大的提升。但是,从老年人反映的情况来看,现有的农村公共体育服务流动性大、持续性弱,有些体育服务经常中断,给老年人的体育锻炼造成很大的阻碍,因而不难理解老年群体对这一服务需求的重视。体质监测服务需求在所有服务需求意愿中是最低的,一方面原因可能是当前体质监测服务的部分仪器不符合老年人的生理特点,老年人参与体质测试具有潜在风险,而在体育公共服务供给过程中风险分配机制不健全,导致老年人对此项服务需求缺乏积极性[1];另一方面原因可能是农村老年人较少享受到体质监测服务,对于他们来说,该项服务内容较为陌生,导致选择度低。

在影响农村老年公共体育服务具体需求的关键因素方面,不同地区、文化水平、经济状况、年龄及婚姻状况等人口学要素对农村老年人的公共体育服务有不同程度的影响作用。其中,不同地区是影响老年公共体育服务需求程度的首要因素。虽然中西部地区只是在制度建设方面存在显著差异,但是东部地区老年人除了在场地设施需求的重要性认知上不如中西部地区老年人,在其他体育服务内容上的需求程度都远远高于中西部地区老年人。换言之,东部地区农村老年人整体上对公共体育服务的需求意愿更为强烈。然而从健康状况看,东部地区健康和基本健康的老年人人数占老年人口总数的 86.05%,明显高于中部地区的 81.07%和西部地区的 81.22%[2]。更进一步说,中西部地区农村老年人的体育服务客观需求更高。因此,如何使中西部地区农村老年人的客观需求向主观需求转化应该得到人们的重视。在老年人的生活方式、体育锻炼认知中,久坐行为、居住方式、体

---

[1] 王占坤. 老龄化背景下浙江老年人体育公共服务需求与供给的实证研究[J]. 中国体育科技,2013,49(6):70-80.

[2] 林闽钢,梁誉,刘璐婵. 中国老年人口养老状况的区域比较研究——基于第六次全国人口普查数据的分析[J]. 武汉科技大学学报(社会科学版),2014,16(2):204-208.

育锻炼认知、健康状况等要素对农村老年人的公共体育服务内容需求有显著的影响作用。其中，排序前 3 位的影响因素分别为老年人的居住方式、久坐行为和体育锻炼认知。这提示我们应该加大对这 3 个影响因素的关注程度，提高农村老年人公共体育服务的精准性。当然，除了刻画出农村老年人对体育服务的主观需求图景，还需要挖掘主观需求与客观条件之间的问题，进而积极地进行改善，以提升农村老年人的获得感与幸福感。

4.5.3　重视公共体育服务的使用率、满意度差异，提升农村老年公共体育服务水平

公共体育服务使用率和满意度数据是判断农村老年体育服务供给情况的必要参考，也是提升各类公共体育服务资源投入效益和制定老年体育政策的重要依据。从调查反馈的结果看，体育场地设施、体育健身指导、体育健身活动等 7 项体育服务的使用率都比较低，最高使用率未超过 40%，大多在 20% 以下。根据实地调研结果，造成此问题的原因主要包括以下 3 个方面。一是体育健身服务的宣传普及率低，许多老年人反映对体育服务的具体内容并不清楚，在使用这些服务时也常常茫然无措，大多源于对体育服务内容的新奇效应，而未认识到这些服务内容的价值和功能。二是供给内容与老年人的实际需求不匹配。农村老年人大多选择"走路、登山或跑步"等锻炼项目，更渴求体育健身指导、体育组织服务等内容供给，对体育场地设施的需求程度不高（由需求序位亦可看出）。实际上，农村公共体育服务资源主要投入在体育场地设施上，以至于其他服务发展缺乏足够的资源支撑，使老年人较少使用或接受其他类型的公共体育服务。三是传统思想观念使农村老年人无意、无空闲享受体育服务。大多数人认为，农村老年人有充足的时间享受体育服务。然而从实际情况看，农村老年人特别是家庭经济"困难及以下"的老年人还要承担一定的家庭责任，他们将多数时间花在种田、做家务、看护孙辈等活动上，很少有闲暇时间从事体育健身活动。在他们看来，物质生活保障、培养下一代比追求自身发展更为重要，当然也就很少使用体育服务。

农村老年人对公共体育服务的满意度调查情况显示，从影响的广度上看，不同地区、文化水平和久坐行为均影响公共体育服务 3 项内容的满意度；生活自理能力和体育锻炼参与程度影响公共体育服务两项内容的满意度；年龄、经济状况、日常体力活动、慢病状况、健康状况、睡眠质量只对某一项公共体育服务内容的

满意度有显著的影响作用。从影响的深度上看，农村老年人对体育场地服务满意度的影响因素最多，涉及 6 个因素；活动服务与宣传服务皆受 4 个因素的影响；体育知识咨询服务满意度受 2 个因素的影响，其他服务都只受单个因素的影响。毋庸讳言，某种因素对农村老年人公共体育服务满意度的影响越广，便越应该得到政府部门的重视并采取相应措施加以应对。一项公共体育服务内容的满意度受到的影响因素越多，说明其越需要统筹谋划，只有考虑多种影响因素的协调，才能更好地促进该服务内容满意度的提高。

5

农村老年公共体育服务的供给分析

5.1 调查样本的基本情况

本书主要分析行政村的老年公共体育服务供给情况，调查对象为负责行政村文体工作的干部，获取有效样本总量563个，其中少数民族91个，非少数民族472个。如表1-5-1所示，在少数民族地区，东部地区、中部地区及西部地区的占比分别为25.3%、4.4%及70.3%；在非少数民族地区，东部地区、中部地区及西部地区的占比分别为6.4%、9.5%及84.1%。从整体上看，东部地区、中部地区及西部地区的占比分别为9.4%、8.7%及81.9%。本书对村落经济状况的界定是依据村落人均年收入进行归类的，将"人均年收入<10000元"的村落称为经济"不发达村落"，"10000元≤人均年收入≤15000元"的村落称为经济"一般村落"，"人均年收入>15000元"的村落称为"较发达村落"。

表1-5-1 调查对象的分布特征统计表（样本总量 N=563）

	东部地区样本量	中部地区样本量	西部地区样本量	汇总
少数民族地区	23（25.3%）	4（4.4%）	64（70.3%）	91（100.0%）
非少数民族地区	30（6.4%）	45（9.5%）	397（84.1%）	472（100.0%）
汇总	53（9.4%）	49（8.7%）	461（81.9%）	563（100.0%）

注：括号中的数据为该样本量占样本总量的百分比。

5.2 农村老年公共体育服务的领导重视程度分析

有规律地参与体育活动对促进老年人的身体健康、心理健康及独立生活都有重要作用。负责行政村文体工作的干部是农村各项方针政策的基层实践者,其对公共体育服务需求及供给的认知非常重要。

如表 1-5-2 所示,不同民族村落的干部对老年公共体育服务必要性的认知是一致的(χ^2=4.087,P=0.394>0.05)。从整体情况看,"完全赞同""比较赞同"占比分别为 73.07% 及 16.34%,两项总和达 89.41%。

表 1-5-2 不同民族、地区及经济状况村落的干部对老年公共体育服务必要性认知统计表(样本总量 N=557)

指标	内容	完全赞同 样本量	比较赞同 样本量	基本赞同 样本量	不赞同 样本量	完全不赞同 样本量	检验
民族	少数民族	72(79.12%)	11(12.09%)	6(6.59%)	0(0.00%)	2(2.20%)	χ^2=4.087
	非少数民族	335(71.89%)	80(17.17%)	46(9.87%)	1(0.21%)	4(0.86%)	P=0.394
地区	东部地区	44(83.02%)	4(7.55%)	5(9.43%)	0(0.00%)	0(0.00%)	
	中部地区	35(77.78%)	8(17.78%)	1(2.22%)	0(0.00%)	1(2.22%)	χ^2=7.80
	西部地区	328(71.46%)	79(17.21%)	46(10.028%)	1(0.22%)	5(1.09%)	P=0.045*
经济状况	不发达村落	205(66.99%)	57(18.63%)	39(12.75%)	1(0.33%)	4(1.31%)	
	一般村落	128(78.53%)	24(14.72)	9(5.52%)	0(0.00%)	2(1.23%)	χ^2=16.71
	较发达村落	74(84.09%)	10(11.36%)	4(4.55%)	0(0.00%)	0(0.00%)	P=0.003**
	汇总	407(73.07%)	91(16.34%)	52(9.34%)	1(0.18%)	6(1.08%)	

注:"*""**"分别代表 0.05 及 0.01 的显著水平;括号中的数据为该样本量占样本总量的百分比。

不同地区及不同经济状况村落的干部对老年公共体育服务必要性的认知存在显著差异(χ^2=7.80,P=0.045;χ^2=16.71,P=0.003);进一步分析可知,东部地区及中部地区村落的干部对老年公共体育服务必要性认知度要高于西部地区村落的干部,其中选择"完全赞同"的干部占比分别为 83.02%、77.78% 及 71.46%;"较发达村落"的干部对老年公共体育服务必要性的认知度显著高于"不发达村落"的干部,选择"完全赞同"的干部占比分别为 84.09%、66.99%,中部地区与东部地区及"一般村落"与"较发达村落"之间的干部对老年公共体育服务必要性的认知度无明显差异。

如表 1-5-3 所示为村干部对农村老年公共体育服务的重视度情况，从中可以看出不同民族村落的干部对老年公共体育服务的重视度是一致的（χ^2=7.53，P=0.111>0.05）。从整体情况看，村干部的重视度不够，"非常重视"及"比较重视"的占比分别为 31.60%及 26.57%，两项总和仅达 58.17%。

表 1-5-3　不同民族、地区及经济状况村落的干部对农村老年公共体育服务的重视度统计表（样本总量 N=557）

指标	内容	非常不重视 样本量	不重视 样本量	一般重视 样本量	比较重视 样本量	非常重视 样本量	检验
民族	少数民族	13（14.29%）	9（9.89%）	17（18.68%）	20（21.98%）	32（35.16%）	χ^2=7.53
	非少数民族	33（7.08%）	70（15.02%）	91（19.53%）	128（27.47%）	144（30.90%）	P=0.111
地区	东部地区	3（5.66%）	1（1.87%）	7（13.21%）	15（28.30%）	27（50.94%）	
	中部地区	4（8.89%）	7（15.56%）	12（26.67%）	16（35.56%）	6（13.33%）	χ^2=21.69
	西部地区	39（8.50%）	71（15.47%）	89（19.39%）	117（25.49%）	143（31.15%）	P=0.006**
经济状况	不发达村落	28（9.15%）	67（21.90%）	68（22.22%）	77（25.16%）	66（21.57%）	
	一般村落	9（5.52%）	9（5.52%）	29（17.79%）	53（32.52%）	63（38.65%）	χ^2=63.67
	较发达村落	9（10.23%）	3（3.41%）	11（12.50%）	18（20.45%）	47（53.41%）	P=0.000**
	汇总	46（8.26%）	79（14.18%）	108（19.39%）	148（26.57%）	176（31.60%）	

注："**"代表 0.01 的显著水平；括号中的数据为该样本量占样本总量的百分比。

不同地区及不同经济状况村落的干部对老年公共体育服务的重视度存在显著差异（χ^2=21.69，P=0.006；χ^2=63.67，P=0.000）。进一步分析可知，东部地区村落的干部对老年公共体育服务的重视度显著高于中部地区及西部地区，"非常重视"及"比较重视"两项占比之和分别为 79.24%、48.89%、56.64%；"较发达村落"的干部对老年公共体育服务的重视度高于"一般村落"，而"一般村落"的干部的重视度高于经济"不发达村落"，"非常重视"占比分别为 53.41%、38.65%、21.57%。

如表 1-5-4 所示为关于村落是否接受过上级政府或其他组织提供的老年体育服务及村委会确定老年公共体育服务内容、数量和质量的方式，从中可以看出不同民族村落对是否接受过上级政府或其他组织提供的老年公共体育服务的回应（χ^2=1.56，P=0.212>0.05）及服务内容确定方法的回应（χ^2=0.345，P=0.841>0.05）

不存在差异。从整体情况看，村干部接受过的占比不太高，为45.7%；在确定方法上，选择"村委会单方面决定"者占比为4.85%，而选择"在充分听取老年人意见的基础上确定"占比为89.59%，以"其他方法"确定的占比为5.57%。

表1-5-4 村干部对公共体育服务内容接受情况与内容确定方式统计表

指标	内容	服务内容接受（样本总量 N=556） 是 样本量	否 样本量	服务内容确定方法（样本总量 N=557） 确定法（1） 样本量	确定法（2） 样本量	确定法（3） 样本量
民族	少数民族	47（51.6%）	44（48.4%）	4（4.40%）	83（91.21%）	4（4.40%）
	非少数民族	207（44.5%）	258（55.5%）	23（4.94%）	416（89.27%）	27（5.79%）
	检验	χ^2=1.56；P=0.212		χ^2=0.345；P=0.841		
地区	东部地区	32（60.4%）	21（39.6%）	1（1.89%）	48（90.57%）	4（7.55%）
	中部地区	20（44.4%）	25（55.6%）	4（8.89%）	41（91.11%）	0（0.00%）
	西部地区	202（44.1%）	256（55.9%）	22（4.79%）	410（89.32%）	27（5.88%）
	检验	χ^2=5.10；P=0.038*		χ^2=5.46；P=0.243		
经济状况	不发达村落	117（38.2%）	189（61.8%）	22（7.19%）	266（86.99%）	18（5.88%）
	一般村落	80（49.4%）	82（50.6%）	5（3.07%）	148（90.80%）	10（6.13%）
	较发达村落	57（64.8%）	31（35.2%）	0（0.00%）	85（96.59%）	3（3.41%）
	检验	χ^2=20.66；P=0.000**		χ^2=10.43；P=0.034*		
	汇总	254（45.7%）	302（54.3%）	27（4.85%）	499（89.59%）	31（5.57%）

注："*""**"分别代表0.05及0.01的显著水平；"确定法（1）"代表村委会单方面决定，"确定法（2）"代表在充分听取老年人意见的基础上确定，"确定法（3）"代表其他方法；括号中的数据为该样本量占样本总量的百分比。

不同地区村落在是否接受过上级政府或其他组织提供的老年公共体育服务上存在显著差异（χ^2=5.10，P=0.038<0.05），但在老年公共体育服务内容的确定方法上不存在差异（χ^2=5.46，P=0.243>0.05）。进一步分析可知，东部地区村落的干部选择接受过的比例显著高于中部地区及西部地区，其占比分别为60.4%、44.4%、44.1%，而在服务内容确定方法上皆一致认可"在充分听取老年人意见的基础上确定"。

不同经济状况的村落对上级政府或其他组织提供的老年公共体育服务内容接受情况及服务内容确定方法两个方面皆存在显著差异（χ^2=20.66，P=0.000<0.01；χ^2=10.43，P=0.034<0.05）。进一步分析可知，"较发达村落"接受过的比例最高

（64.8%），其次是"一般村落"（49.4%），"不发达村落"接受过的比例最低（38.2%），说明不同经济发展水平的村落的老年公共体育服务分配不均等；而在对老年公共体育服务内容确定方法上，其争论的观点体现在是否应"在充分听取老年人意见的基础上确定"，其中"较发达村落"选择的比例为96.59%，"一般村落"选择的比例为90.80%，"不发达村落"选择的比例为86.99%。

如表1-5-5所示为上级政府或其他社会组织主动向村落提供老年体育服务时，村干部的接受情况。从整体状况看，目前我国广大农村的干部对上级政府或其他社会组织主动提供的老年体育服务内容还是愿意接受的，选择"非常愿意接受"者占比为75.58%，选择"比较愿意接受"者占比为18.13%，两项占比之和达93.71%。

表1-5-5 村干部对上级政府或其他组织主动提供的体育服务内容接受情况统计表
（样本总量 N=557）

指标	内容	非常愿意接受样本量	比较愿意接受样本量	一般愿意接受样本量	不愿意接受样本量	完全不愿意接受样本量
民族	少数民族	77（84.62%）	12（13.19%）	2（2.20%）	0（0.00%）	0（0.00%）
	非少数民族	344（73.82%）	89（19.10%）	25（5.36%）	6（1.29%）	2（0.43%）
	检验	\multicolumn{5}{c}{χ^2=5.78；P=0.022*}
地区	东部地区	45（84.91%）	6（11.32%）	2（3.77%）	0（0.00%）	0（0.00%）
	中部地区	33（73.33%）	8（17.78%）	3（6.67%）	0（0.00%）	1（2.22%）
	西部地区	343（74.73%）	87（18.95%）	22（4.79%）	6（1.31%）	1（0.22%）
	检验	\multicolumn{5}{c}{χ^2=8.73；P=0.041*}
经济状况	不发达村落	222（72.55%）	59（19.28%）	19（6.21%）	5（1.63%）	1（0.33%）
	一般村落	123（75.46%）	33（20.25%）	6（3.68%）	1（0.61%）	0（0.00%）
	较发达村落	76（86.36%）	9（10.23%）	2（2.27%）	0（0.00%）	1（1.14%）
	检验	\multicolumn{5}{c}{χ^2=12.44；P=0.013*}
汇总		421（75.58%）	101（18.13%）	27（4.85%）	6（1.08%）	2（0.36%）

注："*"代表0.05的显著水平；括号中的数据为该样本量占样本总量的百分比。

不同民族村落的干部对上级政府或其他社会组织主动提供的老年体育服务内容的接受情况存在显著性差异（χ^2=5.78，P=0.022<0.05）。进一步分析发现，少

数民族村落的干部的接受意愿更高,选择"非常愿意接受"的比例为84.62%。

不同地区及不同经济状况的村干部对上级政府或其他社会组织主动提供的老年体育服务内容的接受情况存在显著性差异（$\chi^2=8.73$,$P=0.041<0.05$;$\chi^2=12.44$,$P=0.013<0.05$）。进一步分析可知,东部地区村落的干部更愿意接受这种体育服务内容,选择"非常愿意接受"的比例为84.91%,显著高于中部地区村落（73.33%）及西部地区村落（74.73%）,而中部地区村落与西部地区村落几乎无差异；从经济状况看,"较发达村落"的干部更愿意接受上级政府或其他社会组织主动提供的老年体育服务内容,选择"非常愿意接受"的比例为86.36%,显著高于"一般村落"（75.46%）及"不发达村落"（72.55%）的干部,但"一般村落"与"不发达村落"的干部的接受意愿无明显差异。

5.3 农村老年公共体育服务的供给内容分析

5.3.1 农村老年公共体育服务组织及制度供给现状

表1-5-6显示的内容包括3个方面,一是目前村干部是否明确村委会在老年公共体育服务供给中的地位、职责和权限,二是本村是否制订过老年体育服务的工作计划,三是本村是否召开过专题会议讨论老年人的文体工作。

表1-5-6 不同民族、地区及经济状况村落老年体育服务供给责权、工作计划等情况统计表（样本总量 $N=557$）

指标	内容	体育服务供给责权 是 样本量	体育服务供给责权 否 样本量	体育服务工作计划 是 样本量	体育服务工作计划 否 样本量	体育服务文体工作 是 样本量	体育服务文体工作 否 样本量
民族	少数民族	73（80.2%）	18（19.8%）	43（47.3%）	48（52.7%）	51（56.0%）	40（44.0%）
	非少数民族	338（72.5%）	128（27.5%）	230（49.4%）	236（50.6%）	253（54.3%）	213（45.7%）
	检验	$\chi^2=2.33$；$P=0.127$		$\chi^2=0.135$；$P=0.714$		$\chi^2=0.094$；$P=0.759$	
地区	东部地区	51（96.2%）	2（3.80%）	31（58.5%）	22（41.5%）	35（66.0%）	18（34.0%）
	中部地区	31（68.9%）	14（31.1%）	22（48.9%）	23（51.1%）	21（46.7%）	24（53.3%）
	西部地区	329（71.7%）	130（28.3%）	220（47.9%）	239（52.1%）	248（54.0%）	211（46.0%）
	检验	$\chi^2=15.41$；$P=0.000^{**}$		$\chi^2=2.12$；$P=0.346$		$\chi^2=4.00$；$P=0.125$	

续表

指标	内容	体育服务供给责权 是 样本量	体育服务供给责权 否 样本量	体育服务工作计划 是 样本量	体育服务工作计划 否 样本量	体育服务文体工作 是 样本量	体育服务文体工作 否 样本量
经济状况	不发达村落	198（64.7%）	108（35.3%）	123（40.2%）	183（59.8%）	138（45.1%）	168（54.9%）
	一般村落	137（84.0%）	26（16.0%）	85（52.1%）	78（47.9%）	101（62.0%）	62（38.0%）
	较发达村落	76（86.4%）	12（13.6%）	65（73.9%）	23（26.1%）	65（73.9%）	23（26.1%）
	检验	χ^2=29.12；P=0.000**		χ^2=31.91；P=0.000**		χ^2=27.88；P=0.000**	
	汇总	411（73.8%）	146（26.2%）	273（49.0%）	284（51.0%）	304（54.6%）	253（45.4%）

注："**"代表0.01的显著水平；括号中的数据为该样本量占样本总量的百分比。

从目前村干部是否明确村委会在老年公共体育服务供给中的地位、职责和权限看，不同民族村落的干部的回答不存在明显差异（χ^2=2.33；P=0.127>0.05）。从整体情况看，约有73.8%的村干部明确村委会在老年公共体育服务供给中的地位、职责和权限。但不同地区及不同经济状况村落的干部对此问题的明确性存在显著差异（χ^2=15.41，P=0.000<0.01；χ^2=29.12，P=0.000<0.01）。进一步分析发现，东部地区村落的干部的明确性（96.2%）显著高于中部地区村落（68.9%）及西部地区村落（71.7%），但中部地区村落与西部地区村落无差异；从经济状况看，"较发达村落"（86.4%）及"一般村落"（84.0%）的干部的明确性显著高于"不发达村落"（64.7%）。

从本村是否制订过老年体育工作计划看，不同民族及不同地区村落的干部对该问题的回答不存在显著差异（χ^2=0.135，P=0.714>0.05；χ^2=2.12，P=0.346>0.05）。从整体情况看，只有49.0%的村落制订了老年体育工作计划，表明推动行政村层面制订老年体育工作计划已成为当务之急。不同经济状况村落的干部对该问题的回应存在显著差异（χ^2=31.91，P=0.000<0.01），表现为"较发达村落"制订老年体育工作计划的比例高达73.9%，显著高于"一般村落"（52.1%），而"一般村落"显著高于"不发达村落"（40.2%）。

从本村是否召开过专题会议讨论老年人的文体工作看，不同民族及不同地区村落的干部对该问题的回答同样不存在显著差异（χ^2=0.094，P=0.759>0.05；χ^2=4.00，P=0.125>0.05）。从整体情况看，只有54.6%的行政村召开专题会议讨论过老年人文体工作问题。不同经济状况村落的干部对该问题的回应存在显著差异（χ^2=27.88，P=0.000<0.01），表现为有73.9%的"较发达村落"召开过专题会议，该比例显著高

于"一般村落"(62.0%),而"一般村落"显著高于"不发达村落"(45.1%)。

表 1-5-7 显示的内容包括 3 个方面,一是本村是否制定过老年体育工作的考核激励制度,二是本村是否有专人负责老年体育工作,三是本村是否有老年人文体活动中心。

表 1-5-7 不同民族、地区及经济状况村落老年体育服务相关制度健全情况统计表

指标	内容	体育服务考核激励制度 样本总量(N=556) 是 样本量	否 样本量	体育服务专人负责制度 样本总量(N=557) 是 样本量	否 样本量	老年人文体活动中心 样本总量(N=557) 是 样本量	否 样本量
民族	少数民族	24(26.4%)	67(73.6%)	34(37.4%)	57(62.6%)	47(51.6%)	44(48.4%)
	非少数民族	133(28.6%)	332(71.4%)	205(44.0%)	261(56.0%)	269(57.7%)	197(42.3%)
	检验	χ^2=0.187;P=0.666		χ^2=1.37;P=0.243		χ^2=1.145;P=0.285	
地区	东部地区	23(43.4%)	30(56.6%)	29(54.7%)	24(45.3%)	38(71.7%)	15(28.3%)
	中部地区	9(20.0%)	36(80.0%)	16(35.6%)	29(64.4%)	24(53.3%)	21(46.7%)
	西部地区	125(27.3%)	333(72.7%)	194(42.3%)	265(57.7%)	254(55.3%)	205(44.7%)
	检验	χ^2=7.72;P=0.021*		χ^2=4.09;P=0.130		χ^2=5.411;P=0.046*	
经济状况	不发达村落	64(21.0%)	241(79.0%)	93(30.4%)	213(69.6%)	128(41.8%)	178(58.2%)
	一般村落	47(28.8%)	116(71.2%)	89(54.6%)	74(45.4%)	113(69.3%)	50(30.7%)
	较发达村落	46(52.3%)	42(47.7%)	57(64.8%)	31(35.2%)	75(85.2%)	13(14.8%)
	检验	χ^2=33.04;P=0.000**		χ^2=45.84;P=0.000**		χ^2=67.32;P=0.000**	
	汇总	157(28.2%)	399(71.8%)	239(42.9%)	318(57.1%)	316(56.7%)	241(43.3%)

注:"*""**"分别代表 0.05 及 0.01 的显著水平;括号中的数据为该样本量占样本总量的百分比。

从本村是否制定过老年体育工作的考核激励制度看,不同民族村落的干部对该问题的回答不存在差异(χ^2=0.187,P=0.666>0.05)。从整体情况看,只有 28.2%的村落制定过老年体育工作考核激励制度。但不同地区及不同经济状况村落的干部对该问题的回应存在显著性差异(χ^2=7.72,P=0.021<0.05;χ^2=33.04,P=0.000<0.01)。进一步分析发现,东部地区村落具有"考核激励制度"的比例为 43.4%,该比例显著高于西部地区(27.3%),而西部地区则显著高于中部地区(20.0%);从经济发达情况看,具有"考核激励制度"的比例在"较发达村落"

为52.3%，显著高于"一般村落"（28.8%），而"一般村落"又显著高于"不发达村落"（21.0%）。

从本村是否有专人负责老年体育工作看，不同民族及不同地区村落的干部对该问题的回答不存在显著差异（χ^2=1.37，P=0.243>0.05；χ^2=4.09，P=0.130>0.05）。从整体情况看，约有42.9%的村落有专人负责老年体育工作，这个比例偏低，值得查找原因。不同经济状况的村落在该问题的回答上同样存在显著差异（χ^2=45.84，P=0.000<0.01），其中"较发达村落"有专人负责的占64.8%，显著高于"一般村落"（54.6%），而"一般村落"又显著高于"不发达村落"（30.2%）。

从本村是否有老年人文体活动中心看，不同民族村落的选择不存在显著差异（χ^2=1.145，P=0.285>0.05）。从整体情况看，有56.7%的村落拥有老年人文体活动中心。不同地区及不同经济状况的村落在老年人文体活动中心的拥有率上存在显著差异（χ^2=5.411，P=0.046<0.05；χ^2=67.32，P=0.000<0.01），其中东部地区（71.7%）显著高于中部地区（53.3%）及西部地区（55.3%），而"较发达村落"的拥有率为85.2%，该比例显著高于"一般村落"（69.3%），后者显著高于"不发达村落"（41.8%）。

5.3.2 农村老年公共体育服务的投入情况分析

5.3.2.1 体育经费投入情况分析

如表1-5-8所示为村落老年体育专门经费投入情况，从中可以发现，有专门经费投入的村落占比为25.7%，也就是说74.3%的村落没有专门经费投入老年公共体育服务。针对有专门经费投入的村落进行深入分析发现，人均投入经费约为99.45±195.30元/年。不论是村落有无专门经费投入（χ^2=0.778，P=0.378>0.05）还是村落人均投入经费（T=0.678，P=0.499>0.05），这两个问题皆不存在民族差异。

表1-5-8 不同民族、地区及经济状况村落老年体育专门经费投入情况统计表（样本总量 N=557）

指标	内容	是 样本量	否 样本量	检验	人均投入经费（元/年）	T/F 检验
民族	少数民族	20（22.0%）	71（78.0%）	χ^2=0.778	127.91±220.07	T=0.678
	非少数民族	123（26.4%）	343（73.6%）	P=0.378	92.69±190.96	P=0.499
地区	a 东部地区	29（54.7%）	24（45.3%）		42.32±135.02	
	b 中部地区	7（1.37%）	38（84.4%）	χ^2=27.185	47.60±85.20	F=3.798

续表

指标	内容	是 样本量	否 样本量	检验	人均投入经费（元/年）	T/F 检验
地区	c 西部地区	107（23.3%）	352（76.7%）	P=0.000**	121.92±214.38	P=0.017*
	LSD 多重比较				c>a=b	
	a 不发达村落	47（15.4%）	259（84.6%）		85.63±114.29	
经济状况	b 一般村落	51（31.3%）	112（68.7%）	χ^2=49.65	55.42±105.28	F=4.89
	c 较发达村落	45（51.1%）	43（48.9%）	P=0.000**	203.99±346.32	P=0.009**
	LSD 多重比较				c>a=b	
	汇总	143（25.7%）	414（74.3%）		99.45±195.30	

注："*""**"分别代表 0.05 及 0.01 的显著水平；"a=b"表示两组之间无显著差异，"c>a"表示 c 组显著高于 a 组；括号中的数据为该样本量占样本总量的百分比。

不同地区及不同经济状况村落不论有无专门经费投入还是人均投入经费皆存在显著性差异（χ^2=27.185，P=0.000<0.01；F=3.789，P=0.017<0.05；χ^2=49.65，P=0.000<0.01；F=4.89，P=0.009<0.01）。从不同地区村落情况看，在有专门经费投入方面，东部地区的比例（54.7%）显著高于西部地区（23.3%），而西部地区的比例显著高于中部地区（1.37%）；在有专门经费投入的村落中，东部地区（42.32±135.02 元/年）与中部地区（47.60±85.20 元/年）人均投入经费无显著差异，但两地区人均投入经费金额显著低于西部地区（121.92±214.38 元/年）。从村落的经济状况看，"较发达村落"有专门经费投入的比例为 51.1%，该比例显著高于"一般村落"（31.3%），而"一般村落"显著高于"不发达村落"（15.4%）；在有专门经费投入的村落中，"较发达村落"人均投入经费约为 203.99±346.32 元/年，该金额显著高于"一般村落"（55.42±105.28 元/年）及"不发达村落"（85.63±114.29 元/年），但"一般村落"与"不发达村落"的人均投入经费金额无明显差异。

为了深入揭示体育专门经费投入的细节，本书针对其来源渠道展开了调查（调查问卷为多选题，有专门投入的村落有效样本量为 N=225）。

如表 1-5-9 所示，从整体看，目前村体育经费来源以"上级政府拨款"（69.0%）为主，"村集体经济投入"（56.6%）排在第二位，"企事业单位赞助"（33.6%）排在第三位，"村民个人投入"（27.4%）排在第四位，"其他投入"（12.4%）排在最后。不同民族的村落在体育经费来源方面不存在明显差异（χ^2=5.777；P=0.329>0.05），其主要投入皆来自"上级政府拨款"及"村集体经济投入"。

表 1-5-9 不同民族、地区及经济状况村落体育经费来源情况统计表（样本总量 N=225）

指标	内容	村集体经济投入 样本量	村民个体投入 样本量	上级政府拨款 样本量	企事业单位赞助 样本量	其他投入 样本量
民族	少数民族	13（65.0%）	7（35.0%）	11（55.0%）	4（20.0%）	2（10.0%）
	非少数民族	51（54.8%）	24（25.8%）	67（72.0%）	34（36.6%）	12（12.9%）
	检验	\multicolumn{5}{c}{χ^2=5.777；P=0.329}
地区	东部地区	22（75.9%）	10（34.5%）	23（79.3%）	16（55.2%）	3（10.3%）
	中部地区	0（0.00%）	1（16.7%）	5（83.3%）	1（16.7%）	1（16.7%）
	西部地区	42（53.8%）	20（25.6%）	50（64.1%）	21（26.9%）	10（12.8%）
	检验	\multicolumn{5}{c}{χ^2=25.14；P=0.005**}
经济状况	不发达村落	17（41.5%）	12（29.3%）	28（68.3%）	10（24.4%）	7（17.1%）
	一般村落	32（71.1%）	13（28.9%）	29（64.4%）	18（40.0%）	5（11.1%）
	较发达村落	15（55.6%）	6（22.2%）	21（77.8%）	10（37.0%）	2（7.40%）
	检验	\multicolumn{5}{c}{χ^2=13.01；P=0.017*}
	汇总	64（56.6%）	31（27.4%）	78（69.0%）	38（33.6%）	14（12.4%）

注："*""**"分别代表 0.05 及 0.01 的显著水平；括号中的数据为该样本量占样本总量的百分比。

不同地区村落的体育经费来源存在显著差异（χ^2=25.14，P=0.005<0.01），东部地区的"村集体经济投入"的比例显著高于西部地区，而西部地区显著高于中部地区（其比例依次为75.9%、53.8%、0.00%）。在"上级政府拨款"方面，东部地区（79.3%）与中部地区（83.3%）差异不大，但两者显著高于西部地区（64.1%）。此外，东部地区获得"企事业单位赞助"（55.2%）的经费也较多，这个比例同样显著高于中部地区与西部地区。

不同经济状况村落的体育经费来源存在显著差异（χ^2=13.01，P=0.017<0.05），主要体现在"村集体经济投入"上，"一般村落"（71.1%）的投入比例显著高于"较发达村落"（55.6%），而"较发达村落"显著高于"不发达村落"（41.5%），但在其余的来源渠道上基本不存在差异。

5.3.2.2 体育场地设施供给现状分析

体育场地设施是老年人进行体育活动的重要物质基础。本书针对村落是否有专门的老年体育活动场地设施展开调查。如表 1-5-10 所示，老年体育场地供给情况不存在民族差异（χ^2=0.196，P=0.658>0.05），这说明国家在全民健身战略决策的具体操作问题上同等重视，同时体现了各民族间布局的一致性；但从总体供给情况看，有专门的老年体育场地设施的村落只有41.7%，这个比例有点低。

表1-5-10 不同民族、地区及经济状况村落老年体育场地供给情况统计表（样本总量 N=557）

指标	内容	是 样本量	否 样本量	设施归类
民族	少数民族	36（39.6%）	55（60.4%）	① 健身器材；
	非少数民族	196（42.1%）	270（57.9%）	② 健身广场（含公园广场）；
	检验	χ^2=0.196；P=0.658		③ 老年文化中心；
地区	东部地区	38（71.7%）	15（28.3%）	④ 篮球架；
	中部地区	16（35.6%）	29（64.4%）	⑤ 乒乓球场（台）；
	西部地区	178（38.8%）	281（61.2%）	⑥ 健身步道或路径；
	检验	χ^2=21.93；P=0.000**		⑦ 篮球场；
经济状况	不发达村落	47（15.4%）	259（84.6%）	⑧ 棋牌室；
	一般村落	51（31.3%）	112（68.7%）	⑨ 体育（操）馆；
	较发达村落	45（51.1%）	43（48.9%）	⑩ 羽毛球场；
	检验	χ^2=52.01；P=0.000**		⑪ 门球场、气排球场；
	汇总	232（41.7%）	325（58.3%）	⑫ 室内健身房（带有跑步机）或日间照料中心等

注："**"代表0.01的显著水平；括号中的数据为该样本量占样本总量的百分比。

不同地区村落的老年体育场地供给情况存在显著差异（χ^2=21.93，P=0.000<0.01），表现为东部地区的配置率（71.7%）显著高于中部地区（35.6%）与西部地区（38.8%），而中部地区与西部地区两者无差异。

不同经济状况村落的老年体育场地供给情况同样差异显著（χ^2=52.01，P=0.000<0.01），表现为"较发达村落"的配置率（51.1%）显著高于"一般村落"（31.3%），而"一般村落"的配置率显著高于"不发达村落"（15.4%）。

本书调查问卷针对232个拥有体育场地设施的村落，就老年体育活动场地设施的具体内容进行调查，经过归纳整理发现：排在第一位的是健身器材，第二位是健身广场（含公园广场），第三位是老年文化中心，第四位是篮球架，第五位是乒乓球场（台），第六位是健身步道或路径，第七位是篮球场，第八位是棋牌室，第九位是体育（操）馆，第十位是羽毛球场，第十一位是门球场、气排球场，第十二位是室内健身房（带有跑步机）或日间照料中心等。

5.3.3 农村老年人接受体育供给服务的现状分析

如表 1-5-11 所示是各村老年人的晨晚锻炼活动点数目、负责组织和指导老年人体育活动骨干数目及村落老年体育活动组织数目的调查结果。

表 1-5-11 不同民族、地区及经济状况村落体育服务人员组织配备情况统计表（样本总量 N=557）

指标	内容	晨晚锻炼点数目 X±S	检验（T/F）	体育活动骨干数目 X±S	检验（T/F）	体育活动组织数目 X±S	检验（T/F）
民族	少数民族	5.25±25.97	T=2.37	0.54±1.24	T=-0.6757	0.45±0.82	T=1.139
	非少数民族	1.87±7.39	P=0.018*	0.66±1.56	P=0.500	0.36±0.65	P=0.255
地区	a 东部地区	3.04±7.86		0.51±1.03		0.64±0.88	
	b 中部地区	0.78±0.95	F=3.464	0.38±0.78	F=1.003	0.16±0.37	F=6.422
	c 西部地区	2.52±13.52	P=0.016*	0.68±1.61	P=0.367	0.37±0.68	P=0.000**
	LSD 多重比较	a=c>b				a>c>b	
经济状况	a 不发达村落	1.44±6.55		0.44±1.06		0.26±0.55	
	b 一般村落	3.59±19.31	F=3.09	0.76±1.78	F=7.174	0.51±0.81	F=10.069
	c 较发达村落	3.69±12.31	P=0.032*	1.09±2.13	P=0.001**	0.53±0.82	P=0.000**
	LSD 多重比较	b=c>a		b=c>a		b=c>a	
	汇总	2.42±12.52		0.64±1.53		0.38±0.69	

注："*""**"分别代表 0.05 及 0.01 的显著水平；"a=c"表示前后两组之间无显著差异，"c>b"表示 c 组显著高于 b 组。

从整体情况看，每个村落的晨晚锻炼点平均数目为 2.42±12.52 个，体育活动骨干数目平均每个村为 0.64±1.53 人，体育活动组织数目平均每个村为 0.38±0.69 个。

不同民族村落在"晨晚锻炼点数目"上存在显著差异（T=2.37，P=0.018<0.05），表现为"少数民族"村落（5.25±25.97）显著高于"非少数民族"村落（1.87±7.39），但在"体育活动骨干数目""体育活动组织数目"两个方面的配备上不存在民族差异。

不同地区村落在"体育活动骨干数目"上不存在差异（F=1.003，P=0.367>0.05），但在"晨晚锻炼点数目"（F=3.464，P=0.016<0.05）及"体育活动组织数目"（F=6.422，P=0.000<0.01）上皆存在显著差异。经 LSD 多重比较发现，东部地区与西部地区在"晨晚锻炼点数目"上较接近（3.04±7.86，2.52±13.52），但两地显著高于中部地区（0.78±0.95）；在"体育活动组织数目"方面，东部地区（0.64±0.88）显著高于西部地区（0.37±0.68），而西部地区显著高于中部地区（0.16±0.37）。

5 农村老年公共体育服务的供给分析

不同经济状况村落在"晨晚锻炼点数目""体育活动骨干数目""体育活动组织数目"3个方面皆存在显著差异($F=3.09$, $P=0.032<0.05$; $F=7.174$, $P=0.001<0.01$; $F=10.069$, $P=0.000<0.01$)。经LSD多重比较发现,"较发达村落"及"一般村落"在"晨晚锻炼点数目""体育活动骨干数目""体育活动组织数目"上皆较接近(其对应数目依次为 3.59±19.31、3.69±12.31、0.76±1.78、1.09±2.13、0.51±0.81、0.53±0.82),但两者皆高于"不发达村落"(1.44±6.55、0.44±1.06、0.26±0.55)。

表1-5-12所示为各村最近1年(2017年)组织老年人进行体育活动的次数、开展健康或健身相关知识讲座的次数及对老年人参与体育活动进行宣传动员的次数统计结果。

表1-5-12 不同民族、地区及经济状况村落老年人接受体育服务情况统计表(样本总量 $N=557$)

指标	内容	体育活动次数 X±S	检验(T/F)	知识讲座次数 X±S	检验(T/F)	宣传动员次数 X±S	检验(T/F)
民族	少数民族	1.12±2.27	$T=-2.812$	0.78±1.17	$T=-0.60$	1.22±2.39	$T=0.795$
	非少数民族	2.49±16.01	$P=0.041^*$	0.90±1.85	$P=0.549$	0.99±2.56	$P=0.427$
地区	a 东部地区	0.55±0.82		0.60±0.74		0.66±0.78	
	b 中部地区	7.18±44.25	$F=3.99$	0.67±1.62	$F=1.207$	0.38±0.65	$F=3.457$
	c 西部地区	1.98±8.20	$P=0.005^{**}$	0.93±1.85	$P=0.300$	1.13±2.75	$P=0.037^*$
	LSD多重比较	a=c>b				a>c>b	
经济状况	a 不发达村落	1.79±17.22		0.71±1.59		0.79±1.92	
	b 一般村落	3.53±12.82	$F=3.87$	1.09±1.98	$F=1.16$	1.43±3.64	$F=3.522$
	c 较发达村落	1.56±5.19	$P=0.042^*$	1.09±1.85	$P=0.091$	1.11±1.65	$P=0.030^*$
	LSD多重比较	b=c>a				b=c>a	
	汇总	2.26±14.68		0.88±1.76		1.03±2.53	

注:"*""**"分别代表0.05及0.01的显著水平;"a=c"表示两组之间无显著差异,"c>b"表示c组显著高于b组。

从整体情况看,最近1年(2017年)各村组织老年人参与的体育活动的平均次数为2.26±14.68次,开展知识讲座的平均次数为0.88±1.76次,进行宣传动员的平均次数为1.03±2.53次。总体上看,1年时间内三大活动的平均次数明显偏低。

不同民族村落在"知识讲座次数""宣传动员次数"上不存在显著差异($T=-0.60$, $P=0.549>0.05$; $T=0.795$, $P=0.427>0.05$),但在"体育活动次数"方面却存在明显的民族差异($T=-2.812$, $P=0.041<0.05$),表现为非少数民族村

(2.49±16.01）显著高于少数民族村（1.12±2.27）。

不同地区的村落在"知识讲座次数"上不存在差异（F=1.207，P=0.300>0.05），但在"体育活动次数"（F=3.99，P=0.005<0.01）及"宣传动员次数"（F=3.457，P=0.037<0.05）上皆存在显著差异。经 LSD 多重比较发现，中部地区的"体育活动次数"最高，西部地区次之，而东部地区最少（依次为 7.18±44.25、1.98±8.20、0.55±0.82）；在"宣传动员次数"方面表现为西部地区最高、东部地区次之、中部地区最少（依次为 1.13±2.75、0.66±0.78、0.38±0.65）。

不同经济状况的村落在"知识讲座次数"上不存在差异（F=1.16，P=0.091>0.05），但在"体育活动次数"（F=3.87，P=0.042*<0.01）及"宣传动员次数"（F=3.522，P=0.030<0.05）上皆存在显著差异。经 LSD 多重比较发现，"一般村落"的"体育活动次数"最高（3.53±12.82），并显著高于"较发达村落"（1.56±5.19）及"不发达村落"（1.79±17.22）；在"宣传动员次数"上，"一般村落"最高、"较发达村落"次之、"不发达村落"最少（依次为 1.43±3.64、1.11±1.65、0.79±1.92）。

如表 1-5-13 所示为各村是否对老年人进行过体质监测及对本村老年人参与体育活动的总体评价统计结果。

表 1-5-13　不同民族、地区及经济状况村落老年人体质监测及体育活动参与评价统计表
（样本总量 N=557）

指标	内容	是否进行体质监测 是 样本量	是否进行体质监测 否 样本量	体育活动参与的总体评价 优 样本量	体育活动参与的总体评价 良 样本量	体育活动参与的总体评价 中 样本量	体育活动参与的总体评价 差 样本量	体育活动参与的总体评价 很差 样本量
民族	少数民族	55（60.4%）	36（39.6%）	19（20.9%）	28（30.8%）	16（17.6%）	21（23.1%）	7（7.7%）
民族	非少数民族	260（55.8%）	206（44.2%）	49（10.5%）	136（29.2%）	141（25.3%）	132（23.7%）	52（9.3%）
民族	检验	χ^2=0.669；P=0.414			χ^2=9.665；P=0.046*			
地区	东部地区	39（73.6%）	14（26.4%）	16（30.2%）	21（39.6%）	14（26.4%）	1（1.9%）	1（1.9%）
地区	中部地区	18（40.0%）	27（60.0%）	0（0.00%）	2（4.4%）	12（26.7%）	19（42.2%）	12（26.7%）
地区	西部地区	258（56.2%）	201（43.8%）	52（11.3%）	141（30.7%）	115（25.1%）	112（24.4%）	39（8.5%）
地区	检验	χ^2=11.296；P=0.004**			χ^2=66.78；P=0.000**			

续表

指标	内容	是否进行体质监测		体育活动参与的总体评价				
		是 样本量	否 样本量	优 样本量	良 样本量	中 样本量	差 样本量	很差 样本量
经济状况	不发达村落	168（54.9%）	138（45.1%）	24（7.8%）	56（18.3%）	78（25.5%）	104（34.0%）	44（14.4%）
	一般村落	98（60.1%）	65（39.9%）	30（15.4%）	61（37.4%）	49（30.1%）	20（12.3%）	3（1.8%）
	较发达村落	49（55.7%）	39（44.3%）	14（15.9%）	47（53.4%）	14（15.9%）	8（9.1%）	5（5.7%）
	检验	$\chi^2=1.212$；$P=0.546$		$\chi^2=98.99$；$P=0.000^{**}$				
	汇总	315（56.6%）	242（43.4%）	68（12.2%）	164（29.4%）	141（25.3%）	132（23.7%）	52（9.3%）

注："*""**"分别代表 0.05 及 0.01 的显著水平；括号中的数据为该样本量占样本总量的百分比。

不同民族及不同经济状况村落在"是否进行体质监测"问题上的回应是一致的（$\chi^2=0.669$，$P=0.414<0.05$；$\chi^2=1.212$，$P=0.546<0.05$）。从整体情况看，有56.6%的村落每年都会针对老年人的体质状况进行监测与评定。不同地区的村落在"是否进行体质监测"问题上的回应存在显著差异（$\chi^2=11.296$，$P=0.004<0.01$），东部地区表现最好，监测率高达73.6%，西部地区次之（56.2%），中部地区最差（40.0%）。在实地调研的过程中，很多村干部往往把体检当成体质监测，因此体质监测率的实际数据可能更低。

不同民族、不同地区及不同经济状况的村落的干部对本村老年人体育活动参与的总体评价皆不一致（$\chi^2=9.665$，$P=0.046<0.05$；$\chi^2=66.78$，$P=0.000<0.01$；$\chi^2=98.99$，$P=0.000<0.01$）。进一步分析发现，少数民族村落对本村老年人体育活动参与的总体评价要好于非少数民族村落，其中评价为"优"的比例分别为20.9%及10.5%；东部地区村落对本村老年人体育活动参与的总体评价最好，其次是西部地区，中部地区最差，其中评价为"优"的比例分别为39.6%、30.7%及4.4%；"较发达村落"对本村老年人体育活动参与的总体评价最好，"一般村落"次之，"不发达村落"最差，其中评价为"优"的比例分别为53.4%、37.4%、18.3%。

5.4 小　　结

5.4.1 基层体育工作者对农村老年公共体育服务认知水平不均衡、重视程度不高

农村老年公共体育服务主要由村委会负责文体工作的干部来承担和负责组织实施。在实践中，虽然不同地区、经济状况的村落村委体育工作者对老年体育服务的必要性表现出不同的认知水平，但整体上我国村委体育干部对老年体育服务的开展较为赞同。这说明基层体育工作者已经能够意识到老年公共体育服务的功能和价值。然而，村干部对老年公共体育服务的重视程度却并不乐观，尤其是中西部地区和经济不发达的村落，其村干部实际上较少关注老年人的体育服务活动。其中一部分原因可能是村干部手中可供支配的体育服务资源十分有限，人们往往注重如何满足青少年群体的体育需求而忽视老年群体的需求；另一部分原因可能是农村老年人体育需求的表达渠道受阻，造成老年公共体育服务供给的不足。此外，据调查，我国农村地区十分乐意接受政府或其他组织主动提供的老年体育服务，老年人也具有确定公共体育服务内容的主动权，但真正享受过上级政府或其他社会组织主动提供老年体育服务的村落不到五成。不仅如此，老年体育服务分配不均等问题突出，如越发达的村落接受体育服务的比例越高，东部地区接受率显著高于中部地区及西部地区。因此，要想做好农村老年人公共体育服务，既要充分调动村委会负责文体工作干部的积极性，发挥村委干部在老年公共体育服务发展中的作用，又要加大对中西部农村老年公共体育服务的投入力度，解决分配不均所带来的问题。

5.4.2 农村老年公共体育服务供给不充分、不均衡的问题突出

从调查反馈的情况看，我国农村老年公共体育服务显示出供给水平不高、供给内容不均衡的特点。具体而言，在供给水平方面，一是供给制度建设缺失。尽管有超过七成的农村地区解决了老年公共体育服务供给工作中的地位、职责和权限问题，但是制定过体育服务考核激励制度和有专人负责老年体育工作的比例却比较低，分别为28.2%、42.9%。此外，农村制订过老年体育服务的工作计划的比

例、召开过专题会议讨论老年人的文体工作的比例都未达到六成，可见农村老年公共体育服务的制度化程度较低。缺乏相关的制度约束和治理，在一定程度上减少了农村老年人享受体育服务的机会。二是农村老年公共体育服务的投入不足。在经费投入上，不仅覆盖面窄，只有25.7%的村落享有专门经费投入，而且经费金额极低，这表明解决农村老年人的经费问题迫在眉睫。在场地设施投入上，多达58.3%的村落没有专门的老年体育场地设施。老年体育场地设施是老年人开展体育健身活动的必要条件和重要保障，相比青少年，老年人对场地设施的要求更高，特别是身体功能存在障碍的老年人及患有疾病的老年人更需要专门的体育场地设施进行功能恢复和疾病治疗，因此加强农村现有公共体育设施的适老化改造及新建农村体育公共设施需要考虑老年人群的需求。三是农村老年公共体育服务工作开展滞后。村落每年针对老年人的体质状况进行监测的比例仅有56.6%，村落的晨晚锻炼点数目、体育活动骨干数目及体育活动组织数目平均值较低，开展知识讲座次数、宣传动员次数及体育活动次数也都不理想，体育活动整体上看农村老年人公共体育服务工作严重滞后，根本无法保障老年人进行体育锻炼的基本诉求。

供给内容不均衡主要体现在地区和经济状况两个方面。在地区方面，村委会在老年公共体育服务供给中的地位、职责和权限，以及考核激励制度建设、文体活动中心拥有情况、专门经费投入、体育活动组织数目、是否进行体质监测等方面的比例上，不同地区的村落都存在显著性差异，表现为东部地区比例显著高于中西部地区。这说明东部地区农村老年公共体育服务供给发展好于中西部地区。在经济状况方面，经济越发达的村落，其老年公共体育服务供给表现越好。几乎在所有的供给内容调查指标上，皆呈现出"较发达村落"好于"一般村落"、"一般村落"好于"不发达村落"的情形。这说明经济状况在农村公共体育服务中起着十分重要的作用。

6

农村老年公共体育服务的供需匹配分析

6.1 农村老年公共体育服务供需具体指标匹配程度分析

为全面分析农村老年公共体育服务的供需匹配问题，找出其不相匹配的地区差异、民族差异及经济状况，并据此揭示供需匹配关系对老年人体育锻炼的影响机制，需要优先对目前村干部对老年公共体育服务供需匹配的评价作出相应的测量效度、信度验证。本书共设计了10个条目（表1-6-1）：①老年体育经费投入；②老年体育场地设施建设；③老年体育组织建设；④老年体育骨干培养；⑤老年体育活动组织；⑥对老年人参与体育活动的指导；⑦老年人健康和健身知识提供；⑧老年人参与体育的宣传动员；⑨老年体育的制度建设；⑩老年人的体质监测服务。将每个条目的供需匹配程度划分为"完全匹配""比较匹配""基本匹配""不匹配""完全不匹配"5种情况，并分别赋予5分、4分、3分、2分、1分。

表1-6-1 村领导对老年公共体育服务供需匹配问题衡量量表内部一致性检验表

条目内容 （整体 Cronbach α 系数=0.964）	每个条目与条目总和之间的相关系数	删除该条目后的 Cronbach α 系数值的比较
H1 老年体育经费投入	0.680	0.962↘
H2 老年体育场地设施建设	0.698	0.961↘
H3 老年体育组织建设	0.776	0.959↘
H4 老年体育骨干培养	0.807	0.958↘
H5 老年体育活动组织	0.809	0.958↘
H6 对老年人参与体育活动的指导	0.809	0.958↘
H7 老年人健康和健身知识提供	0.786	0.960↘
H8 老年人参与体育的宣传动员	0.771	0.959↘
H9 老年体育的制度建设	0.767	0.959↘
H10 老年人的体质监测服务	0.613	0.963↘

据表 6-1 可知，第 2 列数据表示每个条目与条目总和之间的相关系数（按统计学要求不能低于 0.4）皆达到标准，第 3 列数据表示删除该条目后的 Cronbach α 系数值（与原值 0.964 相比，若上升，则说明该条目可删除，否则不能删除）皆下降。因此，该测量量表的 10 个条目皆具备保留的基本条件。

如图 1-6-1 所示，农村老年公共体育服务供需测量量表具有较好的构想效度，在绝对适配度检验中，P=0.313>0.05，意味着模型的因果路径图与实际数据基本吻合；其他适配度指标 GFI、AGFI、RFI、CFI 参数值依次为 0.993、0.978、0.992、1.00，皆大于 0.90 的标准，RMSEA 等于 0.016（小于 0.05，适配良好），表明模型与调研获得数据拟合良好，说明该量表具有较好的测量效度。整体供需匹配度得分为 10~50 分，得分越高意味着供需关系越匹配。

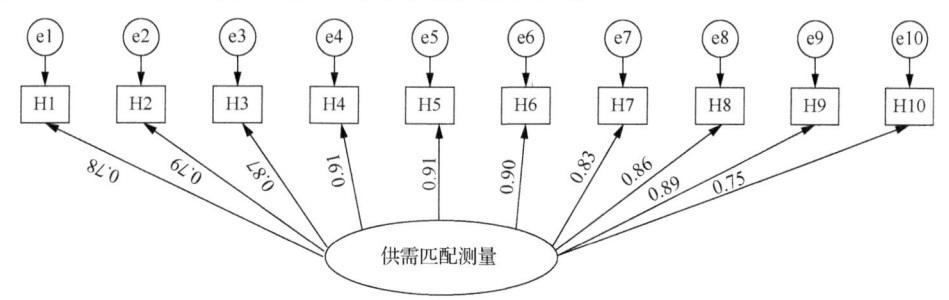

模型验证：χ^2=18.19，DF=16，P=0.313；GFI=0.993，AGFI=0.978，RFI=0.992，CFI=1.00，RMSEA=0.016。

图 1-6-1　农村老年公共体育服务供需匹配测量模型验证

从测量模型标准化系数 β 值看，H1~H10 对应值依次为 0.78、0.79、0.87、0.91、0.91、0.90、0.83、0.86、0.89、0.75，说明 H1~H10 对整体供需匹配程度的解释变异量（β^2）分别为 60.84%、62.41%、75.69%、82.81%、82.81%、81.00%、68.89%、73.96%、79.21% 及 56.25%，可见农村老年公共体育服务十大内容体系供需匹配程度排序由最佳至最差依次是老年体育骨干培养、老年体育活动组织、对老年人参与体育活动的指导、老年体育的制度建设、老年体育组织建设、老年人参与体育的宣传动员、老年人健康和健身知识提供、老年体育场地设施建设、老年体育经费投入、老年人的体质监测服务。

6.2　农村老年公共体育服务供需匹配程度差异分析

为了找出针对农村老年公共体育服务供需匹配问题的更简洁、清晰的解释，我们先将村干部对该问题的评价进行整合,将"基本匹配""比较匹配""完全匹配"3项回答的百分比求和,该和值称为匹配基线。如果基线未超过60%,就说明供需关系存在问题。

如表1-6-2所示,不同村落老年体育经费投入匹配度的整体评估是,"基本匹配"者占23.8%,"比较匹配"者占13.3%,"完全匹配"者占6.8%,匹配基线值为43.9%,未能达标。

表1-6-2 不同村落老年体育经费投入匹配度差异分析(样本总量 N=541)

指标	内容	完全不匹配样本量	不匹配样本量	基本匹配样本量	比较匹配样本量	完全匹配样本量
民族	少数民族	20(25.3%)	20(22.0%)	22(24.2%)	15(6.5%)	11(12.1%)
	非少数民族	109(24.2%)	151(33.6%)	107(23.8%)	57(12.7%)	26(5.8%)
	检验	\multicolumn{5}{c}{χ^2=8.485;P=0.075}
地区	东部地区	3(5.7%)	6(11.3%)	24(45.3%)	13(24.5%)	7(13.2%)
	中部地区	23(51.1%)	14(31.1%)	3(6.7%)	2(4.4%)	3(6.7%)
	西部地区	106(23.9%)	151(34.1%)	102(23.0%)	57(12.9%)	27(6.1%)
	检验	\multicolumn{5}{c}{χ^2=55.74;P=0.000**}
经济状况	不发达村落	102(34.3%)	101(34.0%)	49(16.5%)	28(9.4%)	17(5.7%)
	一般村落	16(10.1%)	53(33.3%)	54(34.0%)	23(14.5%)	13(8.2%)
	较发达村落	14(16.5%)	17(20.0%)	26(30.6%)	21(24.7%)	7(8.2%)
	检验	\multicolumn{5}{c}{χ^2=60.12;P=0.000**}
	汇总	132(24.4%)	171(31.6%)	129(23.8%)	72(13.3%)	37(6.8%)

注:"**"代表0.01的显著水平;括号中的数据为该样本量占样本总量的百分比。

不同民族村落的老年体育经费投入匹配度差异不显著(χ^2=8.485,P=0.075>0.05),但不同地区及不同经济状况村落的老年体育经费投入匹配度差异显著(χ^2=55.74,P=0.000<0.01;χ^2=60.12,P=0.000<0.01)。深入分析发现,不同地区间的匹配基线值以东部地区为最高(83.0%),西部地区次之(42.0%),中部地区最低(17.8%);从经济状况看,"较发达村落"体育经费投入匹配基线值显著高于"一般村落",而"一般村落"又显著高于"不发达村落"(对应基线值依次为63.5%、56.7%、31.6%)。

如表1-6-3所示,不同村落老年体育场地设施建设匹配度的整体评估是,选择"基本匹配"、"比较匹配"及"完全匹配"者的比例分别为26.3%、15.6%及10.6%,匹配基线值为52.5%,未能达标。

表 1-6-3 不同村落老年体育场地设施建设匹配度差异分析（样本总量 N=540）

指标	内容	完全不匹配样本量	不匹配样本量	基本匹配样本量	比较匹配样本量	完全匹配样本量
民族	少数民族	20（22.0%）	20（22.0%）	17（18.7%）	22（24.2%）	12（13.2%）
	非少数民族	86（19.2%）	131（29.2%）	125（27.8%）	62（13.8%）	45（10.0%）
	检验	χ^2=10.069；P=0.039*				
地区	东部地区	2（3.8%）	11（20.8%）	21（39.6%）	12（22.6%）	7（13.2%）
	中部地区	18（40.0%）	17（37.8%）	5（11.1%）	2（4.4%）	3（6.7%）
	西部地区	86（19.5%）	123（27.8%）	116（26.2%）	70（15.8%）	47（10.6%）
	检验	χ^2=32.676；P=0.000**				
经济状况	不发达村落	87（29.4%）	95（32.1%）	59（19.9%）	30（10.1%）	25（8.4%）
	一般村落	11（6.9%）	44（27.7%）	50（31.4%）	29（18.2%）	25（15.7%）
	较发达村落	8（9.4%）	12（14.1%）	33（38.8%）	25（29.4%）	7（8.2%）
	检验	χ^2=73.376；P=0.000**				
	汇总	106（19.6%）	151（28.0%）	142（26.3%）	84（15.6%）	57（10.6%）

注："*""**"分别代表 0.05 及 0.01 的显著水平；括号中的数据为该样本量占样本总量的百分比。

不同民族、不同地区及不同经济状况的村落，其老年体育场地设施建设匹配度皆存在显著差异（χ^2=10.069，P=0.039<0.05；χ^2=32.676，P=0.000<0.01；χ^2=73.376，P=0.000<0.01）。具体表现为：少数民族村落的匹配基线值（56.1%）显著高于非少数民族村落（51.6%）；东部地区村落的匹配基线值（75.4%）显著高于西部地区（52.6%），而西部地区则显著高于中部地区（22.2%）；"较发达村落"的匹配基线值（76.4%）显著高于"一般村落"（65.3%），而"一般村落"的匹配基线值显著高于"不发达村落"（38.4%）。

如表 1-6-4 所示，不同村落老年体育组织建设匹配度的整体评估是，选择"基本匹配""比较匹配""完全匹配"者的比例分别为 26.8%、11.6% 及 8.3%，匹配基线值为 46.7%，未能达标。

表 1-6-4 不同村落老年体育组织建设匹配度差异分析（样本总量 N=541）

指标	内容	完全不匹配样本量	不匹配样本量	基本匹配样本量	比较匹配样本量	完全匹配样本量
民族	少数民族	24（26.4%）	17（18.7%）	28（30.8%）	10（11.0%）	12（13.2%）
	非少数民族	101（22.4%）	146（32.4%）	117（26.0%）	53（11.8%）	33（7.3%）
	检验	χ^2=9.065；P=0.059				

续表

指标	内容	完全不匹配样本量	不匹配样本量	基本匹配样本量	比较匹配样本量	完全匹配样本量
地区	东部地区	3（5.7%）	11（20.8%）	26（49.1%）	5（9.4%）	8（15.1%）
	中部地区	18（40.0%）	14（31.1%）	8（17.8%）	1（2.2%）	4（8.9%）
	西部地区	104（23.5%）	138（31.2%）	111（25.1%）	57（12.9%）	33（7.4%）
	检验	χ^2=33.512；P=0.000**				
经济状况	不发达村落	93（31.3%）	98（33.0%）	60（20.2%）	24（8.1%）	22（7.4%）
	一般村落	20（12.6%）	48（30.2%）	58（36.5%）	19（11.9%）	14（8.8%）
	较发达村落	12（14.1%）	17（20.0%）	27（31.8%）	20（23.5%）	9（10.6%）
	检验	χ^2=48.554；P=0.000**				
汇总		125（23.1%）	163（30.1%）	145（26.8%）	63（11.6%）	45（8.3%）

注："**"代表0.01的显著水平；括号中的数据为该样本量占样本总量的百分比。

不同民族村落的老年体育组织建设匹配度不存在差异（χ^2=9.065，P=0.059>0.05），但不同地区及不同经济状况的村落，其老年体育组织建设匹配度皆存在显著差异（χ^2=33.512，P=0.000<0.01；χ^2=48.554，P=0.000<0.01）。具体表现为：东部地区村落的匹配基线值（73.6%）显著高于西部地区（45.4%），而西部地区则显著高于中部地区（28.9%）；"较发达村落"的匹配基线值（65.9%）显著高于"一般村落"（47.2%），而"一般村落"的匹配基线值又显著高于"不发达村落"（35.7%）。

如表1-6-5所示，不同村落老年体育骨干培养匹配度的整体评估是，选择"基本匹配""比较匹配""完全匹配"者的比例分别为24.4%、10.7%及8.3%，匹配基线值为43.4%，未能达标。

表1-6-5 不同村落老年体育骨干培养匹配度差异分析（样本总量 N=541）

指标	内容	完全不匹配样本量	不匹配样本量	基本匹配样本量	比较匹配样本量	完全匹配样本量
民族	少数民族	26（28.6%）	19（20.9%）	21（23.1%）	14（15.4%）	11（12.1%）
	非少数民族	108（24.0%）	153（34.0%）	111（24.7%）	44（9.8%）	34（7.6%）
	检验	χ^2=8.905；P=0.064				
地区	东部地区	4（7.5%）	11（20.8%）	26（49.1%）	3（5.7%）	9（17.0%）
	中部地区	18（40.0%）	17（37.8%）	4（8.9%）	2（4.4%）	4（8.9%）

续表

指标	内容	完全不匹配样本量	不匹配样本量	基本匹配样本量	比较匹配样本量	完全匹配样本量
地区	西部地区	112（25.3%）	144（32.5%）	102（23.0%）	53（12.0%）	32（7.2%）
	检验	χ^2=40.199；P=0.000**				
经济状况	不发达村落	97（32.7%）	97（32.7%）	58（19.5%）	24（8.1%）	21（7.1%）
	一般村落	23（14.5%）	54（34.0%）	49（30.8%）	20（12.6%）	13（8.2%）
	较发达村落	14（16.5%）	21（24.7%）	25（29.4%）	14（16.5%）	11（12.9%）
	检验	χ^2=48.554；P=0.000**				
	汇总	134（24.8%）	172（31.8%）	132（24.4%）	58（10.7%）	45（8.3%）

注："**"代表0.01的显著水平；括号中的数据为该样本量占样本总量的百分比。

不同民族村落的老年体育骨干培养匹配度不存在差异（χ^2=8.905，P=0.064>0.05），但不同地区及不同经济状况的村落的老年体育骨干培养匹配度皆存在显著差异（χ^2=40.199，P=0.000<0.01；χ^2=48.554，P=0.000<0.01）。具体表现为：东部地区的匹配基线值（71.8%）显著高于西部地区（42.2%），而西部地区则显著高于中部地区（22.2%）；"较发达村落"的匹配基线值（58.8%）显著高于"一般村落"（51.6%），而"一般村落"又显著高于"不发达村落"（34.7%）。

如表1-6-6所示，不同村落老年体育活动组织匹配度的整体评估是，选择"基本匹配""比较匹配""完全匹配"者的比例分别为28.7%、10.5%及10.5%，匹配基线值为49.7%，未能达标。

表1-6-6 不同村落老年体育活动组织匹配度差异分析（样本总量 N=541）

指标	内容	完全不匹配样本量	不匹配样本量	基本匹配样本量	比较匹配样本量	完全匹配样本量
民族	少数民族	28（30.8%）	16（17.6%）	22（24.2%）	12（13.2%）	13（14.3%）
	非少数民族	101（22.4%）	127（28.2%）	133（29.6%）	45（10.0%）	44（9.8%）
	检验	χ^2=8.396；P=0.078				
地区	东部地区	5（9.4%）	8（15.0%）	25（47.2%）	7（13.2%）	8（15.1%）
	中部地区	18（40.0%）	14（31.1%）	6（13.3%）	2（4.4）	5（11.1%）
	西部地区	106（23.9%）	121（27.3%）	124（28.0%）	48（10.8%）	44（9.9%）
	检验	χ^2=25.914；P=0.001**				

续表

指标	内容	完全不匹配样本量	不匹配样本量	基本匹配样本量	比较匹配样本量	完全匹配样本量
经济状况	不发达村落	92（31.0%）	86（29.0%）	66（22.2%）	27（9.1%）	26（8.8%）
	一般村落	22（13.8%）	45（28.3%）	54（34.0%）	18（11.3%）	20（12.6%）
	较发达村落	15（17.65%）	12（14.1%）	35（41.2%）	12（14.1%）	11（12.9%）
	检验		χ^2=48.554；P=0.000**			
	汇总	129（23.8%）	143（26.4%）	155（28.7%）	57（10.5%）	57（10.5%）

注："**"代表0.01的显著水平；括号中的数据为该样本量占样本总量的百分比。

不同民族村落的老年体育活动组织匹配度不存在差异（χ^2=8.396，P=0.078>0.05），但不同地区及不同经济状况村落的老年体育活动组织匹配度皆存在显著差异（χ^2=25.914，P=0.001<0.01；χ^2=48.554，P=0.000<0.01）。具体表现为：东部地区的匹配基线值（75.5%）显著高于西部地区（48.7%），而西部地区则显著高于中部地区（28.8%）；"较发达村落"的匹配基线值（68.2%）显著高于经济"一般村落"（57.9%），而"一般村落"显著高于"不发达村落"（40.1%）。

如表1-6-7所示，不同村落对老年人参与体育活动的指导匹配度的整体评估是，选择"基本匹配""比较匹配""完全匹配"者的比例分别为25.7%、13.3%及9.1%，匹配基线值为48.1%，未能达标。

表1-6-7 不同村落对老年人参与体育活动的指导匹配度差异分析（样本总量 N=541）

指标	内容	完全不匹配样本量	不匹配样本量	基本匹配样本量	比较匹配样本量	完全匹配样本量
民族	少数民族	24（26.4%）	20（22.0%）	18（19.8%）	17（18.7%）	12（13.2%）
	非少数民族	99（22.0%）	138（30.7%）	121（26.9%）	55（12.2%）	37（8.2%）
	检验		χ^2=8.515；P=0.074			
地区	东部地区	4（7.5%）	8（15.1%）	26（49.1%）	8（15.1%）	7（13.2%）
	中部地区	18（40.0%）	14（31.1%）	7（15.6%）	1（2.2%）	5（11.1%）
	西部地区	101（22.8%）	136（30.7%）	106（23.9%）	63（14.2%）	37（8.4%）
	检验		χ^2=34.904；P=0.000**			

续表

指标	内容	完全不匹配样本量	不匹配样本量	基本匹配样本量	比较匹配样本量	完全匹配样本量
经济状况	不发达村落	91（30.6%）	91（30.6%）	54（18.2%）	36（12.1%）	25（8.4%）
	一般村落	19（11.9%）	52（32.7%）	52（32.7%）	20（12.6%）	16（10.1%）
	较发达村落	13（15.3%）	15（17.6%）	33（38.8）	16（18.6%）	8（9.4%）
	检验	\multicolumn{5}{c}{$\chi^2=41.043$；$P=0.000^{**}$}
	汇总	123（22.7%）	158（29.2%）	139（25.7%）	72（13.3%）	49（9.1%）

注："**"代表0.01的显著水平；括号中的数据为该样本量占样本总量的百分比。

不同民族村落对老年人参与体育活动的指导匹配度不存在差异（$\chi^2=8.515$，$P=0.074>0.05$），但不同地区及不同经济状况村落对老年人参与体育活动的指导匹配度皆存在显著差异（$\chi^2=34.904$，$P=0.000<0.01$；$\chi^2=41.043$，$P=0.000<0.01$）。具体表现为：东部地区的匹配基线值（77.4%）显著高于西部地区（46.5%），而西部地区则显著高于中部地区（28.9%）；"较发达村落"的匹配基线值（66.8%）显著高于"一般村落"（55.4%），而"一般村落"又显著高于"不发达村落"（38.7%）。

如表1-6-8所示，不同村落老年人健康和健身知识提供匹配度的整体评估是，选择"基本匹配""比较匹配""完全匹配"者的比例分别为27.4%、15.2%及13.3%，匹配基线值为55.9%，未能达标。

表1-6-8　不同村落老年人健康和健身知识提供匹配度差异分析（样本总量 $N=541$）

指标	内容	完全不匹配样本量	不匹配样本量	基本匹配样本量	比较匹配样本量	完全匹配样本量
民族	少数民族	23（25.3%）	19（20.9%）	20（22.0%）	10（11.0%）	19（20.9%）
	非少数民族	85（18.9%）	112（24.9%）	128（28.4%）	72（16.0%）	53（11.8%）
	检验	\multicolumn{5}{c}{$\chi^2=9.171$；$P=0.057$}
地区	东部地区	4（7.5%）	8（15.1%）	30（56.6%）	3（5.7%）	8（15.1%）
	中部地区	17（37.8%）	13（28.9%）	7（15.6%）	3（6.7%）	5（11.1%）
	西部地区	87（19.6%）	110（24.8%）	111（25.1%）	76（17.2%）	59（13.3%）
	检验	\multicolumn{5}{c}{$\chi^2=40.037$；$P=0.000^{**}$}

续表

指标	内容	完全不匹配 样本量	不匹配 样本量	基本匹配 样本量	比较匹配 样本量	完全匹配 样本量
经济状况	不发达村落	80（26.9%）	81（27.3%）	63（21.2%）	37（12.5%）	36（12.1%）
	一般村落	19（11.9%）	34（21.4%）	59（37.1%）	22（13.8%）	25（15.7%）
	较发达村落	9（10.6%）	16（18.8%）	26（30.6%）	23（27.1%）	11（12.9%）
	检验	\multicolumn{5}{c}{$\chi^2=39.307$；$P=0.000^{**}$}
	汇总	108（20.0%）	131（24.2%）	148（27.4%）	82（15.2%）	72（13.3%）

注："**"代表0.01的显著水平；括号中的数据为该样本量占样本总量的百分比。

不同民族村落的老年人健康和健身知识提供匹配度不存在差异（$\chi^2=9.171$，$P=0.057>0.05$）；但不同地区及不同经济状况村落的老年人健康和健身知识提供匹配度皆存在显著差异（$\chi^2=40.037$，$P=0.000<0.01$；$\chi^2=39.307$，$P=0.000<0.01$）。具体表现为：东部地区的匹配基线值（77.4%）显著高于西部地区（55.6%），而西部地区则显著高于中部地区（33.4%）；"较发达村落"（70.6%）与"一般村落"的匹配基线值（66.6%）无明显差异，但两者皆显著高于"不发达村落"（45.8%）。

如表1-6-9所示，村落老年人参与体育的宣传动员匹配度的整体评估是，选择"基本匹配""比较匹配""完全匹配"者的比例分别为30.1%、13.9%及10.7%，匹配基线值为54.7%，未能达标。

表1-6-9 不同村落老年人参与体育的宣传动员匹配度差异分析（样本总量 $N=541$）

指标	内容	完全不匹配 样本量	不匹配 样本量	基本匹配 样本量	比较匹配 样本量	完全匹配 样本量
民族	少数民族	21（23.1%）	24（26.4%）	19（20.9%）	12（13.2%）	15（16.5%）
	非少数民族	90（20.0%）	110（24.4%）	144（32.0%）	63（14.0%）	43（9.6%）
	检验	\multicolumn{5}{c}{$\chi^2=6.995$；$P=0.136$}
地区	东部地区	3（5.7%）	12（22.6%）	25（47.2%）	6（11.3%）	7（13.2%）
	中部地区	19（42.2%）	11（24.4%）	7（15.6%）	2（4.4%）	6（13.3%）
	西部地区	89（20.1%）	111（25.1%）	131（29.6%）	67（15.1%）	45（10.2%）
	检验	\multicolumn{5}{c}{$\chi^2=28.87$；$P=0.000^{**}$}

续表

指标	内容	完全不匹配样本量	不匹配样本量	基本匹配样本量	比较匹配样本量	完全匹配样本量
经济状况	不发达村落	86（29.0%）	83（27.9%）	62（20.9%）	32（10.8%）	34（11.4%）
	一般村落	15（9.4%）	39（24.5%）	67（42.1%）	24（15.1%）	14（8.8%）
	较发达村落	10（11.8%）	12（14.1%）	34（40.0%）	19（22.4%）	10（11.8%）
	检验	\multicolumn{5}{c}{$\chi^2=54.324$；$P=0.000^{**}$}
	汇总	111（20.5%）	134（24.8%）	163（30.1%）	75（13.9%）	58（10.7%）

注："**"代表0.01的显著水平；括号中的数据为该样本量占样本总量的百分比。

不同民族村落的老年人参与体育的宣传动员匹配度不存在差异（$\chi^2=6.995$，$P=0.136>0.05$），但不同地区及不同经济状况村落的老年人参与体育的宣传动员匹配度皆存在显著差异（$\chi^2=28.87$，$P=0.000<0.01$；$\chi^2=54.324$，$P=0.000<0.01$）。具体表现为：东部地区的匹配基线值（71.7%）显著高于西部地区（54.9%），而西部地区则显著高于中部地区（33.3%）；"较发达村落"的匹配基线值（74.2%）显著高于"一般村落"（66.0%），而"一般村落"显著高于"不发达村落"（43.1%）。

如表1-6-10所示，不同村落老年体育的制度建设匹配度的整体评估是，选择"基本匹配""比较匹配""完全匹配"者的比例分别为23.5%、12.0%及9.2%，匹配基线值为44.7%，未能达标。

表1-6-10　不同村落老年体育的制度建设匹配度差异分析（样本总量 N=541）

指标	内容	完全不匹配样本量	不匹配样本量	基本匹配样本量	比较匹配样本量	完全匹配样本量
民族	少数民族	23（25.3%）	26（28.6%）	19（20.9%）	7（7.7%）	16（17.6%）
	非少数民族	103（22.9%）	147（32.7%）	108（24.0%）	58（12.9%）	34（7.6%）
	检验	\multicolumn{5}{c}{$\chi^2=7.31$；$P=0.081$}
地区	东部地区	4（7.5%）	13（24.5%）	25（47.2%）	1（1.9%）	10（18.9%）
	中部地区	20（44.4%）	14（31.1%）	3（6.7%）	2（4.4%）	6（13.3%）
	西部地区	102（23.0%）	146（33.0%）	99（22.3%）	62（14.0%）	34（7.7%）
	检验	\multicolumn{5}{c}{$\chi^2=49.118$；$P=0.000^{**}$}

续表

指标	内容	完全不匹配样本量	不匹配样本量	基本匹配样本量	比较匹配样本量	完全匹配样本量
经济状况	不发达村落	96 (32.3%)	97 (32.7%)	46 (15.5%)	30 (10.1%)	28 (9.4%)
	一般村落	17 (10.7%)	57 (35.8%)	52 (32.7%)	19 (11.9%)	14 (8.8%)
	较发达村落	13 (15.3%)	19 (22.4%)	29 (34.1%)	16 (18.8%)	8 (9.4%)
	检验	\multicolumn{5}{c}{χ^2=48.996; P=0.000**}
	汇总	126 (23.3%)	173 (32.0%)	127 (23.5%)	65 (12.0%)	50 (9.2%)

注:"**"代表0.01的显著水平;括号中的数据为该样本量占样本总量的百分比。

不同民族村落的老年体育的制度建设匹配度不存在差异(χ^2=7.31,P=0.081>0.05),但不同地区及不同经济状况村落的老年体育制度建设匹配度皆存在显著差异(χ^2=49.118,P=0.000<0.01;χ^2=48.996,P=0.000<0.01)。具体表现为:东部地区(68.0%)的匹配基线值显著高于西部地区(44.0%),而西部地区则显著高于中部地区(24.4%);"较发达村落"(62.3%)的匹配基线值显著高于"一般村落"(53.4%),而"一般村落"显著高于"不发达村落"(35.0%)。

如表1-6-11所示,不同村落老年人的体质监测服务匹配度的整体评估是,选择"基本匹配""比较匹配""完全匹配"者的比例分别为26.1%、16.5%及14.6%,匹配基线值为57.2%,近似达标。

表1-6-11 不同村落老年人的体质监测服务匹配度差异分析(样本总量 N=541)

指标	内容	完全不匹配样本量	不匹配样本量	基本匹配样本量	比较匹配样本量	完全匹配样本量
民族	少数民族	19 (20.9%)	18 (19.8%)	23 (25.3%)	13 (14.3%)	18 (19.8%)
	非少数民族	85 (18.9%)	110 (24.4%)	118 (26.2%)	76 (16.9%)	61 (13.6%)
	检验	\multicolumn{5}{c}{χ^2=3.199; P=0.525}
地区	东部地区	4 (7.5%)	8 (15.1%)	26 (49.1%)	7 (13.2%)	8 (15.1%)
	中部地区	19 (42.2%)	10 (22.2%)	4 (8.9%)	5 (11.1%)	7 (15.6%)
	西部地区	81 (18.3%)	110 (24.8%)	111 (25.1%)	77 (17.4%)	64 (14.4%)
	检验	\multicolumn{5}{c}{χ^2=35.696; P=0.000**}

续表

指标	内容	完全不匹配样本量	不匹配样本量	基本匹配样本量	比较匹配样本量	完全匹配样本量
经济状况	不发达村落	73（24.6%）	71（23.9%）	65（21.9%）	46（15.5%）	42（14.1%）
	一般村落	21（13.2%）	40（25.2%）	52（32.7%）	23（14.5%）	23（14.5%）
	较发达村落	10（11.8%）	17（20.0%）	24（28.2%）	20（23.5%）	14（16.5%）
	检验		χ^2=18.743；P=0.016*			
	汇总	104（19.2%）	128（23.7%）	141（26.1%）	89（16.5%）	79（14.6%）

注："*""**"分别代表 0.05 及 0.01 的显著水平；括号中的数据为该样本量占样本总量的百分比。

不同民族村落的老年人的体质监测服务匹配度不存在差异（χ^2=3.199，P=0.525>0.05），但不同地区及不同经济状况村落的老年人的体质监测服务匹配度皆存在显著差异（χ^2=35.696，P=0.000<0.01；χ^2=18.743，P=0.016<0.05）。具体表现为：东部地区的匹配基线值（77.4%）显著高于西部地区（56.9%），而西部地区则显著高于中部地区（35.6%）；"较发达村落"的匹配基线值（68.2%）显著高于"一般村落"（61.7%），而"一般村落"显著高于"不发达村落"（51.5%）。

6.3 农村老年公共体育服务的供需匹配与相关因素关联分析

为了进一步深入分析目前我国农村老年公共体育服务的供需现状及其影响因素，首先需要对原始数据库进行重组。本书的原始数据库是基于两个独立样本所获得的数据，一是针对老年人公共体育服务需求的现状数据库，二是基于村干部对目前各自村老年公共体育服务的供给状况数据库。从已完成的需求与供给两个独立报告中，本书已发现农村老年公共体育服务投入状况、老年人体育组织数量、不同地区与民族的经济状况、村人均收入水平、老年人的体育意识和文化水平等对体育锻炼意向、行为及健身效果的影响作用。但针对农村老年公共体育资源不均衡配置与效用不佳的现状，则需寻求优化配置的解决办法。要揭示目前这种供需关系给农村老年人体育锻炼带来的效益与不足，须从老年人体育锻炼的实际情况出发，分析在老年公共体育服务的诸多内容中，到底哪些内容容易产生供需不均衡问题，如此可尽量避免仅靠增加老年公共体育服务投入量去增加产出量，从而为提升老年公共体育服务供给效率寻找最佳路径。

为达到上述目的，根据两个原始数据的样本特征，本部分的分析数据依据不同地区（东部地区、中部地区、西部地区）村落的老年人与村干部进行样本量对等聚合的原则，村干部的有效样本统计情况是东部地区、中部地区与西部地区分别为 143 人、175 人、245 人，东部地区、中部地区及西部地区的老年人有效样本分别为 437 人、507 人、723 人。当依据 AMOS 结构方程模型探讨变量间的因果关系时，样本量理想的状况为对等原则，故村落干部数据库中的样本全部保留，只需从东部地区、中部地区及西部地区老年群体样本中分别随机抽取 32.7%、34.5% 及 33.9% 的样本即可实现数据库重组。

典型相关分析（Canonical Correlation Analysis，CCA）是高等统计多变量分析的一种技术，主要用于探讨两组变量间的相关性，可将其中一组视为自变量，另一组视为因变量，也就是选择一组作为预测变量（Predictive Variable），即自变量 X，另一组作为效标变量（Criterion Variable），即因变量 Y。每组变量中都包含两个及以上的变项。例如，以村落老年人参与体育锻炼阻碍因素来预测目前村落"公共体育服务供需匹配"关系，自变量 X "体育锻炼阻碍因素"中就包括"组织与服务""安全与方便""社会支持" 3 个维度，因变量 Y "公共体育服务供需匹配"由"体育经费投入匹配""体育场地设施建设匹配""体育组织建设匹配""体育骨干培养匹配""体育活动组织匹配""体育活动指导匹配""健康和健身知识匹配""体育活动宣传动员匹配""体育制度建设匹配""体育监测服务匹配" 10 个变项构成，故 X 与 Y 之间并非单纯比较两个变量，不能只用积差相关来分析。此外，典型相关分析和回归分析也不同，回归分析以多个自变量来预测一个因变量，典型相关分析则有多个因变量。基于上述逻辑，要探讨农村老年人"体育锻炼阻碍因素"是否影响"公共体育服务供需匹配"关系，采用典型相关分析是最佳选择，其基本思路是把"体育锻炼阻碍因素"与"公共体育服务供需匹配"视为两组变量，再计算这两组变量的相关性。但由于"体育锻炼阻碍因素"的 3 个维度对应"公共体育服务供需匹配"的 10 个维度，所以应先把各组变量的原始数据缩减为单一变量，即将"体育锻炼阻碍因素"和"公共体育服务供需匹配"各自进行主成分抽取，抽取的组合变量称为典型变量（ε 与 η），然后计算 ε 与 η 这种组合变量间的相关系数，从而实现将变量间多对多的情况简化为一对一。

典型相关分析可产生相关性显著与不显著的典型相关组合。一般地，它能提供如下基本信息。

一是典型相关系数。它能反映控制变量的线性组合与效标变量的线性组合的相关程度，典型相关系数只有达到显著水平，才能表示两组线性组合显著相关。

二是判定系数（即典型相关系数 R 的平方值）。它是指效标变量的典型因素可以被控制变量的典型因素解释百分比（不能低于10%）。

三是结构系数（典型负荷量）。它是指控制变量与效标变量对其各自典型线性组合的相关程度，系数绝对值只有达到 0.30 以上，才能说明其各自典型线性组合具有解释力。

6.3.1 农村老年人的健康状况、生活方式与公共体育服务供需匹配的相关性

结合图 1-6-2 和表 1-6-12 可以发现，自变量 X 组包含 $X_1 \sim X_7$ 共 7 个变量，它可提取两个典型变量（ε_1 与 ε_2）；而因变量 Y，即公共体育服务供需匹配共有 10 项内容（$Y_1 \sim Y_{10}$）同样提取两个典型变量（η_1 与 η_2）。两组典型变量构成两对典型相关关系，即第一典型相关关系 ε_1 与 η_1、第二典型相关关系 ε_2 与 η_2。两个典型相关系数（ρ）皆达到了显著水平，即 $\rho_1=0.542$（$P<0.001$）及 $\rho_2=0.391$（$P<0.001$），其能解释的变异量（ρ^2）分别为 29.38% 及 15.29%，这意味着两组典型变量 ε_1 与 η_1、ε_2 与 η_2 可互相解释对方的变异量分别为 29.38% 与 15.29%。

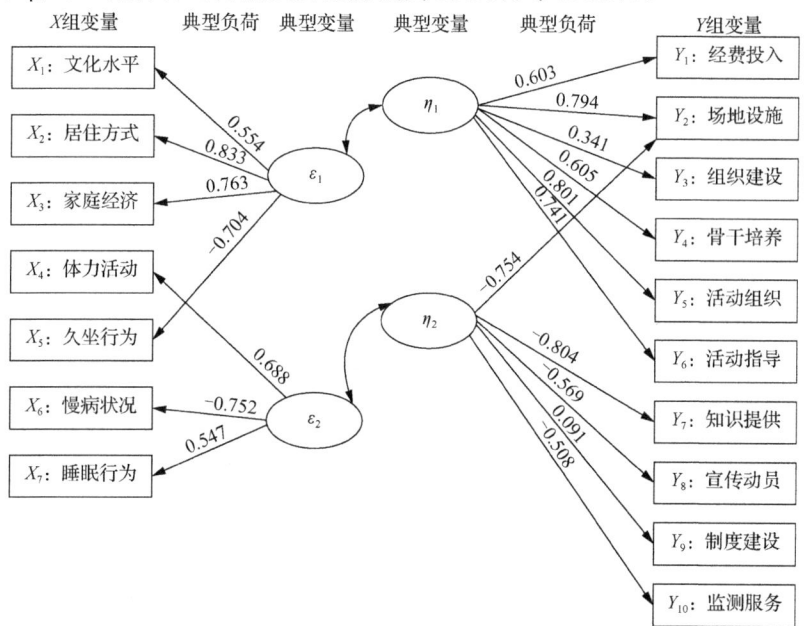

图 1-6-2 老年人的健康状况及生活方式与公共体育服务供需匹配的典型相关路径图

表 1-6-12　农村老年人的健康状况及生活方式与公共体育服务供需匹配的典型相关分析表

自变量 X	典型变量 ε_1	ε_2	因变量 Y	典型变量 η_1	η_2
X_1：文化水平	**0.554**	0.055	Y_1：经费投入	**0.603**	0.127
X_2：居住方式	**0.833**	0.033	Y_2：场地设施	**0.794**	-0.754
X_3：家庭经济	**0.763**	0.163	Y_3：组织建设	0.087	0.164
X_4：体力活动	0.152	**0.552**	Y_4：骨干培养	**0.605**	0.088
X_5：久坐行为	**-0.704**	-0.147	Y_5：活动组织	**0.801**	0.341
X_6：慢病状况	-0.161	**0.817**	Y_6：活动指导	**0.741**	0.058
X_7：睡眠行为	0.045	**-0.613**	Y_7：知识提供	0.065	**-0.804**
			Y_8：宣传动员	0.119	**-0.569**
			Y_9：制度建设	0.103	0.091
			Y_{10}：监测服务	0.154	**-0.508**
抽取变异数百分比（%）	41.75	27.74		57.26	31.44
重叠变异数百分比（%）	12.27	4.24		16.82	4.81
典型相关系数 ρ	0.542***	0.391***			
相互解释变异量 ρ^2	0.2938	0.1529			
显著性水平检验	0.000	0.000			

注："***"表示 $P<0.001$。

在第一组典型相关中，自变量 X 中获得典型因素 ε_1 可以解释 Y 变量的典型因素 η_1 的总变异量的 29.38%；而 Y 组变量的第一个典型因素（η_1）能解释 Y 组变量总变异量的 57.26%，因此 X 组变量通过第一个典型因素（ε_1）可以解释 Y 组变量总变异量的 16.82%（即重叠指数值：29.38%×57.26%≈16.82%）。同样地，据此算法，Y 组变量通过第一个典型因素（η_1）可以解释 X 组变量总变异量的 12.27%（即重叠指数值：29.38%×41.75%≈12.27%）。在该典型相关中，由于 X 变量中，"文化水平""居住方式""家庭经济""久坐行为"4 个变量的第一个典型因素（ε_1）系数绝对值大于或等于 0.30，分别为 0.554、0.833、0.763 及-0.704；而在 Y 变量中，"经费投入""场地设施""骨干培养""活动组织""活动指导"5 个变量的第一个典型因素（η_1）系数绝对值皆大于或等于 0.30，分别为 0.603、0.794、0.605、0.801 及 0.741。这说明老年人的"文化水平""居住方式""家庭经济""久坐行为"4 个变量可以通过第一对典型因素（ε_1 与 η_1）与老年公共体育服务中的"经费投入""场地设施""骨干培养""活动组织""活动指导"5 个供需匹配均衡度产生显著关联关系。

在第二组典型相关中,自变量 X 中获得典型因素 ε_2 可以解释 Y 变量的典型因素 η_2 的总变异量的 15.29%;而 Y 组变量的第二个典型因素(η_2)能解释 Y 组变量总变异量的 31.44%,因此 X 组变量通过第二个典型因素(ε_2)可以解释 Y 组变量总变异量的 4.81%(即重叠指数值:15.29%×31.44%≈4.81%)。同样地,据此算法,Y 组变量通过第二个典型因素(η_2)可以解释 X 组变量总变异量的 4.24%(即重叠指数值:27.74%×15.29%≈4.24%)。在该典型相关中,由于 X 变量中,"体力活动""慢病状况""睡眠行为"3 个变量的第二个典型因素(ε_2)系数绝对值大于或等于 0.30,分别为 0.552、0.817 及-0.613;而在 Y 变量中,"场地设施""知识提供""宣传动员""监测服务"4 个变量的第二个典型因素(η_2)系数绝对值皆大于或等于 0.30,分别为-0.754、-0.804、-0.569 及-0.508。这说明老年人的"体力活动""慢病状况""睡眠行为"可以通过第二对典型因素(ε_2 与 η_2)与公共体育服务中的"场地设施""知识提供""宣传动员""监测服务"4 个供需匹配均衡度产生显著的关联关系。

从对典型因素(ε_1 与 η_1)做出贡献的变量系数"绝对值大小""正负符号"不难看出,老年公共体育服务"经费投入""场地设施""骨干培养""活动组织""活动指导"等供需匹配均衡度较好的村落,其老年人的"文化水平"比较高,"居住方式"比较好,"家庭经济"比较富裕,但这些村落老年人的"久坐行为"比较多;从对典型因素(ε_2 与 η_2)做出贡献的变量系数"绝对值大小""正负符号"可以看出,老年公共体育服务"场地设施""知识提供""宣传动员""监测服务"的匹配均衡度与老年人的"体力活动""慢病状况"呈反向关系,而与"睡眠行为"呈正向关系,这似乎暗示场地设施供需不好、健身与健康知识传播不力、相关体育健身宣传动员不足及健康体适能监测服务开展情况不好的村落,其老年人往往有较高的日常家务劳动(日常体力活动)、较高的患相关慢病比例及较差的睡眠质量。此外,重叠变异数百分比显示,自变量 X 中的两个典型变量 ε_1、ε_2 下的重叠变异量分别为 12.27%、4.24%(总和为 16.51%),因变量 Y 中两个典型变量 η_1、η_2 下的重叠变异量分别为 16.82%、4.81%(总和为 21.63%),这说明 X 组的典型变量 ε_1 与 ε_2 可共同解释 Y 组 10 个因变量 21.63%的变异,但 Y 组中的 η_1 与 η_2 仅可共同解释 X 组 7 个自变量 16.51%的变异。显然,从这两组关联关系中,我们不难看出,X 组变量本质上属于老年人的体育需求问题,重叠变异量数据说明目前农村公共体育服务供需匹配还不能满足老年人健康状况及生活方式等方面的需要,也彰显出农村老年公共体育服务供需匹配度不高。

6.3.2 农村老年人的体育锻炼意识与公共体育服务供需匹配的相关性

结合图 1-6-3 和表 1-6-13 可以发现，自变量 X"体育锻炼意识"（含 A_1、A_2 两个维度）中提取的两个典型变量（ε_1、ε_2）与因变量 Y"公共体育服务供需匹配"（含 $Y_1 \sim Y_{10}$ 共 10 个变量）中提取的典型变量 η_1、η_2 分别构成第一典型相关关系 ε_1 与 η_1 及第二典型相关关系 ε_2 与 η_2。

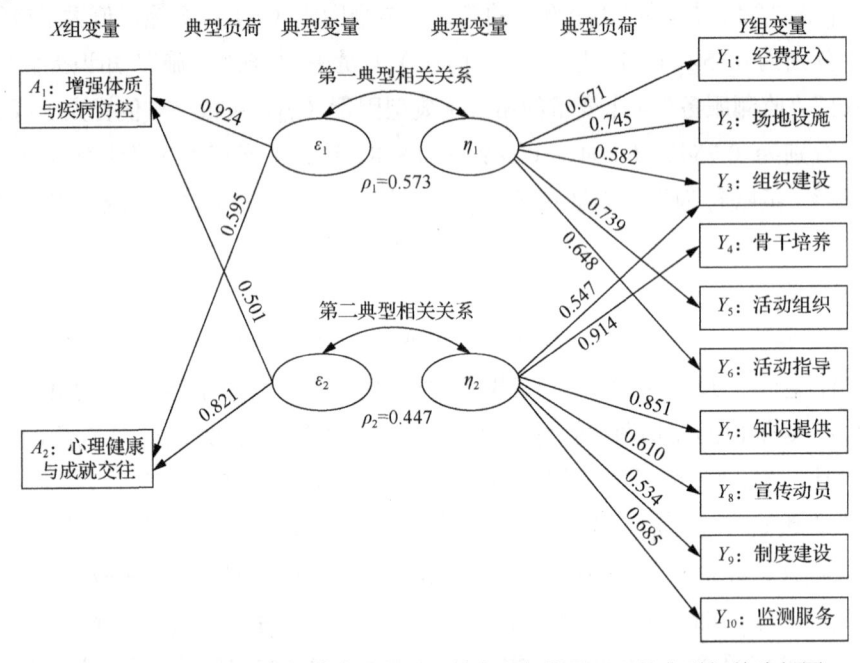

图 1-6-3 老年人的体育锻炼意识与公共体育服务供需匹配的典型相关路径图

表 1-6-13 农村老年人的体育锻炼意识与公共体育服务供需匹配的典型相关分析表

自变量 X	典型变量 ε_1	典型变量 ε_2	因变量 Y	典型变量 η_1	典型变量 η_2
A_1：增强体质与疾病防控	**0.924**	0.501	Y_1：经费投入	**0.671**	0.218
A_2：心理健康与成就交往	0.595	**0.821**	Y_2：场地设施	**0.745**	0.157
			Y_3：组织建设	0.223	**0.547**
			Y_4：骨干培养	**0.582**	**0.914**
			Y_5：活动组织	**0.739**	0.301
			Y_6：活动指导	**0.648**	0.188

6 农村老年公共体育服务的供需匹配分析

续表

自变量 X	典型变量 ε_1	典型变量 ε_2	因变量 Y	典型变量 X	典型变量 ε_1
			Y_7: 知识提供	0.023	**0.851**
			Y_8: 宣传动员	0.340	**0.610**
			Y_9: 制度建设	0.188	**0.534**
			Y_{10}: 监测服务	0.046	**0.685**
抽取变异数百分比（%）	51.33	33.24		57.21	37.06
重叠变异数百分比（%）	22.15	6.50		23.83	7.24
典型相关系数 ρ	0.657***	0.442***			
相互解释变异量 ρ^2	0.4316	0.1954			
显著性水平检验	0.000	0.000			

注：***表示 $P<0.001$。

在第一组典型相关中，典型相关系数 $\rho=0.657$，说明自变量 X 中获得的典型因素 ε_1 可以解释 Y 变量的典型因素 η_1 的总变异量的 43.16%（$\rho^2=0.657^2=0.4316$）；而 Y 组变量的第一个典型因素（η_1）能解释 Y 组变量总变异量的 55.21%，因此 X 组变量可通过第一个典型因素（ε_1）解释 Y 组变量总变异量的 23.83%（即重叠指数值：43.16%×55.21%≈23.83%）。同样地，据此算法，Y 组变量通过第一个典型因素（η_1）可以解释 X 组变量总变异量的 22.15%（即重叠指数值：43.16%×51.33%≈22.15%）。在该典型相关中，由于 X 变量中，"增强体质与疾病防控""心理健康与成就交往"两个变量的第一个典型因素（ε_1）系数绝对值大于或等于 0.30，分别为 0.924、0.595；而在 Y 变量中，"经费投入""场地设施""骨干培养""活动组织""活动指导"5 个变量的第一个典型因素（η_1）系数绝对值皆大于或等于 0.30，分别为 0.671、0.745、0.582、0.739 及 0.648。这说明老年人要提升对"增强体质与疾病防控""心理健康与成就交往"两个维度的认知度，可通过第一对典型因素（ε_1 与 η_1）与公共体育服务中的"经费投入""场地设施""骨干培养""活动组织""活动指导"等供需匹配均衡度产生显著的正向关联关系。

在第二组典型相关中，典型相关系数 $\rho=0.442$，说明自变量 X 中获得典型因素 ε_2 可以解释 Y 变量的典型因素 η_2 的总变异量的 19.54%（$\rho^2=0.442^2=19.54\%$）；而 Y 组变量的第二个典型因素（η_2）能解释 Y 组变量总变异量的 37.06%，因此 X 组变量通过第二个典型因素（ε_2）可以解释 Y 组变量总变异量的 7.24%（即重叠指数值：19.54%×37.06%≈7.24%）。同样地，可以算出，Y 组变量通过第二个典型因素（η_2）可以解释 X 组变量总变异量的 6.50%（即重叠指数值：19.54%×33.24%≈6.50%）。在该典型相关中，X 变量中的"增强体质与疾病防控""心理健康与成就交往"两个变量的第二个典型因素（ε_2）系数绝对值大于或等于 0.30，分别为 0.501、0.821；而在 Y 变量中，"组织建设""骨干培养""知识提供""宣传动员""制度建设""监测服务"6 个变量的第二个典型因素（η_2）系数绝对值皆大于或等于 0.30，分别为 0.547、0.914、0.851、0.610、0.534 及 0.685。这说明老年人要提升对"增强体质与疾病防控""心理健康与成就交往"两个维度的认知度，可通过第二对典型因素（ε_2 与 η_2）与公共体育服务中的"组织建设""骨干培养""知识提供""宣传动员""制度建设""监测服务"6 个变量供需匹配均衡度产生显著的正向关联关系。

从第一典型相关关系（ε_1 与 η_1）看，对 ε_1 做出重要贡献的变量是"增强体质与疾病防控"，而对 η_1 做出重要贡献的变量主要是"场地设施""活动组织"，并且对 ε_1、η_1 两者做出贡献的变量的标准化系数皆呈同向关系，这说明老年公共体育服务中的"场地设施""活动组织""经费投入""活动指导""骨干培养"等方面供需越均衡，越有益于提升老年人对"增强体质与疾病防控"维度的认知度；从第二典型相关关系（ε_2 与 η_2）看，对 ε_2 做出重要贡献的变量是"心理健康与成就交往"，而对 η_2 做出重要贡献的变量是"骨干培养""知识提供"，并且对 ε_2、η_2 两者做出贡献的变量的标准化系数同样皆呈同向关系，这说明公共体育服务"骨干培养""知识提供"等 6 个方面的匹配均衡度越好，越有益于提升老年人对"心理健康与成就交往"维度的认知度。此外，重叠变异数百分比显示，X 组的典型变量 ε_1 与 ε_2 可共同解释 Y 组的 10 个效标变量 31.07%（23.83%+7.24%）的变异，而 Y 组的典型变量 η_1 与 η_2 可共同解释 X 组的 2 个自变量 28.65%（22.15%+6.50%）的变异。显然，两个重叠变异数百分比差异不太明显，这说明目前村落公共体育服务供需匹配已基本满足老年人对体育锻炼认知问题的需求。

6.3.3 农村老年人的体育锻炼阻碍因素与公共体育服务供需匹配的相关性

结合图 1-6-4 和表 1-6-14 可以发现，自变量 X "体育锻炼阻碍因素"（含 B_1、B_2、B_3 3 个维度）中提取的 3 个典型变量（ε_1、ε_2、ε_3）与因变量 Y "公共体育服务供需匹配"（含 $Y_1 \sim Y_{10}$ 共 10 个变量）中提取的典型变量 η_1、η_2、η_3 分别构成第

6 农村老年公共体育服务的供需匹配分析

一典型相关关系 ε_1 与 η_1、第二典型相关关系 ε_2 与 η_2 及第三典型相关关系 ε_3 与 η_3。

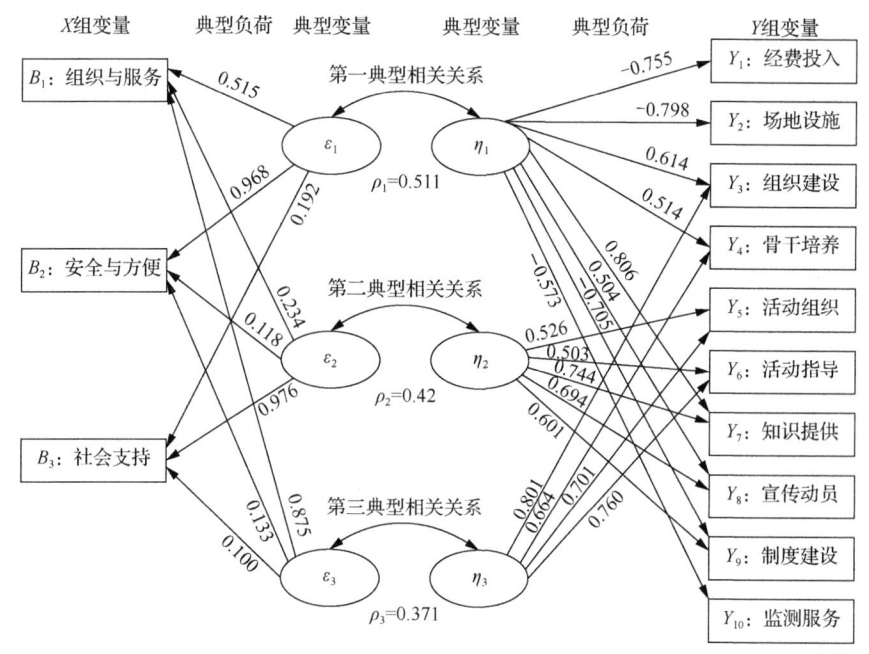

图 1-6-4　老年人的体育锻炼阻碍因素与公共体育服务供需匹配的典型相关路径图

表 1-6-14　农村老年人的体育锻炼阻碍因素与公共体育服务供需匹配的典型相关分析表

自变量 X	典型变量 ε_1	ε_2	ε_3	因变量 Y	典型变量 η_1	η_2	η_3
B_1：组织与服务	**0.515**	0.234	**0.875**	Y_1：经费投入	**−0.755**	−0.339	−0.165
B_2：安全与方便	**0.968**	0.118	0.133	Y_2：场地设施	**−0.798**	−0.129	0.108
B_3：社会支持	0.192	**0.976**	0.100	Y_3：组织建设	**0.614**	0.183	**0.801**
				Y_4：骨干培养	**0.514**	0.092	**0.664**
				Y_5：活动组织	0.067	**0.526**	**0.701**
				Y_6：活动指导	0.159	**0.503**	**0.760**
				Y_7：知识提供	**0.806**	**0.744**	−0.102
				Y_8：宣传动员	**0.504**	**0.694**	0.148
				Y_9：制度建设	**−0.705**	**0.601**	0.206
				Y_{10}：监测服务	**−0.573**	0.126	−0.178
抽取变异数百分比（%）	40.14	28.69	17.54		45.15	30.77	21.65
重叠变异数百分比（%）	10.48	5.06	2.41		11.79	5.43	2.98
典型相关系数 ρ	0.511***	0.42***	0.371**				

续表

自变量	典型变量			因变量	典型变量		
X	ε_1	ε_2	ε_3	Y	η_1	η_2	η_3
相互解释变异量 ρ^2	0.2611	0.1764	0.1376				
显著性水平检验	0.000	0.000	0.008				

注：**表示 $P<0.01$；***表示 $P<0.001$。组织与服务主要指老年人的体育锻炼需要有人进行指导、有组织地锻炼、有适宜的项目与计划、服务随叫随到；安全与方便主要指老年人的体育锻炼需要安全性作为保障、方便性优先，并有足够的空闲时间及资金；社会支持主要指老年人的体育锻炼是否有家庭支持及朋友支持。

在第一组典型相关中，典型相关系数 $\rho=0.511$，说明自变量 X 中获得的典型因素 ε_1 可以解释 Y 变量的典型因素 η_1 的总变异量的 26.11%（$\rho^2=0.511^2=0.2611$）；而 Y 组变量的第一个典型因素（η_1）能解释 Y 组变量总变异量的 45.15%，因此 X 组变量可通过第一个典型因素（ε_1）解释 Y 组变量总变异量的 11.79%（即重叠指数值：26.11%×45.15%≈11.79%）。同样地，据此算法，Y 组变量通过第一个典型因素（η_1）可以解释 X 组变量总变异量的 10.48%（即重叠指数值：26.11%×40.14%≈10.48%）。在该典型相关中，因 X 变量中，"组织与服务""安全与方便"两个变量的第一个典型因素（ε_1）系数绝对值大于或等于 0.30，分别为 0.515、0.968；而在 Y 变量中，"经费投入""场地设施""组织建设""骨干培养""知识提供""宣传动员""制度建设""监测服务"8 个变量的第一个典型因素（η_1）系数绝对值皆大于或等于 0.30，分别为 -0.755、-0.798、0.614、0.514、0.806、0.504、-0.705 及 -0.573。这说明老年人参与体育锻炼的主要阻碍"安全与方便"，可通过第一对典型因素（ε_1 与 η_1）与公共体育服务中的"经费投入""场地设施""制度建设""监测服务"呈显著的负向相关关系，而与"组织建设""骨干培养""知识提供""宣传动员"呈显著的正向相关关系。

在第二组典型相关中，典型相关系数 $\rho=0.42$，说明自变量 X 中获得的典型因素 ε_2 可以解释 Y 变量的典型因素 η_2 的总变异量的 17.64%（$\rho^2=0.42^2=0.1764$）；而 Y 组变量的第二个典型因素（η_2）能解释 Y 组变量总变异量的 30.77%，因此 X 组变量通过第二个典型因素（ε_2）可以解释 Y 组变量总变异量的 5.43%（即重叠指数值：17.64%×30.77%≈5.43%）。同样地，可以算出 Y 组变量通过第二个典型因素（η_2）可以解释 X 组变量总变异量的 5.06%（即重叠指数值：17.64%×28.69%≈5.06%）。在该典型相关中，X 变量中，"社会支持"对 ε_2 系数绝对值大于或等于 0.30（$R=0.976$）；而在 Y 变量中，对 η_2 贡献显著的变量为"活动组织""活动指导""知识提供""宣传动员""制度建设"，标准化路径系数（绝对值≥0.30）分别为 0.526、

0.503、0.744、0.694及0.601。这显示老年人体育锻炼所需更多的"社会支持",而这些"社会支持"可以通过加大体育服务的"活动组织""活动指导""知识提供""宣传动员""制度建设"等方面的力度予以解决。

在第三组典型相关中,典型相关系数 $\rho=0.371$,说明自变量 X 中获得的典型因素 ε_3 可以解释 Y 变量的典型因素 η_3 的总变异量的13.76%($\rho^2=0.371^2=0.1376$);而 Y 组变量的第二个典型因素(η_3)能解释 Y 组变量总变异量的21.65%,因此 X 组变量通过第三个典型因素(ε_3)可以解释 Y 组变量总变异量的2.98%(即重叠指数值:13.76%×21.65%≈2.98%)。同样地,可以算出 Y 组变量通过第三个典型因素(η_3)可以解释 X 组变量总变异量的2.41%(即重叠指数值:13.76%×17.54%≈2.41%)。在该典型相关中, X 变量中,"组织与服务"对 ε_3 系数绝对值大于或等于 0.30($R=0.875$);而在 Y 变量中,对 η_3 贡献显著的变量为"组织建设""骨干培养""活动组织""活动指导",标准化路径系数(绝对值≥0.30)分别为0.801、0.664、0.701及0.760。这显示老年人体育锻炼阻碍"组织与服务"可以通过加大公共体育服务中的"活动组织""活动指导""组织建设""骨干培养"等方面的力度予以解决。

在第一典型相关关系(ε_1 与 η_1)中,对 ε_1 做出重要贡献的变量是"安全与方便",其主要内容是指老年人体育锻炼的阻碍体现在安全性、方便性、拥有足够空闲时间、相应的资金等方面;而对 η_1 做出重要贡献的变量主要是"知识提供""场地设施""经费投入""制度建设"。这一关系特征比较特殊,因为老年公共体育服务"安全与方便"与"知识提供"呈显著的正向相关关系是完全合理的,但与"场地设施""经费投入""制度建设"呈显著的负向相关关系,不符合逻辑。这说明目前农村老年公共体育服务的经费投入使用方面存在一定的问题,如器材安装选择、防护等存在安全隐患,健身不方便,制度建设不健全等,这反而增加了运动风险,降低了使用效率及相应效果。

第二典型相关关系(ε_2 与 η_2)表明,对 ε_2 做出重要贡献的变量是"社会支持",其内容主要是指老年人体育锻炼参与需要家人及朋友的支持,而对 η_2 做出重要贡献的变量是"知识提供""宣传动员",并且对 ε_2 与 η_2 做出贡献的变量的标准化系数呈同向关系,这说明克服老年人体育锻炼的"社会支持"阻碍,可以通过加强体育服务的"知识提供"、提升"宣传动员"级别、加强"活动指导"及完善"制度建设"等举措予以实现。

第三典型相关关系(ε_3 与 η_3)表明,对 ε_3 做出重要贡献的变量是"组织与服务",老年人体育锻炼过程中的"组织与服务"阻碍主要是指老年人的体育锻炼需要有人进行指导、有组织地锻炼、有适宜的项目与计划、服务随叫随到;而对η_3做出重要贡献的变量是"组织建设""活动指导""活动组织"等,并且对ε_3与η_3做出贡献的变量的标准化系数呈同向关系,这说明克服老年人体育锻炼的"组织与服务"阻碍,可以通过加强公共体育服务的"组织建设""活动指导""活动组织"等予以实现。

此外,重叠变异数百分比显示,X组的典型变量ε_1、ε_2、ε_3可共同解释Y组的10个效标变量20.2%(11.79%+5.43%+2.98%)的变异,而Y组的典型变量η_1、η_2、η_3可共同解释X组的3个自变量17.95%(10.48%+5.06%+2.41%)的变异。显然,两个重叠变异数百分比差异不太明显,这说明目前农村老年人体育锻炼所遇到的阻碍因素基本上能通过目前的公共体育服务供需匹配予以解决。

6.3.4 农村老年人的体育锻炼意向、行为及效果与公共体育服务供需匹配的相关性

结合图1-6-5和表1-6-15可以发现,自变量X含P_1、P_2、P_3、P_4 4个变量,能提取两个典型变量(ε_1、ε_2),其与因变量Y"公共体育服务供需匹配"(含Y_1~Y_{10}共10个变量)的典型变量η_1、η_2构成两个典型相关关系(ε_1与η_1、ε_2与η_2)。

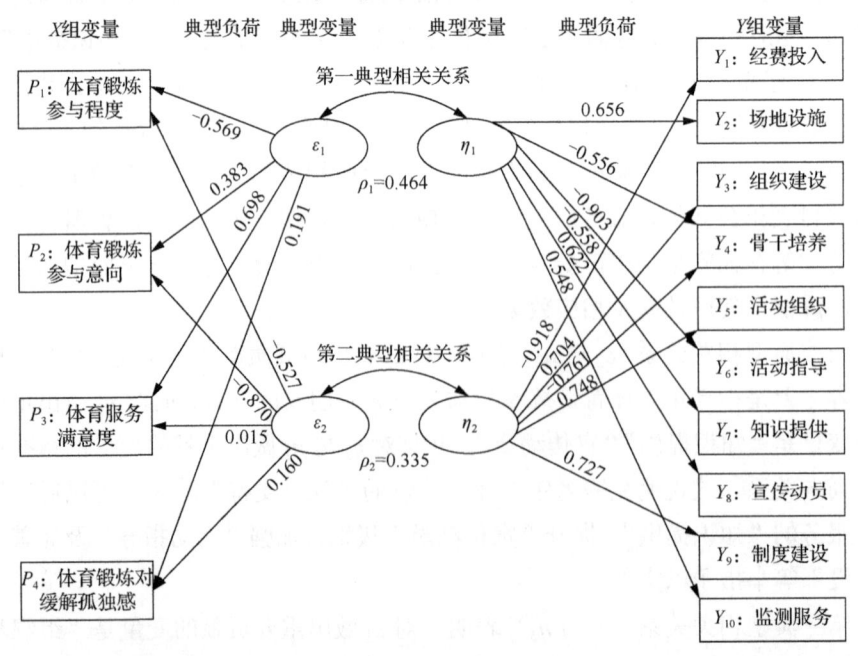

图1-6-5 老年人的体育锻炼意向、行为及效果与公共体育服务供需匹配的典型相关路径图

表 1-6-15　老年人的体育锻炼意向、行为与效果与公共体育服务供需匹配的典型相关分析表

自变量 X	典型变量 ε_1	ε_2	因变量 Y	典型变量 η_1	η_2
P_1：体育锻炼参与程度	**−0.569**	**−0.527**	Y_1：经费投入	−0.350	**−0.918**
P_2：体育锻炼参与意向	0.383	**−0.870**	Y_2：场地设施	**0.656**	−0.128
P_3：体育服务满意度	**0.698**	0.005	Y_3：组织建设	−0.335	**0.704**
P_4：体育锻炼对缓解孤独感	0.191	0.060	Y_4：骨干培养	**−0.556**	**−0.761**
			Y_5：活动组织	0.288	**0.748**
			Y_6：活动指导	**−0.903**	−0.214
			Y_7：知识提供	**−0.558**	0.104
			Y_8：宣传动员	**0.622**	−0.196
			Y_9：制度建设	0.225	**0.727**
			Y_{10}：监测服务	**0.548**	−0.235
抽取变异数百分比%	40.51	25.64		57.57	27.46
重叠变异数百分比%	8.72	2.88		12.39	3.08
典型相关系数 ρ	0.464***	0.335**			
相互解释变异量 ρ^2	0.2153	0.1122			
显著性水平检验	0.000	0.000			

注：**表示 $P<0.01$；***表示 $P<0.001$。

第一组典型相关系数 $\rho=0.464$，说明自变量 X 中获得的典型因素 ε_1 可以解释 Y 变量的典型因素 η_1 的总变异量的 21.53%（$\rho^2=0.464^2=0.2153$）；而 Y 组变量的第一个典型因素（η_1）能解释 Y 组变量总变异量的 57.57%，因此 X 组变量可通过第一个典型因素（ε_1）解释 Y 组变量总变异量的 12.39%（即重叠指数值：21.53%×57.57%≈12.39%）。同样地，据此算法，Y 组变量通过第一个典型因素（η_1）可以解释 X 组变量总变异量的 8.72%（即重叠指数值：21.53%×40.51%≈8.72%）。在该典型相关中，因 X 变量中，"体育服务满意度""体育锻炼参与程度"两个变量的第一个典型因素（ε_1）系数绝对值大于或等于 0.30，分别为−0.569、0.698；而在 Y 变量中，"场地设施""骨干培养""活动指导""知识提供""宣传动员""监测服务"6 个变量的第一个典型因素（η_1）系数绝对值皆大于或等于 0.30，分别为 0.656、−0.556、−0.903、−0.558、0.622 及 0.548。这说明要想提升老年人参与体育锻炼的"满意度""参与程度"，需要加强公共体育"场地设施""骨干培养""活动指导""知识提供""宣传动员""监测服务"6 个方面的供需。

第二组典型相关系数 $\rho=0.335$，说明自变量 X 中获得的典型因素 ε_2 可以解释 Y 变量的典型因素 η_2 的总变异量的 11.22%（$\rho^2=0.335^2=0.1122$）；而 Y 组变量的第二个典型因素（η_2）能解释 Y 组变量总变异量的 27.46%，因此 X 组变量通过第二个典型因素（ε_2）可以解释 Y 组变量总变异量的 3.08%（即重叠指数值：11.22%×27.46%≈3.08%）。同样地，可以算出，Y 组变量通过第二个典型因素（η_2）可以解释 X 组变量总变异量的 2.88%（即重叠指数值：11.22%×25.64%≈2.88%）。在该典型相关中，X 变量中，"体育锻炼参与程度""体育锻炼意向"的对应系数绝对值大于或等于 0.30，分别为-0.527 及-0.870；而在 Y 变量中，对 η_2 贡献显著的变量为"经费投入""组织建设""骨干培养""活动组织""制度建设"，其对应标准化路径系数（绝对值≥0.30）分别为-0.918、0.704、-0.761、0.748 及 0.727。这说明提升老年人体育锻炼参与程度和意向同加大"经费投入"、加强"组织建设"、重视"骨干培养"、加强"活动组织"及加强"制度建设"等密切相关。

从第一典型相关关系（ε_1 与 η_1）看，在对 ε_1 作出重要贡献的变量中，"体育服务满意度"与 η_1 中有重要贡献的变量"活动指导""知识提供""骨干培养"呈反向关系，这说明目前农村老年公共体育服务在"活动指导""知识提供""骨干培养"供需匹配上存在问题，导致老年人对此满意度不高；对 ε_1 做出次要贡献的变量是老年人"体育锻炼参与程度"，它与 η_1 中有较重要贡献的变量"场地设施""宣传动员""监测服务"呈反向关系，这说明目前在农村老年公共体育服务中，"场地设施""宣传动员""监测服务"等供需匹配不利于提升目前农村老年人体育锻炼的参与程度。

在第二典型相关关系（ε_2 与 η_2）中，对 ε_2 做出重要贡献的变量是"体育锻炼参与意向"，其次是"体育锻炼参与程度"，它们与 η_2 中有重要贡献的变量"组织建设""活动组织""制度建设"呈反向关系，这说明目前在农村老年公共体育服务中，"组织建设""活动组织""制度建设"的供需匹配有待改善，以确保能真正提升老年人的体育参与意向及参与程度。从重叠变异数百分比看，X 组的典型变量 ε_1 与 ε_2 可共同解释 Y 组的 10 个效标变量 15.47%（12.39%+3.08%）的变异，而 Y 组中的典型变量 η_1 与 η_2 可共同解释 X 组的 4 个自变量 11.6%（8.72%+2.88%）的变异。显然，两个重叠变异数百分比差异明显，这说明目前村落公共体育服务供需匹配距离满足老年人体育锻炼的满意度、参与意向及参与程度还有很大的差距。

6.4 小 结

调查发现，在老年体育骨干培养、老年体育活动组织、对老年人参与体育活动的指导等十大农村老年公共体育服务内容体系中，仅有老年体育的制度建设和老年人的体质监测服务的供需关系基本正常，其他公共体育服务内容都未能达到基本匹配标准，其中老年体育经费投入、老年体育组织建设、对老年人参与体育活动的指导、老年体育活动组织4项内容的匹配基线值甚至未超过50%。在供需关系正常的服务中，老年人的体质监测服务往往被误认为是老年人的体检服务，因此实际在农村提供的体质监测服务很少。此外，老年体育的制度建设供需关系正常，而其他服务未能达到基本匹配标准，说明老年公共体育的制度执行不力。这些足以表明我国农村老年公共体育服务供需匹配程度形势的严峻性。究其原因，其一，农村老年人公共体育服务的人、财、物资源供给乏力，我国农村老年体育骨干培养、老年体育经费投入、老年体育场地设施建设等服务资源都面临着缺乏的问题。其二，老年公共体育服务发展模式不健全，存在供给模式单一问题，农村老年公共体育服务依旧是以政府为主导，社会力量参与不足，如村体育经费来源于上级政府拨款的比例高达69.0%。此外，老年人需求表达不畅、服务体制机制不完善等问题突出，并且出现农村少有专人负责老年体育工作、老年体育工作不被村干部重视、老年体育工作计划缺失等现象。

调查还发现，在供需匹配基线值上，老年公共体育服务呈现出下列特征。第一，经济越发达的村落，公共体育服务内容供需匹配基线值基本越高。第二，在全部调查的体育服务内容中，关于同一服务主题内容的供需匹配基线值，东部地区、西部地区、中部地区依次降低。这说明农村老年公共体育服务与各地政府的重视程度、经济社会发展状况紧密相关。目前，农村公共体育服务供需匹配已基本满足老年人对体育锻炼认知问题的需求，农村老年人体育锻炼所遇到的阻碍因素基本上也能通过目前公共体育服务供需匹配予以解决。但是，农村公共体育服务供需匹配还不能满足老年人健康状况及生活方式等方面的需要，距离满足老年人体育锻炼的满意度、参与意向及参与程度还有很大的差距。

7

农村老年公共体育服务有效供给的策略

7.1 战略层面：坚持目标导向，统一发展思路

在体育工作中，目标表明了努力的方向和最终想要的结果，是制定体育政策、执行体育政策、评估体育政策的依据和标准。当前，农村老年公共体育服务供需匹配程度形势严峻，大多数公共体育服务内容未能达到基本匹配标准，还存在行政村少有专人负责老年体育工作、老年体育工作不被村干部重视等情况，因此有必要确立农村老年公共体育服务发展的战略目标，为进一步制定老年体育政策措施提供方向和依据。

农村老年公共体育服务发展的战略目标要依据现有社会政治经济制度的制约性、老年人日益增长的主客观需求及体育的功能和特点确定。从社会政治经济制度看，我国的社会主义制度以为人民服务为宗旨，保障和改善民生、提供公共服务是政府的基本职能，党的十九大提出要在2020—2035年实现基本公共服务均等化的目标。新时期，全民健身、公共体育服务被提到了新的高度，全民健身上升为国家战略，《"健康中国2030"规划纲要》《中共中央关于坚持和完善中国特色社会主义制度、推进国家治理体系和治理能力现代化若干重大问题的决定》等文件中频繁出现相关表述。《体育强国建设纲要》指出，要推动全民健身公共服务资源向农村倾斜。因此，根据我国的社会政治制度、政策导向及农村经济发展和公共服务资源的现状，农村老年公共体育服务应定位于体现政府职能，维护农村老年人应享有的体育基本权利，实现公共体育服务均等化，并作为农村社会治理的重要手段和工具，为提高农村老年人健康水平提供保障性服务。

从农村老年公共体育服务的需求看，根据人的需要理论，健康是人类最基本的需求，无论是从个人层面考虑还是从社会整体层面考虑，健康都是应当首先满足的需求，这对老年人来说尤为重要。我国农村老年人口基数庞大，健康状况不

容乐观，患高血压、糖尿病、风湿性关节炎、骨质疏松者不在少数，本书的调查对象中有 35.8%的老年人在调查时间点近两周生过病，患病后大部分选择去医疗卫生单位就诊、治疗或采用自服药物或辅助疗法，较少采用非医疗干预手段。此外，大部分老年人有连续久坐的生活习惯，仅有 16.14%的调查对象无久坐行为。文献研究表明，久坐是诱发慢病的重要风险因素，规律地参与体育锻炼可降低各类慢病的发病风险，从经济和预防角度来看，促进老年人体育锻炼干预项目具有很高的投资回报率，可以减少社会医疗护理方面的公共花费。这些可以反映出农村老年公共体育服务的客观需求很大，并且从长期来看随着农村老龄化的加剧还会不断增加。从需求的主观表达看，目前，我国农村老年人对公共体育服务的需求总体处于中等偏上水平，有 30.6%的老年人选择"不需要"公共体育服务，亟待通过供给侧的结构性改革激发这部分老年人群的需求。从老年人对公共体育需求的排序看，老年人群体目前最迫切想改善的服务内容排名前三位的依次是体育组织服务、体育指导服务和体育制度建设服务，应对这 3 个方面的内容给予重点建设。当然，需求始终处于动态变化之中，随着乡村振兴战略的深入推进，农村的经济社会条件必将全面改善，农村老年人对公共体育服务的需求势必会增加，农村老年人对体育锻炼及公共体育服务的认识会不断加深、逐渐形成习惯，其需求层次会从低层次向高层次演化。因此，在农村老年人公共体育服务的发展目标上要考虑农村老龄化趋势，根据农村老年人公共体育服务需求现状和发展情况制定短期发展目标与长期发展目标，首先考虑满足目前依赖性高的需求，提供必备的服务保障，其次考虑根据需求的动态变化逐步提高服务能力，满足高层次的需求。

综上所述，农村老年人公共体育服务的总体目标应以保障农村老年人体育权利、实现农村健康老龄化为目的，围绕农村老年公共体育服务的主客观需求不断提升供给水平和质量；短期目标是针对主观需求，在现有农村公共体育服务资源条件下进行适老化改造，满足当前农村老年人依赖性较高的需求，提供必备的服务保障，扩大服务范围、增加服务人数；长期目标是针对客观需求，逐步优化、提高农村老年公共体育服务的内容和质量，充分满足农村老年人体育锻炼多样化、高层次的需求，实现个性化、精准化供给。根据老年公共体育服务目标可以制定出总体发展路径，即依托现有的农村公共体育服务体系，以农村老年人实际需求为导向优化配置资源，补足农村老年人公共体育服务短板，随着农村老年人逐渐形成体育锻炼习惯、对公共体育服务的认知度不断提高，以及公共体育服务供给能力的提高，进一步考虑根据农村老年人需求偏好建立动态服务提供机制。

7.2 规划层面：加强顶层设计，统筹农村老年公共体育服务供给

当前，我国社会改革已步入深水区，深层次的矛盾逐渐显露，改革攻坚的难度不断提升，需要在关键环节和重点领域取得突破。在这样的宏观背景下，以往具有增量改革、先局部后整体等特征的"渐进式"改革面临很大的局限性，强调要进行顶层设计[①②]。农村老年公共体育服务是我国体育事业、农村体育发展的薄弱环节，提供农村老年公共体育服务是一项规模庞大的全国性整体工程，涉及地域范围广、关联利益群体多，要面对城乡统筹、体制机制改革等深层次矛盾，处理农村土地、财政、投资、管理等诸多方面的问题；同时，农村老年公共体育服务是积极应对农村人口老龄化，体现公共服务资源向农村倾斜的举措，本身具有普惠、特惠的性质，所需的公共资源投入较大，不能仅在局部依靠体育部门单独进行，要突破政府部门间条块分割的藩篱，加强跨部门协同。因此，必须从国家层面统筹协调，加强顶层设计。

顶层设计的概念来源于系统工程学，英文是"Top Level Design"，是指针对某一具体设计对象运用系统论的方式自高端开始的总体构想和战略设计[③]，由自然科学领域逐渐应用于社会发展管理领域。在决策学中，顶层设计可以理解为从政府战略管理的角度统筹改革与发展全局，使其按照预期目标迈进，重视顶层设计就是要求加大对改革的统筹力度[④]。加强农村老年公共体育服务顶层设计要从全国最高层开始做出战略性系统安排，采取自上而下的设计方法对农村老年公共体育服务进行全面设计、统筹规划，其内涵特点主要体现在以下3个方面。一是整体性，围绕农村老年公共体育服务发展目标对所有子系统进行整体设计，从而克服地区间、部门间的局限性，在更高层面上实现信息互通并全面统筹人力、物力、财力，以达到预期效果。二是治本性，我国农村公共体育服务增量发展较为显著，

---

① 高尚全. 加强改革顶层设计[J]. 改革与开放，2011（13）：7-8.
② 盛洪. 中国的过渡经济学[M]. 上海：格致出版社，2009.
③ 徐敦楷. 顶层设计理念与高校的科学发展[J]. 中国高等教育，2008（22）：11-13.
④ 竹立家. 改革需要什么样的"顶层设计"[J]. 新华月报，2011（8）：50-51.

然而接下来存在的供需不匹配、适合老年人的公共体育服务供给不足等硬核问题不易解决，不仅需要全面增加供给总量，还需要提高供给质量，要从根本上解决农村老年公共体育服务供给的投入问题、人力问题和制度化问题。三是长远性，农村老年公共体育服务顶层设计要着眼于经济社会长期发展，它是积极应对农村人口老龄化、促进农村稳定繁荣的长远性规划，而非追求短期成效的短期性规划，要实现从过去被动应对社会发展问题转向主动应对。

加强农村老年公共体育服务顶层设计的具体举措包括以下几个方面。第一，建立国家层面领导协调机构。加强顶层设计需要专门的统筹协调机构[1]，建议在全民健身工作部际联席会议下设立专门的领导小组，负责对老年公共体育服务进行总体规划部署，从而强化领导决策，使领导决策更加统一，提高决策科学化水平，加强跨部门统筹协调、层级指导和管理，从全局上把握老年公共体育服务开展进程。第二，制定具体行动规划。将农村老年公共体育服务的有关政策领域整合成更为宏观的政策领域，制定中长期战略规划并纳入体育和健康总体规划、乡村振兴战略、国家社会治理体系等主体工作中，针对农村老年公共体育服务重点内容、关键环节的内容制定专项规划，对保障机制、配套措施等内容作出安排，各级政府要结合本地实际研究制订落实计划，各项指标应尽量细化、量化，使农村老年公共体育服务可落实、可评估、可监督。第三，增强跨部门协同。在整体性治理视角下，公共政策目标的实现不能靠相互隔离的政府部门，要在不取消部门边界的情况下实行跨部门合作[2]，加强体育部门、发展和改革委员会、民政部、财政部、文化和旅游部等有关部门的内部协同，整合相关政府职能，减少部门主义的影响，解决权责不清和职能交叉的问题，同时建立跨部门业务流程体系，围绕农村老年公共体育服务工作安排协同程序，精简、细化业务流程，使跨部门协同工作标准化、规范化。

7.3 主体层面：加快政府职能转变，引导社会参与

实施积极应对人口老龄化国家战略，要充分发挥运动对健康老龄化的积极作用，通过老年公共体育服务的有效供给引导老年人群科学健身、安全健身。当前，

---

[1] 张克. 新中国70年改革试点复制推广机制：回顾与展望[J]. 南京社会科学，2019（10）：11-17.
[2] 解亚红. "协同政府"：新公共管理改革的新阶段[J]. 中国行政管理，2004（5）：58-61.

我国城乡发展差异仍然明显，农村老年公共体育服务的供给理应成为政府职责，要合理划分各级政府的支出责任，明确各自的角色定位，强化公共财政保障和监督问责。与此同时，充分发挥市场机制的作用，支持各类主体积极参与并提供农村老年服务，形成扩大供给合力。政府作为主要供给主体，不必包揽农村老年公共体育服务供给，而是更多地担任领导者、决策者、设计者、监管者的角色，将社会组织置于服务提供的前置环节，简政放权，把公共资源和公共权利向社会组织转移，为其让渡更多的发展空间；要注意引导、培育各类体育社会组织，为其参与农村老年公共体育服务提供良好环境；完善对社会组织参与的支持体系，为其提供稳定的参与渠道及资金、技术、管理方面的支持；出台相关政策法规和指导意见，对社会力量参与农村老年公共体育服务的内容要素、责任义务、方式途径及保障措施等内容进行规定，明确各类体育社会组织的法律地位和法定职责，为其提供政策依据和保障。除此之外，要注重对体育社会组织的监督管理，加大各类体育社会组织的登记注册与信息公开力度，通过评估、督查和年检等手段对其参与农村老年公共体育服务的工作进行监管，根据工作绩效和服务反馈进行评估，对服务质量好、成效高的社会组织予以表彰，反之则要进行追究问责。

在政府与体育社会组织的合作层面，政府要采用多元化的政策工具，如政府委托、政府购买服务、人才培训、税收优惠等，引导各类体育社会组织参与农村老年公共体育服务供给，使体育社会组织在需求表达、决策参与及监督评价等方面发挥作用，能够就农村老年公共体育服务的供给内容、供给方式、资源配置等内容提出建议、与政府共同协商，并建立以项目为导向的合作机制，通过授权、委托等其他方法将服务项目交由社会组织承接。对社会组织来说，要切实提高自身的专业化程度和服务能力，一是要加强社会组织内部规范管理，健全组织规章制度，进行规范化建设，在实践中强化内部管理，树立良好的社会形象。二是要提高人员素质能力，打造专业运作团队，根据实际需要对组织成员进行培训，注意吸纳高素质人才或进行专家咨询来获取新的理念和技术，不断总结项目运作经验，为农村老年人提供专业化的体育服务。三是要主动参与农村老年人公共体育服务供给，深入研究服务对象的想法，与官方组织对接并形成有效互动，及时发现需要解决的问题，通过设计优质的项目方案获得资助，同时要加强与其他社会组织间的交流合作，进行优势互补，在农村老年公共体育服务供给中共同发挥作用、形成合力。

7.4 内容层面：坚持需求导向，合理安排服务内容

根据有效需求理论，要根据公共服务实际需求安排供给，本书的研究结果显示，除文化水平、经济状况因素外，年龄、不同地区、婚姻状况、久坐行为等要素显著影响农村老年人对公共体育服务需求程度，因此农村老年公共体育服务供给内容不宜采用一刀切的方式，而要考虑各地实际需求的异质性进行有针对性的供给。然而，需求并不会直接对供给产生影响，只有当需求被提供者重视并纳入供给安排中时才会有相应的供给，广大农村公共产品的供给必须以建立有效的农村公共服务需求表达机制为前提[1]，需求表达机制能在提高公共服务效率、节约行政成本的同时，实现供需的有效结合[2]。在农村老年公共体育服务供给过程中，服务对象往往只是被动地接受服务，其需求虽然客观存在但缺乏表达的有效途径，容易因政策制定缺乏依据而出现供给"缺位""失位"现象，因此要建立农村老年公共体育服务需求表达机制来促进有效供给。

需求表达机制主要是解决消费者对公共物品的真实需求通过何种渠道反映出来，在公共产品理论中被称为"偏好表露"问题[3]。农村老年公共体育服务需求表达机制是指基于民主框架赋予农村老年人合法话语权，使其对体育锻炼的需求和意见能够通过正式或非正式渠道在制度内得以表达，政府得以根据期望的服务内容及对服务的评价等信息作出回应和反馈，进而满足农村老年公共体育服务需求的制度规范。要建立一种把农村老年人个体公共体育服务需求偏好转换为公共决策依据的民主机制，借鉴农村公共产品需求偏好表达机制构建理论模型[4]，应从农村老年人、政府、非政府组织三方主体及其关系的方面进行发力。

第一，在农村老年人个体方面，要提升其需求表达的积极性和有效性。受传统意识的影响，农民维护基本权利的主体意识较为缺乏[5]，农村老年人的传统意识

---

[1] 王蔚，彭庆军. 论农村公共服务需求表达机制的构建[J]. 湖南社会科学，2011（5）：98-100.
[2] 李雨洋. 政府购买公共服务需求表达机制的问题——以F社区为例[J]. 天水行政学院学报，2019，20（4）：55-59.
[3] 李永旷. 农村公共物品供给中的偏好显示问题分析[J]. 经济与社会发展，2007（8）：49-51.
[4] 聂应德，王敏. 农村公共产品需求偏好表达机制的再构建[J]. 汕头大学学报（人文社会科学版），2015，31（6）：75-81.
[5] 谭德宇. 乡村治理中农民主体意识缺失的原因及其对策探讨[J]. 社会主义研究，2009（3）：80-83.

更强，对政府和社会提供的公共体育服务普遍表现为被动接受，缺乏需求表达的主动意识。公民意识是民主政治的基础，法制规定的公民权利如果没有普遍的公民意识作基础，这种规定就形同虚设[1]，因此要通过加强体育科普宣传增强农村老年人的体育意识，使其积极表达公共体育服务需求、主动参与公共体育服务供给过程。此外，要提升农村老年人需求表达的意识和能力，同时注意发挥农村精英及体育骨干的作用，充分考虑他们的意见并使他们带动其他农村老年人表达公共体育服务需求。

第二，在政府方面，一是要畅通需求表达的渠道，利用现行农村入户调查制度或建立农村老年公共服务供给项目实施的专题调查机制，针对年龄、体育锻炼参与程度等需求影响因素建立农村老年人个人信息库，对各农村老年人细分群体的公共体育服务需求进行动态化的识别与评估。二是完善供给决策体系，农村老年公共体育服务项目应在广泛征求农村老年人及其他村民的需求和意见的基础上形成初步方案，在决策的过程中要结合直接民主和间接民主，按照农村公共事务决策"一事一议"的要求，采用投票表决或听证会制度等方式决定供给与否。三是加强监督与评价，对农村老年公共体育服务项目的管理实施过程、资金使用情况信息进行公开、接受群众监督，并结合需求调查对农村老年人公共体育服务质量和效果进行跟踪测评。

第三，在非政府组织方面，要培育农村老年公共体育服务自治组织。相关研究显示，农民的组织化程度越高，在公共产品供给的过程中其意见被采纳的可能性就越高[2]。个人表达农村老年人公共体育服务需求具有分散性，集合农村老年人体育锻炼参与者及村民形成自治团体能够提高组织化程度、在集体行动时增加沟通与协调，有利于将个体需求转化为集体意志，更有效地影响供给决策。基层农村老年体育自治组织要针对老年人数字鸿沟，采取适合老年人的手段交流表达农村老年人公共体育服务需求、进行组织宣传。注意培养提高农村基层自治体育组织的自我管理能力，使之能与政府或其他类型的组织进行良好互动，承担农村老年公共体育服务供给的有关工作。

农村老年公共体育服务供给要按照需求序位逐步安排提供农村老年公共体育服务内容，农村老年人群体目前最迫切想改善的服务内容排序前三位的依次是体育组织服务、体育指导服务和体育制度建设服务，要加强相关供给。要注意农村

---

[1] 李小群. 公民意识与法治国家的构建[J]. 江淮论坛，2009（5）：110-113.
[2] 曲延春. 农村公共产品供给中的农民组织化问题研究[J]. 理论月刊，2012（1）：176-178.

老年公共体育服务需求内容之间的相关性，打破各种需求独立满足的模式，通过对具有中高度相关的服务内容进行组合安排，提升不同服务内容之间的协调性、统一性，合理推出满足老年群体需求的公共体育服务"套餐"，实现公共体育服务需求内容体系的协同发展。

7.5 机制层面：完善供给机制，提高供给效率

完善的公共体育服务供给机制是提升公共体育服务供给效率的关键。公共服务供给机制由供给主体、供给方式及供给运行构成，分别解决公共服务"由谁供给""如何提供""如何运行"的问题。在农村老年公共体育服务供给过程中，应当建立以需求为导向的服务供给机制，这样才能实现供给主体根据实际需求对资源进行配置、组织调控供给过程，采取有效的方式提供服务内容，最终实现老年公共体育服务的有效供给。

从服务供给主体来看，农村老年公共体育服务是社会系统化工程，政府单一主体无法完全提供并保证提供效率。目前，基于治理理论，多元主体参与的供给模式被广泛采用，农村老年公共体育服务应由政府、企业和社会组织三方主体协作共同提供。在各主体的分工合作上，首先要区分农村老年公共体育服务的安排者与生产者，安排者是提供老年公共体育服务的责任主体，而生产者是具体生产、执行公共服务产品和服务的主体，安排者并不一定是生产者。农村老年公共体育服务作为公共服务，旨在为农村老年人群体提供保障性服务，因此政府具有责无旁贷的责任，而且目前农村老年人普遍未形成体育消费习惯，如果仅依赖市场价格机制提供服务，则会出现"市场失灵"现象，为了实现社会公平，有赖政府采取行政机制利用公共资源进行保障，因此各级政府应是农村老年公共体育服务的安排者，负责组织协调整个供给过程并提供资源，以保障基本的服务供给。但仅靠政府使用行政方式提供服务可能出现低效率的垄断配置，需要引入市场机制，由企业承接政府项目，这样有利于形成竞争网络、提高农村老年公共体育服务效率和质量，而且农村老年公共体育服务需求偏好是多元化的，由企业提供市场化服务可满足个性化、高层次的体育锻炼需求。在公共服务中，社会组织发挥着越来越大的作用，现代经济学认为社会组织能够协调公共服务领域中的"市场失灵""政府失灵"现象，在目前政府提供农村老年公共体育服务的能力有限、市场提供

机制尚未形成的情况下，社会组织发扬志愿精神、以非营利目的参与农村老年公共体育服务具有重要意义，不仅可以承接政府服务项目，还可以弥补政府和市场作用的不足。因此，农村老年公共体育服务需要政府、企业和社会组织多元主体进行功能和资源的互补，协同参与提供。

服务供给方式是农村老年公共体育服务供给过程中多元主体合作提供公共服务所采取的具体方式。关于公共服务供给方式，萨瓦斯提出要根据物品和服务的不同而选择不同供给机制，并提出10种公共服务供给方式，市场化程度从低向高分别是政府服务、政府间协议、政府出售、合同承包、补助、凭单制、特许经营、自由市场、志愿服务和自我服务[1]。国内学者陈振明归纳了当代各国政府改革与治理中常用的市场化工具，有民营化、用者付费、合同外包、特许经营、凭单制等[2]。总的来说，政府作为供给主体，采用多样化的提供方式，更多地将公共服务生产职能转交给市场和社会组织是当前的改革发展趋势。因此，在农村老年公共体育服务提供过程中，由企业和社会组织作为农村老年公共体育服务的具体生产者会比政府部门自己供给更有效率，要更多地采用政府补助、政府采购等间接供给方式，以及合同外包、特许经营、志愿服务等市场化和社会化供给方式，调动更多的主体参与农村老年公共体育服务供给，根据具体供给的公共体育服务内容灵活选择合适的供给方式。

在供给机制层面，单纯采用以政府为主导、自上而下的供给机制会导致农村老年公共服务供需失衡，亟待建立以需求为导向的农村老年公共服务供给机制。有关公共服务供给机制的研究，王佳欣对旅游公共服务供给机制进行了构建，包括选择机制、需求表达机制、供给决策机制、供给监督与管理机制、供给激励机制及配套保障机制等[3]。于海燕将居民公共服务运行机制划分为决策层、生产层和绩效层三大层面[4]。结合现有的理论研究和公共体育服务供给现状，以需求为导向的农村老年公共体育服务供给机制应主要包括需求表达机制、决策机制、协同机制、效率机制、激励机制、绩效评估机制、监督反馈机制（图1-7-1）。第一，公众通过需求表达机制对老年公共服务需求进行表达。第二，供给主体根据需求表达的结果通过决策机制进行决策，确定供给目标，对要提供的老年公共体育服务

---

[1] ES 萨瓦斯. 民营化与公私部门的伙伴关系[M]. 周志忍, 等译. 北京：中国人民大学出版社, 2002.
[2] 陈振明. 当代西方政府改革与治理中常用的市场化工具[J]. 福建行政学院福建经济管理干部学院学报, 2005 (2)：5-12, 79.
[3] 王佳欣. 基于多中心视角的旅游公共服务供给机制研究[D]. 天津：天津大学, 2012.
[4] 于海燕. 新居民公共服务供给机制研究[D]. 长春：吉林大学, 2016.

内容、供给方式等进行选择。第三，为实现供给目标，需要在生产层进行具体组织运行，通过协同机制协调不同的供给主体与生产主体的责任分工，然后用效率机制和激励机制促进各方主体进行有效生产。第四，农村老年公共体育服务生产结束后进入绩效层，通过绩效评估机制对公共体育服务供给的实施效果进行评估和反馈。第五，为使各环节得到有效控制实施，监督反馈机制贯穿于整个供给机制运行过程。

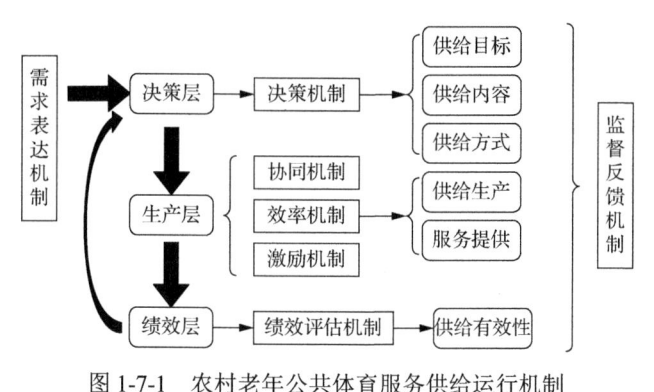

图 1-7-1 农村老年公共体育服务供给运行机制

7.6 技术层面：建立服务平台，提升服务能力

农村老年公共体育服务需求的满足，最终要在具体的服务平台上落实，因此，建立功能完备、运行有效的服务平台是有效提升农村老年公共体育服务能力的重要抓手。在服务平台建设上，O2O（Online To Offline，线上到线下）平台目前在市场服务领域中应用广泛并逐步被应用于公共服务领域。以线上和线下相结合的方式提供各类公共服务，能有效整合不同主体的资源，在降低供求双方的交易成本的同时提升公共服务的公平性、体验性和可及性。利用新技术也是公共体育服务的发展方向，《体育强国建设纲要》更是把全民健身智慧化作为重要任务。因此，应建立线上和线下相结合的农村老年公共体育服务平台，从而在更大范围内整合老年体育服务资源、促进各主体协同供给，并实现需求方与供给方的互动，切实提升服务能力。只有线上互联网服务平台和线下实体服务平台同时运行，相互融合、无缝连接，才能达到良好的效果。

我国农村地域广大、老年人口众多，通过互联网平台提供农村老年公共体育服务可以不受地域的限制扩大服务范围、增加服务人数，还可以整合不同主体的资源，减少人员、资金等公共服务资源的投入。建立互联网农村老年公共体育服务平台主要包括接入渠道、服务内容及技术平台等方面。接入渠道是公共服务到达公众的途径与方式[1]，可建立全国统一的服务平台，将各地农村老年公共体育服务需求整合到线上。在平台功能上，第一，要将优质的农村老年公共体育服务内容整合到线上，提供菜单式服务。目前"提供健康和健身知识""对体育锻炼进行指导"等是农村老年人最需要的公共体育服务，可将最优质的老年人的科学健身方法、疾病预防恢复、生活饮食等内容整合到互联网平台上，逐渐丰富平台内容，使最偏远地区的农村老年人也能得到最好的公共体育服务资源。第二，要通过互联网服务平台整合资源，实现各方主体的互动。需求方可通过平台发布需求信息，并介绍农村及当地老年公共体育服务的有关情况，寻找匹配的服务资源；政府组织、企业、志愿组织等多方供给主体可在平台上及时发布能够提供的各类农村老年公共体育服务资源，针对同一需求方或需求项目采取协同措施，实现信息互通，提高公共服务资源配置水平和效率；每个服务对象及农村居民都可参与服务的提供过程，通过平台对提供的农村老年公共体育服务进行监督、评价和反馈。为确保平台信息真实有效，平台上所有的需求方、供给方及服务对象都需要经过政府部门的认证核实。线上功能的实现要以技术平台为基础，包括网络基础设备、计算机等硬件设施，以及承载农村老年公共体育服务功能的软件设施。技术平台的设计和建设可采用"公私合作"的形式，政府侧重于整体规划指导、提出方案，由专业的互联网技术企业负责具体的平台设计和建设，包括建立服务器和数据库、数据通信模型、用户和交互界面等，以保证技术平台功能模块、操作流程等内容的科学性与完备性。

  与线上互联网服务平台不同，线下实体服务平台强调"在场"，很多公共体育服务资源可以通过线上互联网服务平台整合，但是体育锻炼最终必须在现实场景中进行，而且大部分农村老年人使用互联网平台的能力有限，更需要线下实体服务平台。线下实体服务平台需要建立实体服务中心，依托场地设施和人员组织提供农村老年公共体育服务。第一，在体育场地设施上，要充分整合农村闲置场地或改造已有的体育场地设施，根据老年人的体育锻炼特点配备适合老年人锻炼的健身设施及健身器材，设置无障碍通道，便于失能老年人使用。第二，在线下实

---

[1] 李晓方，孟庆国. 政务服务O2O：模式比较与最佳实践[J]. 电子政务，2018（11）：59-68.

体服务平台的服务内容上，要充分利用城市的老年公共体育服务资源支持农村发展，可聘请城市社会体育指导员、联系志愿组织定期到农村指导老年人进行科学的体育锻炼，针对农村老年人普遍患有慢性疾病情况举办相关健康健身知识讲座，安排家庭医生、全科医生到农村为老年人进行体质监测、制定运动处方等，发挥运动对疾病的预防、治疗和康复作用。第三，在线下实体服务平台的人员组织上，要有专人负责线下实体服务平台的管理工作，可设置相应的工作岗位、由村委会工作人员或推举村里有意愿且有能力的人负责担任，同时发挥农村老年体育骨干的作用，通过对农村老年体育骨干进行重点教育培训，使其能够协助线下实体服务平台的组织管理工作，并在提供农村老年人公共体育服务过程中发挥带头示范作用。在线下实体服务平台的建设过程中，要多部门协同规划共建共享、由政府统一组织实施，使农村老年公共体育服务平台建设工作落实到每个行政村，同时注意整合社会资源、调动农村居民的积极性，使每个行政村都能接通线上服务平台、建有一定条件的线下实体服务平台，实现农村老年公共体育服务全面覆盖。

8 结 论

农村老年公共体育服务需求指在一定时期，农村老年人能够得到的体育服务水平与意愿得到及应该得到的体育服务水平之间的不平衡造成的缺乏状态，包括农村老年人察觉到的主观需求，以及农村老年人未察觉到的基于农村老年人的健康状况、体育参与特征、健康生活方式等需要的客观需求两类。

农村老年人大多未形成良好的健康行为习惯，老年人的日常生活方式暴露出体力活动不足、久坐行为过多等重大健康隐患问题。性别、年龄、不同地区、婚姻状况、经济状况、居住方式、久坐行为、慢病状况、生活自理能力等因素显著影响老年人的体育活动参与水平，而文化水平、抽烟行为、蔬菜摄取情况、水果摄取情况等因素不影响农村老年人的日常体力活动参与。

从整体看，农村老年人参与体育锻炼的积极性并不高，多数农村老年人无锻炼行为。具体而言，在体育锻炼的认知方面，农村老年人对健身锻炼的作用缺少相关认知，其体育锻炼的认知度受到年龄、婚姻状况、文化水平等诸多因素的影响；"走路、登山或跑步"是农村老年人首选的体育锻炼项目，并且性别、年龄、地区等人口学因素，以及老年人的抽烟行为、久坐行为、慢病状况和生活自理能力，都对其体育锻炼项目的选择产生显著影响；农村老年人的体育锻炼参与程度受到性别、地区、文化水平、经济状况、日常体力活动及慢病状况的影响，而参与体育锻炼主要受年龄、地区、文化水平、经济状况、抽烟行为、居住方式、久坐行为、慢病状况及生活自理能力等因素的影响。影响农村老年人参与体育健身排名前三的因素是有体育锻炼的组织、有适合的运动项目或朋友的支持、参与体育锻炼的方便性。

我国农村老年人对公共体育服务需求总体处于中等偏上水平，但还有相当部分的群体对体育需求不够重视。影响老年人公共体育服务需求的因素既可能是主观上农村老年人群体中存在意识主动和行为滞后的相互矛盾，又可能是客观上组织与服务欠缺、安全与方便缺乏、社会支持不足等因素阻碍了老年人进行体育锻炼的想法。

8 结 论

农村老年公共体育服务的需求序位从高到低依次是建立老年人体育锻炼的组织、对老年人参与体育锻炼进行指导、加强老年体育的制度建设、为老年人提供健康和健身知识、组织适合老年人的体育锻炼活动、培养老年体育的骨干、对老年人参与体育锻炼进行宣传和动员、修建适合老年人的体育场地设施、为老年人提供体质监测服务。在资源受限的情况下,应着力解决老年人群体目前最迫切想改善的服务内容即排序前列的服务,如体育组织服务、体育指导服务和体育制度建设服务等。

农村老年公共体育服务需求内容之间存在高度相关、中度相关、中度偏下相关 3 个层次。建立老年人体育锻炼的组织、对老年人参与体育锻炼进行指导、组织适合老年人的体育锻炼活动三者之间具有高度相关性,说明其供给服务之间的关联度很大,在为农村老年人提供上述服务的时候就必须考虑到需求的全面性、协调性,合理推出满足老年群体需求的公共体育服务"套餐"。

农村老年人对现有公共体育服务的使用率不高,主要原因是体育健身服务的宣传普及率低、供给内容与老年人的实际需求不匹配、传统思想观念使农村老年人无意、无空闲享受体育服务。此外,从农村老年人对公共体育服务的满意度调查看,农村老年人场地服务、活动服务与宣传服务、知识咨询服务 3 项内容的使用满意度涉及影响因素较多。促进农村老年人公共体育服务满意度的提高,需要树立统筹谋划、协调多种影响因素的思想。

整体上,我国基层体育工作者已经能够意识到老年体育服务的功能和价值。然而,村干部对老年公共体育服务的重视程度却并不乐观,尤其是中西部地区和经济不发达的村落,其村干部实际上较少关注老年人的体育服务活动,这主要是由农村老年人体育需求的表达渠道受阻、村干部手中可供支配的体育服务资源十分有限造成的。

我国农村老年公共体育服务显示出供给水平不高、供给内容不均衡的特点。在供给水平方面,存在供给制度建设缺失、农村老年公共体育服务的投入不足及农村老年公共体育服务工作开展滞后等问题;在供给内容方面,东部地区农村老年人公共体育服务供给发展好于中西部地区。经济越发达的村落,其老年公共体育服务供给表现越好。

我国农村老年公共体育服务供需匹配程度形势险峻,仅有老年体育的制度建设和老年人的体质监测服务供需关系基本正常,其他体育服务内容都未能达到基本匹配标准,其主要原因在于农村老年人公共体育服务的人、财、物资源供给乏力及老年人公共体育服务发展模式不健全。在供需关系正常的服务中，由于体质监测服务往往被误认为是老年人的体检服务，因此实际在农村提供的体质监测服务很少。老年公共体育服务的制度建设供需关系正常，而其他服务未能达到基本匹配标准，说明老年公共体育的制度执行不力。

我国农村老年公共体育服务有效供给应从战略层面坚持目标导向，统一发展思路；从规划层面加强顶层设计，统筹农村老年公共体育服务供给；从主体层面加快政府职能转变，引导社会参与；从内容层面坚持需求导向，合理安排服务内容；从机制层面完善供给机制，提高供给效率；从技术层面建立服务平台，提升服务能力。

参 考 文 献

[1] 埃莉诺·奥斯特罗姆. 公共事物的治理之道：集体行动制度的演进[M]. 余逊达，陈旭东，译. 上海：上海译文出版社，2012.

[2] 曹剑光. 公共服务的制度基础：走向公务服务法治化的思考[M]. 北京：社会科学文献出版社，2010.

[3] 陈文科，吴春梅. 新农村建设中的公共服务供给体制转型问题[J]. 广东社会科学，2007（2）：5-11.

[4] 罗纳德·J 奥克森. 治理地方公共经济[M]. 万鹏飞，译. 北京：北京大学出版社，2005.

[5] 王小林. 结构转型中的农村公共服务与公共财政政策[M]. 北京：中国发展出版社，2008.

[6] 樊炳有，高军. 体育公共服务——内涵、目标及运行机制[M]. 北京：人民体育出版社，2010.

[7] 睢党臣. 农村公共产品供给结构研究[M]. 北京：中国社会科学出版社，2009.

[8] 陈刚，乔均. 公共服务体系建设——比较研究与创新探索[M]. 南京：江苏科学技术出版社，2015.

[9] 叶响裙. 公共服务多元主体供给：理论与实践[M]. 北京：社会科学文献出版社，2014.

[10] 王浦劬，莱斯特·M 萨拉蒙，等. 政府向社会组织购买公共服务研究[M]. 北京：北京大学出版社，2010.

[11] 李燕凌. 农村公共产品供效率论[M]. 北京：中国社会科学出版社，2007.

[12] 王家宏，等. 我国公共体育服务体系研究[M]. 苏州：苏州大学出版社，2016.

[13] 党俊武. 老龄社会的革命：人类的风险和前景[M]. 北京：人民出版社，2015.

[14] 国家应对人口老龄化战略研究健康老龄化与老年健康支持体系研究课题组. 健康老龄化与老年健康支持体系研究[M]. 北京：华龄出版社，2014.

[15] 刘国永，戴健，曹可强，等. 中国群众体育发展报告（2018）[M]. 北京：社会科学文献出版社，2014.

[16] 郑晓燕. 中国公共服务供给主体多元发展研究[M]. 上海：上海人民出版社，2012.

[17] 李军鹏. 公共服务学[M]. 北京：国家行政学院出版社，2007.

[18] 陈昌盛，蔡跃洲. 中国政府公共服务：体制变迁与地区综合评估[M]. 北京：中国社会科学出版社，2007.

[19] 姜向群，杜鹏. 中国人口老龄化和老龄事业发展报告[M]. 北京：中国人民大学出版社，2015.

[20] 珍妮特·V 登哈特，罗伯特·B 登哈特. 新公共服务：服务，而不是掌舵[M]. 丁煌，译. 北京：中国人民大学出版社，2004.

[21] 敬义嘉. 合作治理：再造公共服务的逻辑[M]. 天津：天津人民出版社，2009.

[22] 陈振明. 公共服务导论[M]. 北京：北京大学出版社，2011.

[23] 林家彬. 加快西部农村公共服务发展的重要性与对策建议[J]. 中国发展评论, 2007（2）: 24-29.

[24] 冯火红. 我国地方政府社会体育政策研究[M]. 北京: 北京体育大学出版社, 2008.

[25] 周建明. 有效供给不足——对传统公有制经济体制的考察[M]. 上海: 上海社会科学院出版社, 1992.

[26] 辛方坤. 地方政府公共服务供给及其优化研究[M]. 上海: 上海社会科学院出版社, 2014.

[27] 吕振宇. 公共物品供给与竞争嵌入[M]. 北京: 经济科学出版社, 2010.

[28] 江易华. 当代中国县级政府基本公共服务绩效评估指标体系的理论构建与实证研究[M]. 北京: 中国社会科学出版社, 2010.

[29] 张文静, 沈克印. 乡村振兴战略下农村公共体育服务的协同治理研究——基于多元主体协同治理模型[J]. 沈阳体育学院学报, 2020, 39（3）: 35-42.

[30] 卢文云. 我国农村公共体育服务发展历程、经验及展望[J]. 体育文化导刊, 2020（3）: 54-61, 84.

[31] 甄玉, 王占坤, 杨宣旺. 我国老年人体育公共服务供给研究[J]. 体育文化导刊, 2020（2）: 53-57, 96.

[32] 彭国华, 张莉, 庞俊鹏. 新时代背景下农村体育治理的现实困境及路径选择——基于公民参与的视角[J]. 体育文化导刊, 2020（1）: 23-29.

[33] 马德浩. 新时代我国农村公共体育服务的治理困境及其应对策略[J]. 体育与科学, 2020, 41（1）: 104-111.

[34] 刘宏亮, 邱丽. 基于供需协同的农村体育公共服务多元供给框架研究[J]. 天津体育学院学报, 2019, 34（6）: 479-485.

[35] 丁红娜, 代坤. 生态文明视域下农村体育设施公共服务发展的新思路探究[J]. 农业经济问题, 2019（11）: 143.

[36] 熊禄全, 张玲燕, 陆元兆, 等. 农村公共体育服务政策工具评价体系研究[J]. 成都体育学院学报, 2019, 45（5）: 35-41.

[37] 朱毅然. 美国政府购买公共体育服务的经验与我国路径推进[J]. 西安体育学院学报, 2019, 36（5）: 513-519.

[38] 许彩明, 武传玺. "乡村振兴战略"背景下我国农村体育公共服务升级路径研究[J]. 西安体育学院学报, 2019, 36（5）: 555-561.

[39] 李洋花, 杨晓生, 胡科. 精准扶贫视域下老年人体育发展策略探析[J]. 体育文化导刊, 2019（8）: 54-58, 89.

[40] 叶宋忠, 仇军. 老龄化背景下养老产业与体育产业融合发展研究[J]. 西安体育学院学报, 2019, 36（4）: 410-414.

[41] 王占坤, 彭艳芳. 农村老年人公共体育服务供需反思及优化研究[J]. 北京体育大学学报, 2019, 42（6）: 120-131.

[42] 范成文,金育强,钟丽萍,等．发达国家老年人体育服务社会支持体系及对我国的启示[J]．体育科学,2019,39（4）：39-50．

[43] 马德浩．人口结构转变视域下的上海体育发展战略研究[J]．体育科学,2019,39（4）：51-62．

[44] 范成文,刘晴,金育强,等．基于魅力质量理论及Kano模型的老年人体育服务需求层次研究[J]．成都体育学院学报,2019,45（2）：55-61．

[45] 彭国华,庞俊鹏．新时代背景下中国农村公共体育服务发展的路径选择[J]．武汉体育学院学报,2019,53（2）：25-32,39．

[46] 肖伟,田媛,夏成前．乡村振兴战略下农村体育发展方向与路径研究——基于乡村振兴与体育发展关联的辨析[J]．武汉体育学院学报,2019,53（1）：24-29．

[47] 彭国强,舒盛芳．我国农村体育研究热点分布与演化趋势及展望[J]．首都体育学院学报,2019,31（1）：38-44．

[48] 许长鸣,何劲鹏．农村体育发展及公共服务标准化探究——评《城镇化进程中我国农村公共体育服务发展模式研究》[J]．中国教育学刊,2019（1）：144．

[49] 王军．乡村振兴视阈下城乡体育融合发展的动因、条件与对策[J]．西安体育学院学报,2019,36（1）：65-69．

[50] 黄程程．我国城乡公共体育服务均等化发展的制约因素及路径选择[J]．体育文化导刊,2018（12）：45-49．

[51] 胡庆山,吕钶,王健．农村体育公共服务体制的现实弊端及治理策略[J]．武汉体育学院学报,2018,52（9）：11-17．

[52] 鲁丽．公共服务视角下我国农民体育发展的制约因素及破解路径[J]．体育文化导刊,2018（8）：22-26．

[53] 何元春,夏成龙．农村公共体育服务供给范式的转换——基于地方性知识理论[J]．体育学刊,2018,25（4）：48-52．

[54] 詹新寰,仇泽国．我国农村公共体育服务运行现状研究[J]．首都体育学院学报,2018,30（4）：292-296．

[55] 王驰,何元春．地方性知识视阈下我国农村公共体育服务供给理念的反思及重构[J]．北京体育大学学报,2018,41（7）：9-16．

[56] 彭国华,张莉,庞俊鹏．健康中国背景下农村公共体育服务的发展困境及治理[J]．体育文化导刊,2018（6）：58-62．

[57] 陈洋,张玲燕,熊禄全．我国农村公共体育服务制度创新研究[J]．体育文化导刊,2018（5）：1-5．

[58] 郝兴华,林致诚,何元春．"互联网+"背景下农村公共体育服务有效供给研究[J]．体育文化导刊,2018（4）：15-19．

[59] 熊禄全,张玲燕,孔庆波．农村公共体育服务供给侧改革治理的内在需求与路径导向[J]．体育科学,2018,38（4）：22-36．

[60] 左群, 段梦双, 吴凡凡, 等. 基于公共体育服务满意度的社区老年人体育锻炼行为影响因素研究[J]. 沈阳体育学院学报, 2018, 37（2）: 61-67.

[61] 颜小燕. 农村公共体育服务供给的治理机制研究——基于十九大报告中"乡村振兴"战略背景的分析[J]. 体育与科学, 2018, 39（2）: 13-19.

[62] 张高华, 张彦龙. 城市老年人公共体育服务多中心供给研究[J]. 体育文化导刊, 2018（1）: 27-30, 41.

[63] 彭国华, 张莉, 庞俊鹏. 广东农村基本公共体育服务的现状与发展策略[J]. 体育文化导刊, 2017（12）: 55-58, 101.

[64] 王凯. 农村地区体育公共服务志愿性供给研究[J]. 体育文化导刊, 2017（11）: 39-43.

[65] 汪文奇, 金涛, 庞俊鹏. 共建共享视域中我国农村公共体育服务发展的困境与突破[J]. 武汉体育学院学报, 2017, 51（10）: 25-31.

[66] 王凯. 农村公共体育服务扁平化治理的理论建构与路径展望[J]. 体育科学, 2017, 37（10）: 90-97.

[67] 何元春, 秦宇婷, 何吉. 我国农村公共体育服务供给侧改革研究[J]. 武汉体育学院学报, 2017, 51（9）: 23-27.

[68] 舒刚民. 中国农村公共体育服务供给的治理路径[J]. 成都体育学院学报, 2017, 43（5）: 33-39.

[69] 许彩明, 关山, 武传玺. 我国新型城镇化背景下农村公共体育服务发展战略环境分析[J]. 西安体育学院学报, 2017, 34（6）: 676-681.

[70] 葛新. 我国体育公共服务城乡一体化的内涵、困境与实现路径[J]. 北京体育大学学报, 2017, 40（8）: 8-13.

[71] 付春明, 陶永纯. "患不均, 更患不公": 体育资源供给的"公平"与"冲突"[J]. 体育与科学, 2017, 38（4）: 49-54, 48.

[72] 李立峰, 王洪彪. 中国公共体育服务研究10年（2007—2016）: 热点、趋势与展望——基于CiteSpaceⅢ的可视化分析[J]. 沈阳体育学院学报, 2017, 36（3）: 39-47.

[73] 彭国华, 张莉, 庞俊鹏. 中国农村公共体育服务政策的变迁历程[J]. 当代中国史研究, 2017, 24（3）: 121.

[74] 曾伟, 葛飞, 林伟伟. 我国藏区农村体育文化发展的现实困境与突破路径[J]. 体育文化导刊, 2017（5）: 20-24.

[75] 刘洪涛. 老龄化背景下我国现行老年体育政策的优化[J]. 山东体育学院学报, 2017, 33（2）: 42-45.

[76] 王凯, 陈斌. 农村体育公共服务"乡村精英供给范式"研究[J]. 体育文化导刊, 2017（4）: 15-20.

[77] 彭国华, 张莉, 庞俊鹏. 中国农村公共体育服务政策变迁历程及启示[J]. 体育文化导刊, 2017（3）: 26-29, 51.

[78] 张智，孙懿，王志强. 强化中央事权视角下体育项目治理的完善思路研究[J]. 沈阳体育学院学报，2017，36（1）：112-116.

[79] 钟壮聪. 农村公共体育健身中心建设研究[J]. 体育文化导刊，2017（2）：126-129.

[80] 张丹，王健. 基于科学知识图谱的我国农村体育研究现状、特征与趋势[J]. 武汉体育学院学报，2017，51（2）：17-23.

[81] 杨明. 我国公共体育服务标准体系构建研究[J]. 武汉体育学院学报，2017，51（1）：20-25，32.

[82] 刘玉. 我国农村政府购买基本公共体育服务发展困境与破解路径[J]. 西安体育学院学报，2017，34（1）：34-39.

[83] 卢文云，卢文洲，陈珍怀. 统筹城乡发展中的村落体育公共服务现状研究[J]. 北京体育大学学报，2016，39（7）：1-9，29.

[84] 阮云龙，王凯珍，李骁天. 北京市社区老年人群体育参与和需求研究[J]. 体育文化导刊，2016（6）：30-34.

[85] 郑丽，张勇. 农村公共体育服务供给侧改革协同治理路径研究[J]. 沈阳体育学院学报，2016，35（3）：19-23.

[86] 彭英，唐刚. 基于需求与满意度耦合视角的"村改社"社区体育公共服务供给研究——以成渝实验区为例[J]. 中国体育科技，2016，52（3）：3-12.

[87] 郭修金，冉强辉，陈德旭，等. 全面建成小康社会进程中农村公共体育服务发展的战略使命[J]. 体育科学，2016，36（4）：42-50，60.

[88] 郑柏武，林丽芳，钟兆祥. 美丽乡村建设背景下农村草根体育组织的发展[J]. 北京体育大学学报，2016，39（4）：21-28.

[89] 胡科，刘亚云. 基层体育组织精英更替与组织运行的关系研究——基于两个个案的比较[J]. 西安体育学院学报，2016，33（3）：257-266.

[90] 楚继军，楚霄. 广州市老年人体育公共服务现状与需求分析[J]. 广州体育学院学报，2016，36（2）：1-4.

[91] 卢文云. 社会资本视阈下的村落体育公共服务供给策略[J]. 体育与科学，2016，37（2）：55-65.

[92] 薛山，龙家勇. "均等化"理念下农村基本公共体育服务的经验与选择[J]. 北京体育大学学报，2016，39（3）：17-22.

[93] 胡庆山，吕钶. 武陵山地区农村体育公共服务供给优先次序研究——基于满意度和需求度的二维耦联视角[J]. 贵州民族研究，2015，36（12）：204-209.

[94] 王睿，李昕，朱晓军，等. 农民集中居住条件下农村体育公共服务满意度研究[J]. 体育科学，2015，35（12）：12-20.

[95] 姚磊. 新型城镇化进程中农村体育基本公共服务供给：有限性与有效性[J]. 北京体育大学学报，2015，38（11）：7-15，22.

[96] 盛建国，钟全宏，王磊，等. 甘肃省银达镇公共体育服务个案研究[J]. 体育文化导刊，2015（10）：16-20.

[97] 秦小平，陈云龙，陈元欣，等. 农村体育公共服务"以钱养事"新机制改革探析[J]. 北京体育大学学报，2015，38（10）：1-6.

[98] 李建波，刘玉. 中国老年公共体育服务模式研究[J]. 北京体育大学学报，2015，38（9）：20-27.

[99] 秦小平，胡庆山. 农村体育公共服务"以钱养事"供给机制改革困境与消解[J]. 西安体育学院学报，2015，32（5）：548-552.

[100] 姜同仁. 我国公共体育服务供给现状与结构优化对策[J]. 上海体育学院学报，2015，39（3）：1-7.

[101] 杨斌. 新型城镇化建设与土家族农村体育公共服务体系构建研究——基于黔东北土家族地区的调查[J]. 贵州民族研究，2015，36（4）：25-29.

[102] 徐叶彤，芦平生. 多中心治理理论视角下我国农村体育公共服务社会化供给探析[J]. 北京体育大学学报，2015，38（4）：6-11.

[103] 王占坤，陈华伟，唐闻捷. 21世纪初以来我国公共体育服务研究回顾与展望：基于文献计量学和科学知识图谱分析[J]. 首都体育学院学报，2015，27（2）：109-115.

[104] 姚磊. 农村体育基本公共服务供需分析[J]. 体育文化导刊，2015（3）：19-22.

[105] 杨斌，黄银华，韩斌. 土家族地区农村体育公共服务现状与对策研究——以湖北省五峰土家族自治县湾潭镇为例[J]. 中南民族大学学报（人文社会科学版），2015，35（2）：48-51.

[106] 汪波. 体育公共服务包容性发展理论、实践与路径选择[J]. 西安体育学院学报，2015，32（3）：278-289.

[107] 李珊珊. 农村体育公共服务供给模式探索[J]. 体育文化导刊，2014（12）：43-46.

[108] 李丽. 我国体育事业公共财政保障研究述评[J]. 体育文化导刊，2014（12）：106-109.

[109] 陈赛红，蒋街良. 和谐社会农村体育常态化服务体系建构研究[J]. 吉首大学学报（社会科学版），2014，35（S2）：152-154.

[110] 余智，唐炎，郭修金，等. 县域群众性体育组织成长路径探析——永新县老年体育组织发展个案考察[J]. 武汉体育学院学报，2014，48（12）：17-22.

[111] 汪文奇. 我国农村公共体育服务发展的制度贫困与制度创新[J]. 体育学刊，2014，21（5）：43-47.

[112] 汪文奇，金涛. 从低水平非均衡迈向高水平均衡——对我国新农村公共体育服务发展方式转变的思考[J]. 武汉体育学院学报，2014，48（9）：18-23.

[113] 王衍榛. 农村空巢老人公共体育服务组织保障体系研究[J]. 体育文化导刊，2014（7）：32-35.

[114] 廖恒. 统筹城乡综合配套改革试验区农村公共体育服务多元化供给实证研究[J]. 成都体育学院学报，2014，40（7）：27-32.

[115] 胡庆山，王健. 农村体育公共服务供给的价值审思与现实困境[J]. 上海体育学院学报，2014，38（4）：20-24，30.

[116] 王毅. 双重失灵与农村体育公共服务探索[J]. 体育文化导刊，2014（6）：15-18.

[117] 姚磊，田雨普. 新农村建设进程中农村体育文化服务体系研究——以安徽省为例[J]. 中国体育科技，2014，50（3）：94-112.

[118] 杨小明，田雨普. 和谐社会视域下城乡群众体育统筹发展的战略[J]. 北京体育大学学报，2014，37（5）：11-15，27.

[119] 钟全宏，吴绍珍，杨立. 城镇化视域下的西部农村体育公共产品供给治理[J]. 甘肃社会科学，2014（2）：214-217.

[120] 刘玉. 我国老年体育公共服务体系的解构与重塑[J]. 体育文化导刊，2014（2）：5-8.

[121] 陈忠英，张满林. 农村公共体育设施筹资困境与策略分析[J]. 体育文化导刊，2014（2）：124-126.

[122] 郝海亭，郇昌店，徐晓敏. 乡村精英与农村体育的发展[J]. 体育文化导刊，2014（1）：44-47.

[123] 石振国，王英. 2000年以来我国老年体育研究成果评析[J]. 武汉体育学院学报，2014，48（1）：45-52.

[124] 胡庆山，王健，刘蕾. 中国梦视野下的农村体育公共服务建设[J]. 成都体育学院学报，2013，39（12）：26-29.

[125] 胡庆山. 论农村体育基本公共服务标准化[J]. 北京体育大学学报，2013，36（12）：16-22，37.

[126] 李建波，刘玉. 我国体育公共服务包容性发展理论、实践与基本范式[J]. 上海体育学院学报，2013，37（6）：14-19，23.

[127] 王占坤. 老龄化背景下浙江老年人体育公共服务需求与供给的实证研究[J]. 中国体育科技，2013，49（6）：70-80.

[128] 顾民杰. 新型农村社区体育文化服务创新体系建设研究[J]. 东岳论丛，2013，34（11）：187-190.

[129] 金涛，周超，胡亚明. 近十年我国公共体育服务体系研究现状与分析[J]. 体育文化导刊，2013（10）：19-22.

[130] 郭修金. 新中国农村体育的演进历程及阶段特征[J]. 上海体育学院学报，2013，37（5）：42-46.

[131] 陈家起，刘红建，朱梅新. 苏南地区农村体育公共服务供给的有益探索[J]. 体育与科学，2013，34（5）：111-117.

[132] 陈华，邹亮畴. 我国实现全民健身公平的必要性及途径[J]. 体育学刊，2013，20（4）：18-21.

[133] 王凯，乔泽波. 城乡体育公共服务均等化的制度约束与创新[J]. 上海体育学院学报，2013，37（4）：6-10.

[134] 尹维增，张德利，陈有忠. 体育强国建设进程中转变农村体育发展方式研究[J]. 西安体育学院学报，2013，30（5）：551-554.

[135] 杨高习，李丹，韩丽菲. 论人口老龄化背景下的体育公共服务体系建设[J]. 河北学刊，2013，33（4）：105-107.

[136] 常毅臣，钟全宏. 西北农村体育公共服务发展瓶颈及对策[J]. 甘肃社会科学，2013（3）：199-201.

[137] 陈广勇，杜艳伟. 超大型新农村社区体育发展的实证研究——以成都市龙华社区为例[J]. 成都体育学院学报，2013，39（5）：52-57.

[138] 李坚，杨次榆，李献青. 四川省城乡公共体育服务体系构建研究[J]. 成都体育学院学报，2013，39（5）：62-65.

[139] 郇昌店，张林，戴健. 城乡群众体育统筹发展探讨[J]. 体育文化导刊，2013（4）：23-26.

[140] 陈振明. 当代西方政府改革与治理中常用的市场化工具[J]. 福建行政学院福建经济管理干部学院学报，2005（2）：5-12，79.

[141] LEE C, RUSSELL A. Effects of physical activity on emotional well-being among older Australian women: Cross-sectional and longitudinal analyses[J]. Journal of psychosomatic research, 2003, 54(2): 155-160.

[142] CONN V S, VALENTINE J C, COOPER H M. Interventions to increase physical activity among aging adults: A meta analysis[J]. Annals of behavioral medicine, 2002, 24(3): 120-200.

[143] CHASE J A. Interventions to increase physical activity among older adults: A meta-analysis[J]. Gerontologist, 2014, 55(4): 706-718.

[144] DISHMAN R K, SALLIS J F, ORENSTEIN D R. The determinants of physical activity and exercise [J]. Public health reports, 1985, 100(2): 158.

[145] DAUGBJERG S B, KAHLMEIER S, RACIOPPI F, et al. Promotion of physical activity in the European region: Content analysis of 27 national policy documents[J]. Journal of physical activity and health, 2009, (6): 805-817.

[146] ALMEIDA O P, KHAN K M, HANKEY G J, et al. 150 minutes of vigorous physical activity per week predicts survival and successful ageing: A population-based 11-year longitudinal study of 12 201 older Australian men[J]. British journal of sports medicine, 2014, 48(2): 220-225.

[147] HUGHES S L, LEITH K H, MARQUEZ D X, et al. Physical activity and older adults: Expert consensus for a new research agenda[J]. Gerontologist, 2011, 51(6): 822-832.

[148] KANNING M, SCHLICHT W. A bio-psycho-social model of successful aging as shown through the variable "physical activity"[J]. European review of aging and physical activity, 2008(5): 79-87.

附　录

附录1　农村老年公共体育服务需求问卷

尊敬的老年朋友：

　　您好！受2016年国家社科基金资助，本次调查旨在了解您对体育服务的需求情况，敬请您拨冗填写。本问卷为匿名填写，无所谓对错，调查的结果仅供研究之用。我们承诺严格保守秘密，请认真填写，表达您真实的看法。衷心感谢您的支持！

　　填表说明：①请在您认同的选项上画"√"；②凡是"＿＿"处请用文字或数字填写。

"农村老年公共体育服务的需求与供给研究"课题组
2017年10月

一、基本情况

A1. 您所在地区为＿＿＿＿省（自治区、直辖市）＿＿＿＿县。

A2. 您的性别：

① 男　　　　　② 女

A3. 您的年龄：

① 50～54岁　　② 55～59岁　　③ 60～64岁　　④ 65～69岁

⑤ 70～74岁　　⑥ 75岁及以上

A4. 您现在的婚姻状况：

① 有配偶　　　② 无配偶

A5. 您的文化水平：

① 大专及以上　② 高中（含中专）　③ 初中　　　　④ 小学

⑤ 识字较少或不识字

A6. 您现在的居住方式：

① 独居　　　　　② 与配偶/伴侣居住　③ 与子女居住

④ 与兄弟姐妹居住　　　　　　　⑤ 与其他亲属居住

⑥ 与非亲属关系的人居住　　　　⑦ 养老机构　　⑧ 其他_____

A7. 您的经济状况在当地属于：

① 非常富裕　　② 富裕　　　　③ 一般　　　　④ 困难

⑤ 非常困难

A8. 您平时参加家务性的体力活动情况（如买菜、做饭、种地等）：

① 非常多　　　② 比较多　　　③ 一般　　　　④ 比较少

⑤ 非常少

A9. 您每天连续坐1个小时以上不动的情况：

① 经常　　　　② 有时　　　　③ 偶尔　　　　④ 从不

A10. 您吃蔬菜的情况：

① 每天吃　　　② 经常吃　　　③ 有时吃　　　④ 偶尔吃

⑤ 从不吃

A11. 您吃水果的情况：

① 每天吃　　　② 经常吃　　　③ 有时吃　　　④ 偶尔吃

⑤ 从不吃

A12. 您是否吸烟？

① 是　　　　　② 否

二、身体健康状况

B13. 您是否患有下列疾病？（可多选）

① 糖尿病　　　② 冠心病　　　③ 心脏病　　　④ 高血压

⑤ 风湿性关节炎　⑥ 脑血管疾病　⑦ 肿瘤　　　　⑧ 肺气肿

⑨ 慢性支气管炎　⑩ 骨质疏松　　⑪ 中风　　　　⑫ 其他_____

B14. 最近两周您是否感觉身体不舒服？

① 否

② 是，并且采取了如下措施：（a）去医疗卫生单位就诊、治疗；（b）未去就诊、治疗，但采取了自服药物或一些辅助疗法措施；（c）未去就诊、治疗，也未采取任何自服药物或辅助疗法措施，但因身体不适休工、休学或卧床一天及以上；

(d) 其他_____

B15. 请对您的身体活动能力进行自我评定（含进食、洗澡、穿衣、如厕、行走等）：

① 自理　　　　　　　　　　② 部分独立或需要部分帮助

③ 需极大帮助　　　　　　　④ 完全依赖他人

B16. 请对您过去一个月的睡眠质量进行评价：

① 非常好　　② 比较好　　③ 一般

④ 不好　　　⑤ 非常差

三、体育锻炼意识及基本情况

C17. 您对下列说法是否认同？

说法	同意	不同意	不确定
① 有规律地参与体育锻炼能全面提高健康水平	1	2	3
② 有规律地参与体育锻炼能延年益寿	1	2	3
③ 有规律地参与体育锻炼能预防心脏病	1	2	3
④ 有规律地参与体育锻炼不容易导致高血压	1	2	3
⑤ 有规律地参与体育锻炼不容易导致骨质疏松	1	2	3
⑥ 有规律地参与体育锻炼有助于增强体质	1	2	3
⑦ 有规律地参与体育锻炼有助于心理健康	1	2	3
⑧ 有规律地参与体育锻炼有助于独立生活	1	2	3
⑨ 有规律地参与体育锻炼给了我与人交往的机会	1	2	3
⑩ 有规律地参与体育锻炼可以给我成就感	1	2	3

C18. 请对下列影响您参加体育锻炼的因素的重要性程度进行评价。

影响因素	完全不重要	不重要	一般	比较重要	非常重要
① 家庭的支持	1	2	3	4	5
② 朋友的支持	1	2	3	4	5
③ 参与体育锻炼的安全性	1	2	3	4	5
④ 参与体育锻炼的方便性	1	2	3	4	5

续表

影响因素	完全不重要	不重要	一般	比较重要	非常重要
⑤ 参与体育锻炼的时间或资金成本	1	2	3	4	5
⑥ 有专门的体育场地设施	1	2	3	4	5
⑦ 有人进行指导	1	2	3	4	5
⑧ 有体育锻炼的组织	1	2	3	4	5
⑨ 有适合自己的运动项目或计划	1	2	3	4	5
⑩ 随时都能得到我想要的体育服务	1	2	3	4	5

C19．您是否需要国家、社区或外部组织为您提供体育设施、指导、信息咨询、体质监测等公共体育服务？

① 是　　　　② 否

注意：如果选择"①是"，请对以下公共体育服务内容的需求程度进行评价；如果选择"②否"，则跳到C20。

需求内容	完全不需要	不需要	一般	比较需要	非常需要
① 修建适合老年人的体育场地设施	1	2	3	4	5
② 建立老年人体育锻炼的组织	1	2	3	4	5
③ 对老年人参与体育锻炼进行指导	1	2	3	4	5
④ 组织适合老年人的体育锻炼活动	1	2	3	4	5
⑤ 为老年人提供健康和健身知识	1	2	3	4	5
⑥ 为老年人提供体质监测服务	1	2	3	4	5
⑦ 培养老年体育的骨干	1	2	3	4	5
⑧ 对老年人参与体育锻炼进行宣传和动员	1	2	3	4	5
⑨ 加强老年体育的制度建设	1	2	3	4	5

C20．您的体育锻炼情况处于下列哪个阶段？

① 前意向阶段：在未来6个月内没有进行体育锻炼的意向

② 意向阶段：准备在未来6个月内进行有规律的体育锻炼

③ 准备阶段：准备在未来30天内进行体育锻炼，并且已经采取了一些行为准备步骤

④ 行动阶段1：在过去的1年已经参加体育锻炼，但没有规律（未达到每周至少1~2次）

⑤ 行动阶段2：已经进行有规律的体育锻炼但少于6个月

⑥ 保持阶段：已经进行有规律的体育锻炼并超过 6 个月

注意：如果选择"①、②、③"，那么请直接跳过 C21~C24 题，从第四部分开始回答。

C21．您所参加的体育锻炼项目是以下哪种或哪几种？（可多选）

① 走路、登山或跑步　　　　② 太极拳、剑、扇或柔力球

③ 健身操、拉丁舞、交谊舞　　④ 气功、八段锦、五禽戏

⑤ 腰鼓、秧歌　抖空竹　　　　⑥ 乒乓球、羽毛球

⑦ 篮球　　　⑧ 专门性的健身练习（如力量、柔韧、平衡）

⑨ 其他_____

C22．您参加体育锻炼的频率：

① 每周 5 次及以上　　　　② 每周 3~4 次

③ 每周 1~2 次　④ 每月 1~3 次　⑤ 每季 1~2 次　⑥ 说不清楚

C23．您每次体育锻炼的持续时间：

① 20 分钟以下　② 21~30 分钟　③ 31~40 分钟

④ 41 分钟~1 个小时　　　　　⑤ 1 个小时以上

C24．您锻炼过后身体感觉（锻炼强度）如何？

① 没什么感觉　② 身体微微发热　③ 微微出汗

④ 中等出汗　　⑤ 出大汗

四、过去的 1 年对村公共体育服务的使用或接受情况及满意度

填写说明：若每项内容选择"是"，则继续进行后面的满意度的填写；若选择"否"，则不用回答后面的问题。

题号	内容	是否使用过或接受过该项公共体育服务		对使用过或接受过的公共体育服务的满意度				
		是	否	非常满意	比较满意	一般	不满意	完全不满意
D1	使用公共体育场地设施	1	2	5	4	3	2	1
D2	接受体育健身指导	1	2	5	4	3	2	1
D3	参与适合老年人的体育健身活动	1	2	5	4	3	2	1
D4	接受老年人参与体育健身的宣传和动员	1	2	5	4	3	2	1

题号	内容	是否使用过或接受过该项公共体育服务		对使用过或接受过的公共体育服务的满意度				
		是	否	非常满意	比较满意	一般	不满意	完全不满意
D5	参加过老年人体育健身的组织	1	2	5	4	3	2	1
D6	接受健康和健身知识咨询服务	1	2	5	4	3	2	1
D7	接受体质监测服务	1	2	5	4	3	2	1

五、自评

请根据自己最近1个星期的主观感受进行自评。

序号	情况	从不	很少	有时	经常
1	你常感到与周围人的关系和谐吗？	1	2	3	4
2	你常感到自己缺少伙伴吗？	1	2	3	4
3	你常感到没人可以信赖吗？	1	2	3	4
4	你常感到寂寞吗？	1	2	3	4
5	你常感到属于朋友中的一员吗？	1	2	3	4
6	你常感到和周围的人有许多共同点吗？	1	2	3	4
7	你常感到与任何人都不亲密了吗？	1	2	3	4
8	你常感到你的兴趣和想法与周围的人不一样吗？	1	2	3	4
9	你常感到想要与人来往、结交朋友吗？	1	2	3	4
10	你常感到与人亲近吗？	1	2	3	4
11	你常感到被人冷落吗？	1	2	3	4
12	你常感到你与别人来往毫无意义吗？	1	2	3	4
13	你常感到没有人真正了解你吗？	1	2	3	4
14	你常感到与别人隔开了吗？	1	2	3	4
15	你常感到当你愿意时就能找到伙伴吗？	1	2	3	4
16	你常感到有人真正了解你吗？	1	2	3	4
17	你常感到害羞吗？	1	2	3	4
18	你常感到人们只是生活在你周围，但并不关心你吗？	1	2	3	4
19	你常感到有人愿意与你交谈吗？	1	2	3	4
20	你常感到有人值得你信赖吗？	1	2	3	4

问卷到此结束，谢谢您的配合！

附录 2　农村老年公共体育服务现状调查问卷

尊敬的领导：

　　您好！受 2016 年国家社科基金资助，本次调查旨在了解你村针对老年人的公共体育服务供给情况，敬请您拨冗填写。本问卷为匿名填写，无所谓对错，调查的结果仅供研究之用。我们承诺严格保守秘密，请认真填写，表达您真实的看法。衷心感谢您的支持！

　　填表说明：①请在您认同的选项上画"√"；②凡是"＿＿"处请用文字或数字填写。

"农村老年公共体育服务的需求与供给研究"课题组
2017 年 10 月

　　A1．你所在村的地域名称：＿＿＿＿＿省（自治区、直辖市）＿＿＿＿＿县。

　　A2．村人均年收入为＿＿＿＿＿元。

　　A3．老年人有规律地参与体育活动对促进老年人身体、心理健康及独立的生活都有重要作用，为老年人提供参与体育活动所需的公共体育服务是必要的。您对上述说法的看法为：

　　① 完全赞同　　　② 比较赞同　　　③ 基本赞同
　　④ 不赞同　　　　⑤ 完全不赞同

　　A4．是否明确村委会在老年公共体育服务供给中的地位、职责和权限？

　　① 是　　　　　　② 否

　　A5．本村干部对老年体育的重视程度：

　　① 非常不重视　　② 不重视　　　　③ 一般重视　　　④ 比较重视
　　⑤ 非常重视

　　A6．本村是否制订过老年体育的工作计划？

　　① 是　　　　　　② 否

　　A7．本村是否召开过专题会议讨论老年人的文体工作？

　　① 是　　　　　　② 否

　　A8．本村是否制定过老年体育工作的考核激励制度？

① 是　　　　② 否

A9. 本村是否有专人负责老年体育工作？

① 是　　　　② 否

A10. 本村是否有老年人文体活动中心？

① 是　　　　② 否

A11. 本村是否有专门的经费投入老年体育？

① 是　　　　② 否

如果选择"是"，则人均体育经费为＿＿＿＿＿＿＿元/年，主要的来源有下列哪些？（可多选）

① 村集体经济投入　　　　② 村民个体投入

③ 上级政府拨款　　　　　④ 企事业单位赞助

⑤ 其他投入

A12. 本村是否有专门的老年体育活动场地设施？

① 是　　　　② 否

如果选择"是"，则请在横线上写出具体的场地设施：＿＿＿＿＿＿＿＿＿。

A13. 本村有＿＿＿＿＿＿＿个老年人的晨晚练体育活动点（若没有则填"0"）。

A14. 本村有＿＿＿＿＿＿＿个负责组织和指导老年人体育活动的骨干（若没有则填"0"）。

A15. 本村老年体育活动的组织有＿＿＿＿＿＿＿个，请写出具体的名称：＿＿＿＿＿＿＿。

A16. 本村是否针对不同老年人群的功能需求组织实施过专门的体育活动干预方案？

① 是　　　　② 否

A17. 本村最近1年组织老年人进行体育活动的次数为＿＿＿＿＿＿＿次（若没有则填"0"）。

A18. 本村最近1年针对老年人开展健康或健身相关知识讲座的次数为＿＿＿＿＿＿＿次（若没有则填"0"）。

A19. 本村最近1年对老年人参与体育活动进行宣传动员的次数为＿＿＿＿＿＿＿次（若没有则填"0"）。

A20. 本村是否对老年人进行过体质监测？

① 是　　　　② 否

A21. 本村是否接受过上级政府或其他组织提供的老年体育服务？

① 是 　　　　② 否

A22. 如果村委会决定向老年人提供公共体育服务，您认为该如何确定服务内容、数量和质量？

① 村委会单方面决定

② 在充分听取老年人意见的基础上确定

③ 其他_____

A23. 如果上级政府或其他社会组织主动向您所在的村提供老年体育服务，您的接受意愿为：

① 非常愿意接受　② 比较愿意接受　　③ 一般愿意接受

④ 不愿意接受　　⑤ 完全不愿意接受

A24. 您对本村老年人参与体育活动的总体评价为：

① 优　　　　　② 良　　　　　　③ 中

④ 差　　　　　⑤ 很差

A25. 请对本村老年公共体育服务供给与需求匹配情况进行评价（请对 B1~B10 各项进行勾选打分，最高分为 5 分，最低分为 1 分）。

内容	完全匹配	比较匹配	基本匹配	不匹配	完全不匹配
B1. 老年体育经费投入	5	4	3	2	1
B2. 老年体育场地设施建设	5	4	3	2	1
B3. 老年体育组织建设	5	4	3	2	1
B4. 老年体育骨干培养	5	4	3	2	1
B5. 老年体育活动组织	5	4	3	2	1
B6. 对老年人参与体育的指导	5	4	3	2	1
B7. 老年人健康和健身知识提供	5	4	3	2	1
B8. 老年人参与体育的宣传动员	5	4	3	2	1
B9. 老年体育的制度建设	5	4	3	2	1
B10. 老年人的体质监测服务	5	4	3	2	1

问卷到此结束，再次感谢您的填写！

▶ **分报告1 农村基层老年公共体育服务的供给研究**
——基于白云桥村"坝坝宴"的个案分析

▶ **分报告2 县域农村老年公共体育服务的需求与供给研究**
——以秭归县为个案